羅馬人的故事XI

結局的開始

塩野七生 著
鄭維欣 譯

三民書局

作者介紹

塩野七生

一九三七年七月生於東京，畢業於學習院大學文學部哲學系，一九六三～一九六八年間遊學義大利。一九六八年開始寫作，於《中央公論》發表〈文藝復興的女性〉。一九七〇年，首部長篇作品《凱撒波吉耳抑或優雅的冷酷》獲頒每日出版文化賞，之後長住義大利。一九八二年以《海都物語》得到三多利學藝賞。一九八三年，獲頒菊池寬賞。自一九九二年起，以羅馬帝國千年興亡為題，著手寫作《羅馬人的故事》系列，並以每年一部作品的速度發表。一九九三年《羅馬人的故事Ⅰ》獲頒新潮學藝賞。一九九九年再獲司馬遼太郎賞。二〇〇一年發行《塩野七生文藝復興著作集》共七冊。二〇〇二年榮獲義大利政府頒授國家功勞勳章。二〇〇五年獲日本政府頒贈紫綬褒章，二〇〇七年再獲文部科學省評選為文化功勞者。

馬庫斯・奧理略騎馬像
（羅馬卡匹杜里諾美術館藏）

三十周年經典紀念版序

《羅馬人的故事》新版發售之際，作者送給臺灣讀者的話

這部既不算是研究歷史的專業書籍，也不是歷史小說，在歐洲稱之為「歷史散文」的作品，我持續執筆了半世紀多，最在意的其中一件事情就是，為什麼這個國家能在完全認同個人思想與表現的同時，維持歷時長久的獨立與繁榮。

因而執筆了《羅馬人的故事》與《海都物語》兩部作品。《羅馬人的故事》是為了想知道大國發生過什麼事。另一部《海都物語》則是因為想了解，為何即使是小國，在確保個人思想與自由表達下，同時也能達成國家的獨立與繁榮。

其次，舉例古羅馬帝國與中世紀文藝復興時期的威尼斯共和國作為代表大國與小國的典範，也是有原因的。因為這兩國即使國家規模大小有所不同，卻都有能享逾千年長壽的共同點。有些國家在鎖國的情況下也維持了長治久安。像是古希臘的斯巴達或江戶時期的日本。然而，持續開國方針而能長命百歲的國家卻很少。羅馬與威尼斯在這部分也有相同點。

我同樣建議目前居住在臺灣的各位讀者也務必閱讀《海都物語》。因為日本也是小國，而

臺灣也是小國之一。小國自有小國的生存之道，只要正視這個事實，也有付諸實行的強烈意志，就會讓國家邁向獨立與繁榮。

還有，如果可以的話，再推薦各位閱讀我的另一部「文藝復興小說」（暫譯，原名「小説イタリア・ルネサンス」）全四集，我會感到十分榮幸。在這部作品中我創造了兩位虛構的主角穿插在這段真實的歷史中。希望能讓讀者領會，個人的思想與表達的自由如何能成為創新的泉源。幾乎也可以換句話說，在那種無法保證絕對自由的社會下不會產生創新。因為正是這種自由，誕生了達文西與米開朗基羅為首的義大利文藝復興。而佛羅倫斯、威尼斯，無論在地理、人口規模上都只能算是小國。

儘管如此，大國的磨難也並未比小國少。羅馬與威尼斯相比的話，無論「磨難」的種類或數量，都令人感到十分類似吧。我覺得這才是閱讀歷史真正的樂趣。因為畢竟可以說「歷史總是一再重演，只是表現的型態不同」。

二〇二二年春天，於羅馬

塩野七生

修訂二版說明

《羅馬人的故事》不是一部正統的羅馬史。

塩野七生說：

我以「羅馬人的故事」為題，如果將日文的書名譯為拉丁文，故事與歷史的意義幾乎是相通的。……使用“Gestae”這個字，所謂“RES GESTAE POPULI ROMANI”，可直接翻譯為「羅馬人的各種行徑」。

換句話說，這是一部詳盡蒐羅史籍與資料，進而細膩描繪人物的經典作品。當我們隨著作者富有文學性的筆調，逐冊閱讀《羅馬人的故事》時，便會發現比起事實的陳述討論，塩野七生在這部作品裡更著重於「人」的故事。羅馬人在面對各種挑戰時如何解決？在面對強敵的進逼時，羅馬人是如何逆轉取勝？平息內憂與外患後，又如何迎向和平？羅馬著名的公共建設，其目的是「使人過得像人」？偉大的建築背後，隱含怎樣的思考邏輯？

無論思想或倫理道德如何演變，人類的行徑都在追求無常的宿命。

隨著作者的引導，我們得以像羅馬人一樣思考、行動，了解身為羅馬人，言行背後的思想與動機。羅馬從義大利半島上的一個小部族發跡，歷經崛起壯大，終致破滅衰亡的過程，不僅是歷史上一個橫跨歐亞非三洲的輝煌帝國史，或許也可在其中發現「羅馬人」的群體生活史。

在《羅馬人的故事XI——結局的開始》，五賢君的最後一位，也被稱作哲學家皇帝的馬庫斯．奧理略，儘管繼承了安東尼奧．派阿斯治下以來「羅馬人最幸福的世紀」，現實卻不容許他停下腳步，沉浸在哲學研究中。面對國內的饑荒、洪水與瘟疫問題，國外日耳曼民族對羅馬的虎視眈眈，奧理略該如何因應？他又是如何在內憂外患下，將一生的哲學思想凝聚成傳世經典的《沉思錄》？奧理略臨終前親手培植的繼承人康莫德斯無法繼承乃父之風，其逝後各地軍團長前仆後繼爭相搶奪皇帝之位。眾人傳頌的「羅馬和平」日遙，在時代的浪潮下，羅馬人又該走向何方？

希盼本系列能與您一同思考：羅馬何以成為羅馬？羅馬的千年興衰，對世界有何影響？更重要的是，羅馬人留給現代哪些珍貴的遺產？期待在讀完本書之後，能帶給您跨越時空的餘韻。

編輯部謹識

目次

第三章　內亂時期　291

（西元一九三年～一九七年）

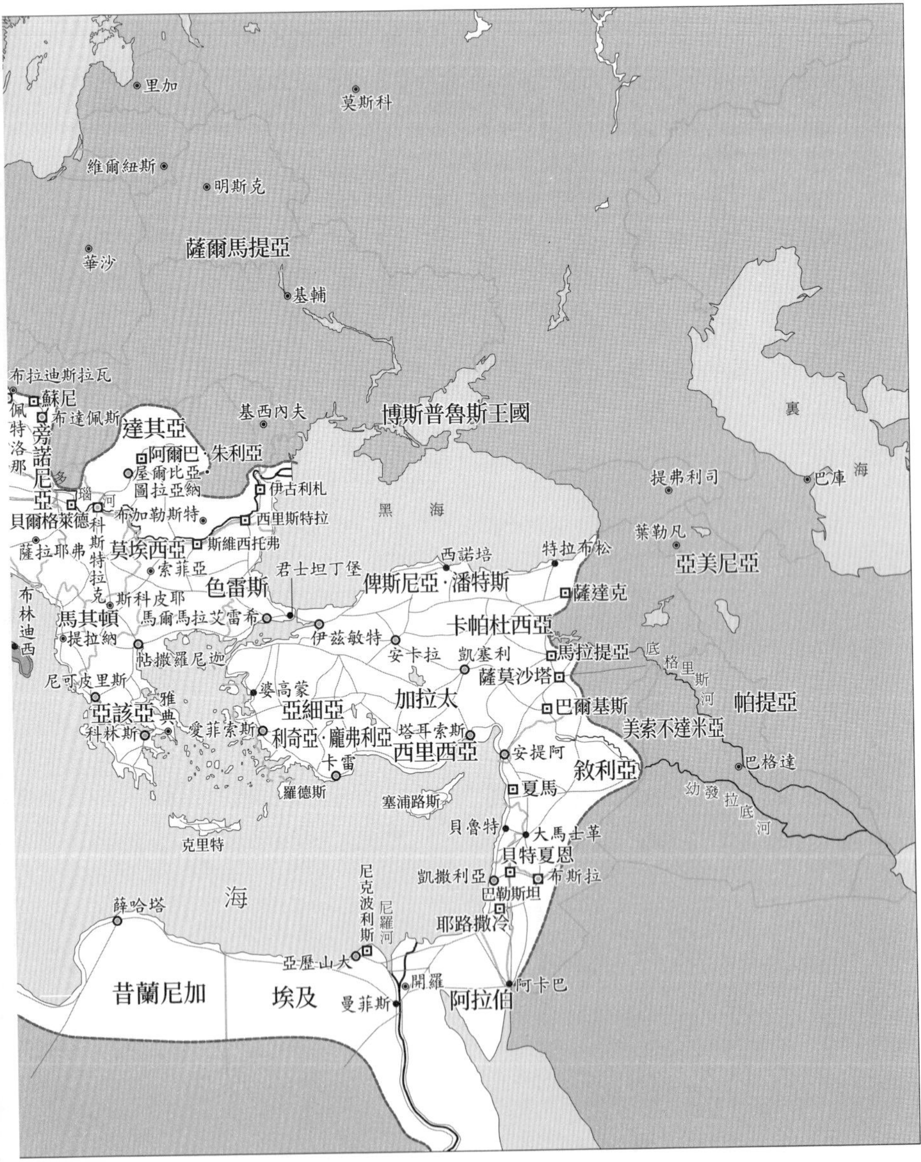

里加
莫斯科
維爾紐斯
明斯克
薩爾馬提亞
華沙
基輔
布拉迪斯拉瓦
蘇尼
布達佩斯
佩特洛那
旁諾尼亞
達其亞
基西內夫
博斯普魯斯王國
裏
海
巴庫
阿爾巴·朱利亞
屋爾比亞
圖拉亞納
伊古利札
多瑙河
貝爾格萊德
布加勒斯特
西里斯特拉
黑海
提弗利司
葉勒凡
亞美尼亞
薩拉耶弗
科斯特拉克
莫埃西亞
斯維西托弗
索菲亞
西諾培
特拉布松
君士坦丁堡
俾斯尼亞·潘特斯
色雷斯
斯科皮耶
薩達克
布林迪西
馬其頓
馬爾馬拉艾雷希
伊茲敏特
卡帕杜西亞
提拉納
帖撒羅尼迦
安卡拉
凱塞利
馬拉提亞
底格里斯河
薩莫沙塔
尼可皮里斯
婆高蒙
加拉太
巴爾基斯
帕提亞
亞該亞
雅典
亞細亞
美索不達米亞
科林斯
愛菲索斯
利奇亞·龐弗利亞
塔耳索斯
西里西亞
安提阿
巴格達
卡雷
敘利亞
羅德斯
夏馬
幼發拉底河
塞浦路斯
貝魯特
大馬士革
克里特
貝特夏恩
凱撒利亞
布斯拉
巴勒斯坦
海
薛哈塔
尼克波利斯
尼羅河
耶路撒冷
亞歷山大
開羅
阿卡巴
昔蘭尼加
埃及
曼菲斯
阿拉伯

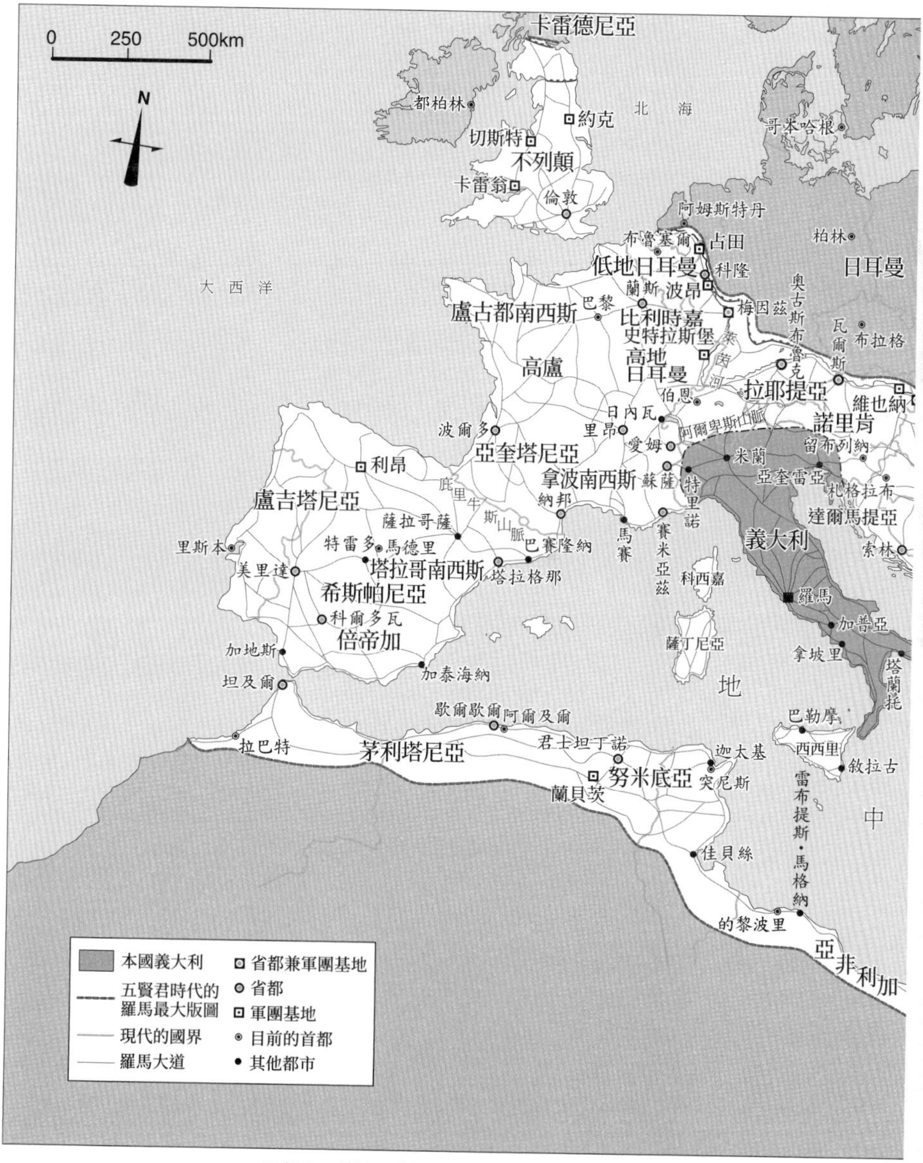

西元二世紀時的羅馬帝國

第一章

皇帝馬庫斯・奧理略

在位期間：

西元一六一年～一八〇年

序言

再也沒有一個羅馬皇帝，能像五賢君的最後一位，著名的哲學家皇帝馬庫斯・奧理略那般芳名遠播了。他不僅受同一時代的人敬愛，就連直到現今，將近兩千年的漫長歲月中，還沒有其他羅馬皇帝能像他一樣，持續享有這麼高的評價。

若論身為統治者的力量，在羅馬史上有好些個領袖能夠勝過馬庫斯・奧理略。例如帝政實質上的創始人朱利斯・凱撒；繼承其後構築羅馬帝國的開國皇帝奧古斯都；出身於行省，但一點都沒考慮過要優待生長的故鄉西班牙，貫徹帝國統治者立場的圖拉真；不惜折損自身壽命，親至廣大的帝國各處視察，因而得以完成帝國重整任務的哈德良。即使我們不論共和時期，只提及帝政時期起始到盛世為止，也能馬上列舉這麼多的名字。然而，即使是上述這些領袖，一旦論及抓住後世人心最有效的手段——留下本人「聲音」與「形體」這二件事情上，就不及馬庫斯・奧理略了，因為哲學家皇帝在這方面要比其他人更加得天獨厚。

馬庫斯・奧理略留下了一本後人命名為《沉思錄》的著作。也正因為留下這本書，他才被後人稱為哲學家皇帝。我們從書名《沉思錄》可以得知，這並非在學術上論述哲學的著作，而是身為羅馬皇帝的奧理略，在執行公務之一——擊退蠻族的戰場上，趁著戰鬥空檔記述自身思緒的小冊子。不過書如其人，其中充滿由少年時期起親近哲學的奧理略之內省與思慮。西歐近代的知識份子讚揚其為「古人倫理表露之極致」或是「高貴靈魂真摯的吶喊」等。柏拉圖曾說，對國家而言，最理想的是由修習哲學者擔負政治。在此我們姑且不去議論柏拉圖所說的是否恰當，不過對經歷啟蒙運動之後的近現代人來說，也許他們會認為馬庫斯．奧理略正是柏拉圖的理想唯一一次在史上實現的例子。

「我們已不容許持續無止盡的議論，去討論人類是否可能公正且善良。專注於追求公正善良行動的時刻已經到來了。」

這就是大國羅馬帝國最高權位者的「聲音」。

接在「聲音」之後的，就是形體了。在羅馬市內七座丘陵之一的卡匹杜里諾丘上，至今依舊留有馬庫斯．奧理略的騎馬像。

這是一座即使不知道誰是柏拉圖的人、沒讀過《沉思錄》的人，在映入眼中的瞬時就能感受其價值的最高傑作。從古代到現代，兩千年間所製造的騎馬像不知凡幾。然而不論有多少萬座，筆者也確信馬庫斯．奧理略的騎馬像仍然是第一名。畢竟，這座銅像足以使米開朗基羅興起利用的念頭。

這座騎馬像原本並非立於卡匹杜里諾丘的山頂。而是在千年的漫長時光裡，被人放置在羅馬市中心偏南端的拉提拉諾教會前廣場。話又說回來，這座銅像能在四世紀末期基督教徒破壞希臘、羅馬相關作品的風暴之中存活下來，並非因為狂信者中有人讀過《沉思錄》；也不是有哪個體認其藝術價值的人覺得銷毀銅像太可惜，因此對其伸出援手。只因為眾人很單純地，將其誤認為第一個承認基督教的羅馬皇帝君士坦丁。我們無從得知蓄有滿顎濃鬚的馬庫斯·奧理略，和勤於刮光鬍鬚的君士坦丁是怎樣搞錯的。不過這項誤會，成為當時二十二座羅馬皇帝騎馬像中，只有馬庫斯·奧理略銅像倖存的理由。根據紀錄，其餘二十一座中，應包含了朱利斯·凱撒、奧古斯都、圖拉真等人在內。不過由於這些銅像和馬庫斯·奧理略騎馬像同樣為青銅製品，因此遭人熔解，轉用到其他地方而不復存在。

之後過了一千多年的歲月，羅馬也度過了漫長的中世時期，進入了謳歌文藝復興的時代。即使不被人誤認為君士坦丁，亦即經判明為馬庫斯·奧理略之後，在這個時代也不必擔心會被人丟進熔爐裡了。過去的卡匹杜里諾丘由於曾是異教的聖地，亦即污穢的土地，因此長期被放置不管。如今也逐漸有股氣息，打算將其恢復成行人絡繹的景象。而負責這項計畫的，就是米開朗基羅。他是文藝復興時代後期的代表藝術家，他決定使用長期受人冷落的馬庫斯·奧理略騎馬像，作為卡匹杜里諾丘復甦計畫的關鍵。於是，哲學家皇帝不但度過了漫長的中世時代，同時還很幸運地，得以在古時候凱旋將軍向諸神祈禱表露謝意的卡匹杜里諾丘安頓下來。這是因為騎馬像的製作精良。如果在藝術價值上有任何問題，身為優秀雕刻家的米開朗基羅，絕不可能將其放置在自己設計的廣場中央。

這股名為文藝復興的精神運動，不僅對馬庫斯．奧理略，對其他皇帝來說，也帶來長眠中甦醒的機會。文藝復興以復興古代為口號，而當時也正是開始挖掘古代遺蹟的時代。然而，自地底下重見天日的皇帝，多半是僅有胸部以上的胸像。即便偶爾挖掘出全身像，也都是身著軍裝或是托加長袍的立姿像。騎在馬上的皇帝，依舊只有馬庫斯．奧理略一個人。

而且，雖說同是騎馬像，這座作品卻帶有一股奇特的氛圍。騎在馬上的馬庫斯．奧理略，並非穿著令人聯想到最高司令官的軍裝；也沒有穿著讓人一眼就看出是皇帝的華麗服裝。而是脫去頭盔、短甲後，只在短袖外套著一件斗篷。他的姿勢，好似在軍團基地中回應士兵的歡呼，又好像是在大街上接受民眾的喝采。既沒有一副威猛的樣子，也沒有由高處俯瞰下層人民的感覺。是個充滿氣質，但又極其自然的便服模樣。是由最優越的藝術家所完成的大作，在寂靜中展現毅然色彩，充斥著人與馬完美的調和感。後世探訪羅馬的歷史學者吉朋、孟仁以及墩比看到的，也就是這座馬庫斯．奧理略銅像。想必作家歌德和史湯達爾也見過了。換句話說，每個探訪羅馬的人一定會看到的，就是馬庫斯．奧理略。因為只有他，不像朱利斯．凱撒被人置於羅馬市政府裡的會場，也不像奧古斯都被人放在美術館中。而是以藍天和無盡的陽光為背景，立在卡匹杜里諾丘的中央。

身著總司令服裝的朱利斯・凱撒

身著最高神祇官服裝的奧古斯都

然而到了現在，馬庫斯・奧理略也被人搬到卡匹杜里諾美術館裡收藏，我們只能和他隔著玻璃見面。這是因為怕受到汽車廢氣污染影響，因此將展覽方式改為室內展示。五百年前米開朗基羅安置他的地方，如今立著難看的複製品 (replica)。

西元一九九〇年時，騎馬像修復完畢，要從臺伯河岸邊的修復廠運回卡匹杜里諾丘。雖說路程不遠，又由大型卡車運送，但畢竟所運載的物品太過珍貴，因此卡車在朝陽照射之下，只能以如同馬匹慢步的速度緩緩前進。當筆者站在路旁看著這個景象時，聽到背後有個好似美國人的男子說：

「太棒了，我竟然能在羅馬遇到羅馬皇帝。」

就算裝載在卡車上的是凱撒或奧古斯都，如果搬運的是立姿像，大概不會引人發出這般讚嘆。要看羅馬的皇帝，當然最好能看到他們騎馬的身影。對於源流自羅馬文明的歐美人來說，這想必是他們最率直的感想。而馬庫斯・奧理略，正是連這種率真的願望都能使其實現的、獨一無二的羅馬皇帝。話又說回來，這位哲學家皇帝能比其他羅馬皇帝都幸運的，也只有到此為止了。

成長的時代

在義大利，曾流行過一段如下述的 SONY 廣告。畫面上一個個地浮現介紹這家日本企業的產品，而到最後畫面轉黑，只以大大的白字寫著 "It's a Sony" 做結尾。

筆者曾想過，如果要以同樣的方法製作羅馬帝國的宣傳廣告，該會是什麼樣子。劇本應該使用亞理士提狄斯的〈羅馬頌詞〉之一部份。這位出身希臘的年輕知識份子的演說，已在第IX冊《賢君的世紀》中介紹過了，不過筆者想要重新為其介紹一次。如果這則廣告使用的媒體是報紙的話，應該採用全版大小廣告。其上段的三分之二，寫著亞理士提狄斯的話，而下段的三分之一，則用橫向的大號字體寫著：It's a Roman empire.

如果是在電視上播映的話，則是以語音為背景朗誦著亞理士提狄斯的〈羅馬頌詞〉。這時有必要在畫面上一一映出頌詞所訴說的內容。好比說在提到能夠自由安全且容易地進行旅遊時，畫面上映出在阿庇亞大道上來來往往，但服裝和膚色不盡相同的各色人物。而在這則羅馬帝國廣告的最後，是在轉暗後的畫面上以白色字體大大地映出：

It's a Roman empire.

亞理士提狄斯的〈羅馬頌詞〉：

「現在，對於像我一樣的希臘人，還有對其他的民族來說，要到想去的地方旅行，不需申請身份證明文件就能付諸實行，已經成了一樁自由、安全又容易的事情。只要擁有羅馬公民權，不，甚至不需要是羅馬公民，只要是在羅馬霸權之下生活，自由與安全就會受到保障。

過去，荷馬曾寫道：大地是屬於所有人的。而羅馬將詩人的這個夢化為現實。你們羅馬人測量並紀錄被你們納入版圖的所有土地，而後在河川上架設橋梁。不僅在平地，甚至在山區鋪設大道，使得無論住在帝國的哪個地區，往來都變得容易。而且你們為維護帝國整體的安全，確立了防衛體制，又整頓了不同的人種及民族共同生活時所需的法律。

你們羅馬人告訴了非羅馬公民的人，活在有秩序的安定社會中是多麼的重要。

在羅馬帝國，即使是擔負行省統治責任的總督，在他決定政策，或是接受行省民眾請願時，只要心中有些許疑惑，便會立即上書向皇帝請示。總督會等待皇帝的指示，就好像等待指揮者手勢的合唱團一樣。

只要資訊的傳達能受到保障，皇帝不論身在何處都能統治國家。即使是帝國的邊境，只要將公文送去該處就能統治。而當皇帝的公文完稿後，信差便有如身插雙翼的使者一般，迅速又安全地將公文送達目的地。

羅馬世界終於實現了在廣大領域中的民主統治體制。我們也可將其視為過去希臘城邦的擴大。領導階層盡是公民中的優秀人才，這些人的出身地遍及各個行省，也就是說，統治帝國全境的人才，拔擢自帝國全境。

他們都是生來具有羅馬公民權者，或者是獲贈公民權的人。而由於這些人的才能，再加上由行政、軍事兩方面構成的完美組織，充分發揮了機能，才得以完成廣大帝國的統治。

戰爭已經僅限於國界邊緣，帝國內部的紛爭已經銷聲匿跡。在帝國內部的各個角落，漫布著和平、繁榮與幸福的氣息。相形之下，在帝國外側不斷發生衝突的部族，就顯得相當可憐了。

羅馬對所有人開放門戶。而這個多民族、多文化、多宗教共生的羅馬世界，則成就了一個居住其中的全體成員都可安心致力於各自工作領域的社會。在這裡，國定假日既有皇帝主辦的祭典，民間也有各民族、宗教形式的祭典在進行，藉此幫助每個人以自己的方式建立、維持自身的尊嚴與正義。

羅馬制定了每個人都適用的法律，因此即使人種與民族不同，文化與宗教也不共有，但卻可以藉由法律來維持共存共榮。為了彰顯此種生活方式可以為人民帶來莫大的利益，甚至對過去的戰敗者給予一貫的保證，使其享有許多權利。

羅馬世界就像是一個大家庭一樣，是一個能讓住在其中的人們，日夜意識到他們是羅馬帝國這個家族一份子的大家庭。」

這場演說，是在西元一四三年，於羅馬帝國統治階層元老院議員前發表的。這時正值繼承哈德良皇帝之後治國的安東尼奧．派阿斯登基第五年。即使沒有這位出身小亞細亞的希臘裔年輕學者讚揚，這時“Pax Romana”（羅馬和平）也已經深入了帝國的每個角落。若要借用史學家吉朋的話來說，這時正是人類最幸福的時代。

當時二十六歲的亞理士提狄斯在演講的最後，並非對五十七歲的皇帝安東尼奧・派阿斯表態，而是向著與自己同世代，當時二十二歲，已經取得凱撒(Caesar)稱號，立為次任皇帝的馬庫斯・奧理略訴說著下列話語做結尾：

「年輕人啊，註定占有高貴中最高貴地位的你的肩膀上，肩負著今後能否繼續遵循先人足跡的責任。」

家世

羅馬的七座丘陵之一凱流斯（義大利文是柴利歐 Celio）丘緊臨於圓形競技場的南邊，然而卻鮮少有觀光客造訪。這裡的古羅馬公共建築，只有獻給死後神格化的克勞狄斯帝的廣大神殿，以及在丘陵南側東西橫向穿越的「克勞狄亞水道」。也許是羅馬人認為連圓柱都被拆除，只剩牆面供人憑弔的神殿，還有東缺一段西缺一段的磚砌水道橋遺蹟不容易成為觀光客青睞的對象吧。除非真的喜好羅馬史的人，否則不會駐足此處，因此雖然這裡緊臨觀光客雲集的圓形競技場和羅馬廣場，卻依舊能維持寂靜。

不過，柴利歐丘有一個完美的造訪價值所在，就是能看到過去曾經發揮高架水道橋功能的遺蹟。筆者曾在第X冊中寫道，進入現代東京市中心的是首都高速公路，而進入古代羅馬市中心的就是高架水道了。如果讀者中有人見過首都高速公路，那只怕絕對無法想像在高速公路附近蓋滿高級住宅的樣子。然而若是羅馬時代的高架水道橋的話，住在附近絕對不是個壞條件。橋上跑的是車輛或是水，固然差異很大。不過筆者認為更大的差異，在於建築採用一堆鋼筋水泥柱子，或是一列列的磚石拱柱，給人的印象完全不同。而且柴利歐丘一帶自古就是以清泉和綠意聞名的地方，甚至傳說羅馬的第二代國王努瑪常會到這裡與水精靈(Nymph)見面。根據考古挖掘報告，這附近原有許多的鐸姆斯（市區內的宅院）及一些茵斯拉（公寓）。不過位置雖接近市中心，人口卻相對的比較少。也就是說，這一帶是羅馬時代的高級住宅區。馬庫斯・奧理略就出生在柴利歐丘上。當時為西元一二一年四月二十六日，正值哈德良皇帝治國的第四年。

馬庫斯・奧理略母親的娘家，是個有名的資產家，而且馬庫斯・奧理略的母親朵米提亞・蘆琪拉是其資產唯一的繼承人。據說在資產中，還包括有兩座磚窯廠。羅馬時代的建築物骨幹，是採用砌磚夾水泥的架構。因此我們可說，日後的哲學家皇帝母親的娘家，是羅馬時代基礎產業的所有人。

至於馬庫斯・奧理略的本家威勒斯家，若探索其根源，可以遠溯到羅馬的西班牙行省。他們在馬庫斯・奧理略出生的百年前移居到羅馬。就當時而言，應該屬於羅馬人口中的「新入門」者之一。不過，他們其後融入羅馬社會的過程似乎相當順利，到了奧理略的曾祖父時不但已經進入了元老院，還被積極錄用行省出身者的維斯帕先帝升格為貴族。話又說回來，威勒斯家並非特例，這只是表現羅馬社會階級流動性高的一個例子而已。

到了奧理略的祖父時，已經進入了帝國權力核心。他的祖父馬庫斯·安尼斯·威勒斯深受哈德良信賴，是經常代替因出差視察而不在首都的皇帝執行國政業務的人員之一。馬庫斯出生的西元一二一年，也正是其祖父第二次就任執政官的年份。安尼斯祖父在五年後再度擔任了執政官，因此終其一生，擔任這項既享榮譽又有權力的職務達三次之多。除了哈德良皇帝以外，能三度擔任執政官要職的只有這麼一個人而已。

在共和時期，執政官為國家的最高官職。到了帝政時期由於最高位者轉為皇帝，因此重要的程度稍減。然而，由元老院遴選，任期一年的規定依舊不變。即使皇帝身在首都，在元老院裡的會議議長依舊由執政官擔任；而在「內閣」之中，擔綱總理實務的也還是執政官。筆者不禁想像，帝政時期的執政官，其地位是否類似現代日本內閣的官房長官。不，或許這項官職的責任比官房長官還要重大，因為哈德良這位皇帝治國的期間裡，有三分之二的時間不在首都。

哈德良是個善用人才，知道如何適才適用的人。馬庫斯·安尼斯·威勒斯能在哈德良推薦下三度就任執政官，在其他時間也能一直列名「內閣」之中，無疑的他是皇帝的重臣之一。也就是說，馬庫斯·奧理略不管在社會地位或資產上，都生於羅馬最高階層中。兩年後，他的妹妹出生。然而在三歲時，他的父親過世了。由於沒有留下任何紀錄，因此應該不是陣亡而是病故。在幼年喪父的情況下，祖父收孫兒為養子，於羅馬社會並非稀有的事情。亦即，祖父成為馬庫斯今後的靠山了。

家庭教育

在羅馬人的家庭中，當有小孩出生時，做父親的要兩手高高捧著剛出生的嬰兒，一一向家人、親戚和傭人介紹。而在出生後的第九天，舉行辟邪除穢的儀式，到了這個時候，才會給嬰兒取名。等到出生九天後才取名的習慣，應該是因為當時幼兒死亡率高的緣故。羅馬人的姓名，是由個人名、家門名、家族名三項所組成。不論是成為他人的養子，或是身份地位有所提升，個人名會伴隨終生。而個人名又多半沿用其一門家傳的名字，因此既然要給予這個名字，就要先確保其個人有某個程度的生存率。日後的哲學家皇帝所獲得的名字，和其祖父、父親同樣叫做馬庫斯。因此馬庫斯·奧理略直到登基之前，名字叫做馬庫斯·安尼斯·威勒斯。

在給予姓名的同時，羅馬人的家庭按慣例還會贈與嬰兒下列兩樣東西。第一個在日文中叫做響環，是在又細又輕的金屬環上，裝有許多一搖動就會發出聲響的物品；第二個則是黃金製的護身符，這個護身符是用細繩戴在脖子上，直到成年禮的當天為止，絕對不准拆下來。

關於家庭教育方面，史學家塔西圖斯曾經留下西元二世紀羅馬上流家庭如何育兒的記述。

「在過去的羅馬，沒有任何一個正式婚姻所生的小孩，是在女奴隸的小屋裡成長的。他們成長在母親的膝上與懷抱裡。對當時的母親而言，親手撫育自己的小孩，既關係到自己的顏面，也關係到自己的志氣，被視為最榮譽的工作。至今留下的許多紀錄顯示，格拉古兄弟的母親柯爾妮，和朱利斯．凱撒的母親奧雷里亞最關心的事情，就是培育自己的兒子。藉由毫不吝惜給予的愛情，以及在教育及體育方面細心的關照，這些母親們培育起了羅馬的領導者。

而到如今，母親的任務在生下小孩時就結束。先是有奶媽為嬰兒哺乳，斷奶之後又以學習希臘文為藉口，將育兒工作丟給希臘出身的女奴隸。上流階層的家庭，通常育兒不由一人，而是由數人編成的小組負責。然而這些女人通常唯一的技能就是說希臘文，沒辦法擔負其他重要的工作。亦即幼小的孩子，就被這些沒教養又低俗的女奴隸環繞，聽她們無味的閒談、看著她們為了能盡可能偷懶而閃躲工作的樣子長大。結果，家中沒有任何一個人真正關心年幼的主人感受什麼、說什麼和做什麼了。儘管真正的育兒，重要的地方就在於對這些事項的溫情處置。」

塔西圖斯這個人雖然生於帝國鼎盛期，但是凡事悲觀。因此要參考這位帝政時期首席史學家的證言時，必須對其大打折扣。不過，留下文章悲嘆西元二世紀育兒現狀的人，不只塔西圖斯一個。距離凱撒的時代已有兩百年，領導階層的育兒方式，只怕也是各種社會變貌中的其中一項吧。馬庫斯．奧理略在《沉思錄》中也記述著，他是喝奶媽的母乳長大的。

不過，他的母親朵米提亞．蘆琪拉並非將育兒工作丟給女奴隸，成天耽溺於社交生活的上

母親朵米提亞・蘆琪拉

少年時期的馬庫斯・奧理略

流婦人。馬庫斯喪父時才三歲。這個時代的女性，一般而言還沒到十五歲就出嫁了。因此朵米提亞・蘆琪拉很有可能成為寡婦時還不到二十歲。在羅馬社會裡，有錢的寡婦，又有生產經驗，實在是最好不過的再婚條件了。儘管如此，她仍沒有再婚。後來做兒子的，便這般形容他的母親：

「我的母親教導我下列的事情：崇敬神明；對有必要的人毫不吝惜的給予；做人非但不能沾染壞事，甚至想都不能想；還有遠離富裕者容易染上的，豪奢的飲食及花俏的生活。」

也許朵米提亞・蘆琪拉不像格拉古兄弟或是凱撒的母親那樣受過高深的教育，足以在兒子活躍於政界後還能對等商談。不過馬庫斯・奧理略的母親並未將兒子的教育完全委由他人代勞。馬庫斯・奧理略在確認將成為次任皇帝之後，依舊維持與家庭教師之間的書信往返，在書信的最後，通常會加上「我，以及家母向您問候」做結尾。這代表當少年時期家庭教師前來教學時，做母親的也與老師之間有互動。雖說馬庫斯．奧理略早在不懂人事時就失去了父親，但要等到他三十四歲時，才又失去了母親。因此，他是在母親和高貴但寬厚的祖父保護之下，度過安穩且和平的童年。這個時候，羅馬帝國也處在太平的年歲中。

少年時期

這是西元一二七年的事情了。日後的馬庫斯．奧理略皇帝，這時還叫做馬庫斯．安尼斯．威勒斯，當時只有六歲。然而，就在如此年幼的時候，他列席成為羅馬社會中僅次於元老院的第二階級——騎士階層（經濟界）的一員。在羅馬社會中，貴族理所當然地會身兼元老院議員，而這些領導階層的子嗣，也有前例是在十五歲經歷成年禮之後立即列席騎士階層（經濟界）。由於得以進入元老院的年齡資格限制為三十歲，這可說是成為領導者的預先準備課程。不過，儘管有年輕如十五至二十歲的前例，六歲實在是年輕得過頭了。這想必不是因為治國邁入第十年的哈德良皇帝，從這六歲孩子身上發掘出什麼治國的天賦，而是這位最高權位者對於能在國內代理業務，使他得以安心出差視察的忠臣威勒斯的「禮物」。對皇帝而言，最佳的助理人員之一，就是馬庫斯的祖父兼養父威勒斯。

第二年西元一二八年，是由七歲到十一歲為止的初級教育的第一年。社會上、經濟上都屬於最高階層的馬庫斯很理所當然的，不是和其他小孩一樣到街頭的私塾去上學，而是請家庭教師到家中教課。不過，不管到私塾或在家中上課，初級教育的基本內容都是閱讀、書寫、算數，因此沒有什麼好提的。只不過另有一件值得特別記述的事情，發生在這一年。

像猶太教和基督教這種一神教既然有經典，負責向一般信徒解說經文的祭司階級也就不可或缺。相對的，屬於多神教的羅馬宗教沒有經典，因此也就不需要專門的祭司或神職人員。因此得以不用擔憂神職階級干涉國政的風險，自然地實現政教分離制度。不過這和現代人所想的政治歸政治、宗教歸宗教的分離意義不同。不但如此，理論上來說，只要是信仰羅馬諸神的成年男子，都有擔任祭司的資格。由於並非專職的神職人員，因此在舉行祭典時也沒有專用的服裝。羅馬皇帝平時穿的服裝，是在短衣上套著一件托加長袍，而中、上階層的男子穿著也是如此。由於皇帝身兼最高神祇官，因此有在國定假日舉行祭典的義務，這時同樣也是穿著長袍舉行。不過，只有一點和平常不同。在元老院開會時，托加長袍不會用來遮蓋頭部。然而在神殿前的祭典上，則會以托加長袍的衣角

奧古斯都

遮住頭部。這是羅馬人崇敬神明的具體表現。羅馬人的各個家庭都有其守護神，祭神時的儀式也只是皇帝舉辦祭典的縮小版，舉辦人是以衣角遮住頭部的家父長，而儀式的參加者，則僅限於家人和僕傭。在信奉多神教的古代，人與神的關係要比我們想像中來得接近。

當馬庫斯七歲時，獲得了拉丁文稱為“Salius Palatinus”成員的稱號。若要翻譯的話，這應該稱為「軍神馬爾斯的祭司會」吧。這是義大利半島自古以來就有的祭典，光在首都羅馬一地，就有兩個團體負責，其成員各為十二名少年。在一年之中，有兩個祭祀軍神馬爾斯的節日，分別是三月十九日和十月十九日，代表著適於戰鬥的季節之起始與結束。一到了節日，少年祭司們就會穿上義大利古代的武裝。其中包括：皮製的短甲、短的軍用斗篷、圓錐形的戰鬥帽、腰掛短劍、左手拿八角盾、右手拿槍。十二個人就穿著古裝聚在一起，走遍整個市區。每隔一段距離停步後，就以槍敲擊盾牌，口中唱著讚詞，跳起獻給軍神馬爾斯的舞蹈。當充滿古味的舞蹈結束之後，駐足路邊圍觀的人們會給予如雷的掌聲。獻給軍神馬爾斯的讚歌係以古拉丁文編成，對七歲的少年們無疑的十分困難。不過少年時期的馬庫斯將其背得滾瓜爛熟，而且積極熱心參與每一次祭典。看來，他無論任何任務都會全力以赴的個性，在這時已經成形。或許當他成為皇帝之後尊重羅馬傳統的想法，就是從少年時期此類教育和體驗培育的成果也未可知。

中等教育是從十二歲起開始的。一般羅馬人是在十七歲時出社會，因此羅馬人非常重視這五年之間的教育，意為中學教師的"grammaticus"一詞能夠成為教職人員的總稱，就是最好的證據。由於馬庫斯生長在優裕的環境下，因此身邊的教師也皆為家庭教師的「最高品牌」希臘人所包辦。而且不同的科目由不同的教師負責，可能是到了西元二世紀時，不但育兒工作已經分工，連家庭教師也已經分門別類了吧。關於教育科目內容，已在第X冊的教育制度中詳述，在此不再贅述。不過有趣的是，他們重視對話訓練的課程，我們將其譯為「對話」的科目，原文為"dialogus"。學習此科目的第一要點在於，知道世上有與自己不同的意見存在。當能理解這件事之後，才能學會使用何種方法去說服與自己意見相左的人。這種對話方式，在希臘尤以蘇格拉底最為有名，而在羅馬，則是將其應用於元老院的議場以及法庭上。

然而在學習這些科目的同時，這個十二歲的少年卻迷上了希臘哲學家的生活型態。白天刻意穿著粗布衣裳去上課，晚上也穿著這樣的打扮，直接睡在地板上。由於母親懇求他至少在地上鋪一層毛皮就寢，幾天後他才不得已地結束這種行為。換句話說，馬庫斯·奧理略在這麼小的年齡時，已經迷上了希臘哲學。喜好戲謔的哈德良皇帝，當然不會放過馬庫斯，由於馬庫斯的姓氏「威勒斯」意為真實，因此他將「威勒斯」一詞接上代表最大的語尾，成為「威勒西姆斯」，意即皇帝為少年時期的馬庫斯取個外號，叫做「熱愛真實」。

西元一三五年，常因視察帝國疆域而不在首都的哈德良，可能是自覺到體力的衰退，決心在本國內安頓下來。五十九歲的皇帝待在提伯利別墅的時間，要比待在羅馬皇宮裡的時間多。不過當時十四歲的馬庫斯伴隨祖父晉見皇帝的機會應該不少。因為從這時起，哈德良已經對這位少年表現出超越對忠臣之孫應有的關心了。

成年禮

對於完全達成自我要求任務的最高權位者來說，唯一沒解決的問題就在於決定繼承人了。如果在這項事情上沒有經過深思熟慮仔細安排的話，不管過去施行多少善政，也總是為山千仞，功虧一簣。哈德良可是走遍廣大的羅馬帝國每一片土地，一邊守著羅馬和平，一邊完成帝國重整的人物。他在選擇統治帝國的繼承人選時，自然不可能隨便。

當時五十九歲的哈德良，視線集中在推斷當時約三十歲左右的凱歐尼斯．康莫德斯身上。這個年輕人雖然體格瘦長，但皇帝似乎認為其品格智力都合格了吧。然而，哈德良皇帝會挑選這位年輕人，還有他說不出口的苦衷。

在將近二十年前，剛開始治國的時候，哈德良曾肅清了前任皇帝圖拉真留下的四名重臣，當時並未將其正式審判，而是以圖謀政變的名目迅速處決。雖說為了將帝國今後的國策，由圖拉真皇帝的軍事擴張路線，轉成專注於防衛路線，這是不得已的強硬措施。然而哈德良皇帝是個心思細膩的人，只怕當年心中的糾葛，至今都還未曾忘懷。因為雖然互相不能認同對國策的看法，但四名重臣也是以他們的方式愛國。

凱歐尼斯・康莫德斯迎娶了四名重臣之一的尼古利努斯的女兒。這時他已經有一名六歲的兒子。在這幼童身上，流著背負著污名遭到處決的尼古利努斯血脈。這讓人推測哈德良選擇凱歐尼斯・康莫德斯作為繼承人時，是否心中充滿為無奈犯下的罪行贖罪的心思。被選為繼承人的凱歐尼斯・康莫德斯，同時也有個十一歲的女兒；而同一年春天，馬庫斯也滿十五歲了。

阿耶利斯・凱撒

這意味著馬庫斯已到了舉辦拉丁文中稱為“toga virilis”成年禮的年齡。當一位少年舉行成年禮後，得以由少年時期的短袖衣服，換穿成年男子在正式場合穿著的托加長袍，因此所有的親戚會共聚一堂為其慶祝。馬庫斯這時好像已經失去了代理父職的祖父。不過哈德良皇帝雖然沒有公開支持，但似乎私底下幫了不少忙。因為一辦完成年禮，馬庫斯也訂婚了。

馬庫斯的未婚妻是凱歐尼斯・康莫德斯的女兒凱歐尼娜。而哈德良旋即宣布列凱歐尼斯・康莫德斯為他的繼承人。也就是說，馬庫斯成了次任皇帝之女的未婚夫。凱歐尼斯・康莫德斯成為哈德良的養子，因此改名為阿耶利斯・凱撒。這位次任皇帝和馬庫斯之間相差了十五歲。而阿耶利斯・凱撒六歲的兒子，如果順利的話將繼承其父，成為再下一任的皇帝。他和馬庫斯之間相差了九歲。或許哈德良在一開始並未把馬庫斯視為皇帝候補人選之一，而是期望他能夠待在阿耶利斯．凱撒身邊輔佐其治國，當皇帝之子繼位時，也能以姊夫的身份，成為至誠協助皇帝統理國家的人物，所以他才撮合馬庫斯和凱歐尼娜的婚約。

有些人，就是打死他也絕對不會為了升官而去排擠、肅清別人，馬庫斯．奧理略正屬於這種人。也許哈德良就是著眼於馬庫斯的這個特質，哈德良本身也是絕對不會為了升官而去排擠別人的人，但他同時也認為「一將功成萬骨枯」是理所當然的事情，這種自我中心的人反而重視徹底誠實的人的價值。

後來又發生一件我們不禁懷疑是否為哈德良指使的事情。十五歲的馬庫斯，被任命為拉丁祭典期間的首都羅馬行政長官。所謂「拉丁祭典」(feriae Latinae)，是長年以來於羅馬郊外二十公里的亞爾巴諾山中舉辦的節慶。由於兩名執政官都會出席，因此為了避免影響到首都的行政，會在祭典期間特別任命「長官」來擔任行政工作，不過實際上這只是個名譽職位而已。而馬庫斯同樣地，又是卯足全力地去執行任務。當年的執政官之一，是由哈德良指名為次任皇帝的阿耶利斯．凱撒，他還因此特地前往提伯利的別墅，向皇帝報告未來女婿工作有多勤奮。

西元一三六年發生的事情眾多，而對馬庫斯家而言也是特別忙的一年。他們的這一年，是以喜事結束。比馬庫斯年輕兩歲的妹妹科爾尼斐琪亞，和表兄弟屋米狄蘇．夸德拉圖斯結婚了。新娘的父親和新郎的母親是同母的兄妹，在羅馬的最上層社會裡，表兄妹結婚已經不是稀奇的事情了。即使不回溯到共和時期，在百年前的帝政初期，這也是難以想像的事情。

帝王教育

即使辦完了成年禮，馬庫斯這時也才十五歲，因此並未停止受教育。不但如此，從這時起，圍繞在馬庫斯身邊的教授群更是優秀了。據說這些教授的人選是由哈德良皇帝指定的。若真如此，這代表在老皇帝的心中，對於馬庫斯之資質評價一天比一天好。

我們在此介紹教授群中具有代表性的三人如下：

出身於小亞細亞弗里吉亞 (Phrygia) 地方的希臘人——亞歷山卓。這個人是有名的荷馬研究家，據說若要談到正統希臘文的教育，無人能出其右。

出身於現代的斯洛維尼亞共和國，但在羅馬時代則屬於義大利境內，因此可算是義大利本國出身的拉丁人——特洛修斯・亞配爾。當然，他負責正統的拉丁文教育。

出身於過去屬於大國迦太基領土北非地區的科爾涅留斯・佛倫多，他負責指導鍛鍊辯論術的技巧。

羅馬帝國的疆域，包括了歐洲、中東和北非在內。後世的史學家一致同意，哈德良統治下的羅馬帝國是個世界主義 (cosmopolitanism) 的國家，即使不刻意意識這件事情，從教師的人選中就能反映出一些端倪。不過有趣的是，這些人教導馬庫斯的學問，和他們的出身地一點關係都沒有，而是菁英份子的生存方式。雙語國家羅馬帝國的兩大官方語言為拉丁文和希臘文，而知識份子一方面在教導純正的拉丁文和希臘文的同時，也教誨子弟們以不帶輕藐和不悅的方式，去傾聽因出身非拉丁文或希臘文"native"（母語）地區，因此話中容易混雜方言或文法錯誤的人說話。最重要的事情，是在於知道對方想要表達的內容，至於傳達方法則在其次。對談時，絕對不得修正對方文法或發音的錯誤，其原因在於當在統治者面前保持沉默的人多了，反而無法為統治者帶來利益。

既然羅馬世界中有這種通念，那麼不管出身帝國的任何地方，應該都沒有問題。青少年時期的馬庫斯身邊的教授群中，後來還陸續增加了希臘、中東與北非出身的人，筆者認為這不過是經由實力主義選拔出的結果。這些拜實力主義而獲得重用的行省人士，就如同後世史學家大書特書的，幾乎個個都自認為是羅馬人，而根本不會去想自己是高盧人、希斯帕尼亞人、希臘人、敘利亞人、北非人。當年說著皇家英語，對於語言上未必說得如此純正的殖民地人民，同樣願意以紳士的態度傾聽的英國人想必也不在少數。然而無論是印度、新加坡或者埃及的民眾，沒有任何人認為自己是英國人。雖然同為「帝國」，但羅馬與英國的決定性差異就在這裡。馬庫斯．奧理略的少年時期，亦即精神形成期，也就在由哈德良皇帝達成顛峰的世界主義氣息下度過。不過之後不到兩年間，卻發生了大大改變馬庫斯人生的事情。

西元一三八年一月一日，已經被立為次任皇帝的阿耶利斯．凱撒，在整裝準備出席元老院會議的時候，大量吐血而亡。在此前一年，由於哈德良皇帝的意願，認為為了鍛鍊他瘦弱的身體，以及為了日後登基治國，應當體驗邊境的軍團生活，因此將他送往多瑙河前線。然而對於似乎患有肺結核的阿耶利斯·凱撒來說，這個環境變化實在太嚴苛了。在現代來說，維也納和布達佩斯都是一國的首都，這兩大都市的起源，都是羅馬時代軍團駐軍的基地。西元二世紀時，基地應該已經都市化到相當的程度，可是舒適的程度畢竟比不過帝國的首都羅馬。在氣候方面，對於習慣羅馬南國氣候的人來說也很嚴苛。三十歲出頭的年輕氣勢，還是贏不了這場考驗。對於哈德良皇帝而言，整個後續計畫因此完全崩盤。而哈德良比誰都清楚，他有必要盡速決定替代的人選。當時他已屆六十二歲高齡，更麻煩的是，在位期間進行視察旅行所累積的過度疲累，使他這時已經苦於年老和疾病。

阿耶利斯·凱撒死後不到一個月，後繼的人選就決定好了。這個人登基之後的名字叫做安東尼奧·派阿斯，其祖先出身於南法行省。他具有元老院議員身份，算是理所當然的條件，且同時是「內閣」的一員，深受哈德良信賴。當時年齡為五十二歲。對於注重成熟穩健的羅馬社會來說，處於這個年齡是個好條件。

我們找不到證據證明，在阿耶利斯·凱撒死前，哈德良曾將安東尼奧列為繼承人選之一。哈德良和安東尼奧性格完全不同。一言以蔽之，如果哈德良皇帝是銳利的話，安東尼奧就是穩健。不過反過來說，安東尼奧具有哈德良所欠缺的資質，我們可以借用小普林尼的話來說：「元老院議員們，對於皇帝以元老院之一員身份行動感到滿意。」在這方面安東尼奧可是鐵票。

對哈德良而言，安東尼奧具備的第一項好條件在於他有女兒，但沒有兒子。又，當時五十二歲的年齡也是個好條件吧。這時哈德良六十二歲，他想必認為比自己年輕十歲的人，好歹可再活上十三年。只要能撐過這段期間，目前只有十七歲的馬庫斯，到時也達到了就任國家要職的年齡下限三十歲。很明顯地，當阿耶利斯過世之後，在哈德良心中馬庫斯的存在更加地重要了。

指名安東尼奧為繼承人唯一讓人不安的問題，在於這個人於本國以外任職的經驗，只有擔任過一年的小亞細亞行省總督。而且，他擔任總督的行省，不像是卡帕杜西亞這種即使不在戰爭狀態下，也因面對假想敵帕提亞，必須隨時保持警戒，負有指揮邊境防衛軍團任務的地方，而是待在小亞細亞西部，希臘文化菁華依舊存在，生活和平又舒適的行省之中。在羅馬帝國，一個行政區即使同樣稱為行省 (provincia)，位於防線上的行省總督任命權屬於皇帝，一般是由具有軍務經驗者擔任。而沒有這方面問題的行省，總督則是由元老院議員相互選舉而出，按例是由具備執政官經驗的人擔任。這兩種行省分別被稱為「皇帝行省」及「元老院行省」。另外，兩種行省還有一個不同的地方，「皇帝行省」的總督任期一般而言長達數年，但「元老院行省」總督的任期則固定為一年，這是為了盡量讓多一些議員得以共享擔任行省總督的「榮譽」所致。當初安東尼奧擔任總督的行省，也就是「元老院行省」之一。不過，安東尼奧在

哈德良

安東尼奧·派阿斯

擔任總督時的政績優異，連在義大利本國都獲得好評。像他這般清廉、誠實、具責任感的人，想必能夠勝任愉快。

而且筆者推測，對哈德良帝而言，繼承人的行省經驗少，恐怕算不上什麼問題。因為哈德良已經親自走遍了三十六個行省，將所有判斷為必要的措施都整頓過了。也許他會認為，到馬庫斯即位為止的十幾年內，帝國應該沒有問題。然而，預計中的十三年卻變成了二十三年。

西元一三八年二月二十五日，哈德良皇帝公布了新的繼承人。因為這時安東尼奧已經接受了哈德良所提出的全部條件。第一個條件是，收養即將滿十七歲的馬庫斯，及已故的阿耶利斯·凱撒之子，現年八歲的盧西厄兩人為養子。第二是等到阿耶利斯·凱撒的女兒和馬庫斯到達適婚年齡後，為兩位已經有婚約的人舉行婚禮。第三個條件則是等阿耶利斯·凱撒的兒子盧西厄到了適婚年齡後，讓其與安東尼奧的女兒法烏斯提娜結婚。

我們光是瀏覽這些條件，就可以稍稍感受到重整帝國防衛機制和法律體系的哈德良皇帝，那種事事追求完美的個性。從這裡可以很明顯的看出，他將馬庫斯視為繼承皇位的正統，而把安東尼奧當成過渡時期的代班人物。另外還可以感受到在自知來日不多的哈德良心中，對治國初期不得不肅清圖拉真帝四重臣的贖罪意識。他特別在此為流有四重臣其中一人血脈的兩個幼兒安排好了後路。

於是，在一切後事都安排好的五個月後，哈德良皇帝離開了人世。

在現代，人們往往著重於這名皇帝的卓越美感，以及其對希臘文化的熱衷。雖說這也是事實，然而哈德良皇帝可不只如此。筆者甚至認為，以多民族的羅馬帝國統治者角度來說，接在朱利斯．凱撒和奧古斯都之後，排名第三的就是哈德良皇帝了。哈德良是優秀的政治家，同時他也有一套簡明扼要的哲學，這名皇帝雖然不像馬庫斯．奧理略一樣留下《沉思錄》和騎馬像，不過他也將自身的哲學流傳給後世，那就是至今依舊屹立在羅馬的萬神殿。

羅馬人的哲學

這座神殿不管它是蓋成圓形或方形，本質上都和其他的神殿完全不一樣。比方說如果有人到雅典的帕德嫩神殿參拜，進入神殿後只能面對主神宙斯而已。而建於羅馬卡匹杜里諾丘上的

萬神殿的內部

朱比特神殿，其人神關係也是承繼著帕德嫩的形式。

然而，羅馬的萬神殿，就如同字面「萬神殿」(Pantheon)所示，是個無論異族神明或戰敗者信奉的神明，將所有人信奉的神明一律納入其中的「獻給天地諸神的神殿」。而且，萬神殿的特徵還不只如此。人們並非從入口進入神殿，然後面對位處內部的神明，而是當人們進入建築之後，四周由諸神環繞。萬神殿是唯一以古羅馬時代的狀態存留至今的建築物，其中並未使用任何梁柱設計，卻能維持四十三公尺的高度和寬度。不過這種事情只要交給建築師去佩服就好。優秀的建築物，一定會顯現出建築者的哲學。我們真正該感受到的，就是萬神殿的哲學。

當讀者參訪萬神殿，走進內部，站在寬廣的圓形地板正中央時，可以仰頭看到圓形天窗外的藍天。這時只怕身邊的眾多觀光客，以及他們發出的噪音都會離我們遠去，只留下站在寬廣的神殿正中央的人，以及沿著牆面並列的諸神。在其他神殿裡，是以供奉在其中的神明為主角。在萬神殿之中，則是由守護人的諸神圍繞在一旁，改由人類為主角。這個形式，正是古代多神教精神具體化，因而顯現的羅馬帝國哲學。萬神殿原本是由奧古斯都帝的左右手阿古力巴在西元一世紀時興建的，不過到了西元二世紀時，已有需要重建。這時是由哈德良帝把原本的長方形建築改為圓形，並且把諸神的位置由中央改至圓周邊上。哈德良屬意等到時機到來後將由馬庫斯守護的羅馬帝國，正是「萬神殿」式的羅馬帝國。

附帶一提，從羅馬人修築萬神殿起，直到現代為止，已經過了將近兩千年的歲月。然而，人類在這段時間內，還沒有修築第二座、第三座萬神殿，這是因為人類進入了一神教時代，認定自己所信仰的神以外的神明為邪神，並且持續到現在。「萬神殿」是多神教時代的產物，也是再也不會重現的古人的紀念碑。

繼承哈德良帝之後的安東尼奧．派阿斯，以意為「慈悲為懷」的「派阿斯」聞名於世。史學家評論他治國的時期為「羅馬人最幸福的時代」。史學家吉朋也感嘆道，因為實在找不到什麼問題，連得以紀錄的事情都快找不到了。確實，這位皇帝在治理有如大家庭的羅馬時，抱持著寬容的態度，但遇到應當匡正的事物也不會鬆懈；在登用人才時充分表現了公正；排除濫用公款的情況，致力於維持健全的財政。長達二十三年的執政時間內，貫徹了施行善政的態勢，連後世的學者要將這位統治者列入五賢君之一時，也絲毫不會感到猶豫。然而，他能夠這樣專注於平凡的政治，或是說他只不過是專注於行政，是因為他很幸運地，能在享受先人業績的成果時擔任皇帝。若要說到先人的業績，即使只是將時間限定在帝政時期，並將範圍限定在皇帝的首要責任「安全保障」上，還是有下列這麼多事項可談。

羅馬帝國的安全保障史

朱利斯·凱撒——征服全高盧地區，確立以萊茵河為防線的政策，阻止了日耳曼民族的侵襲，因此使得原為狩獵民族的高盧人成功地農耕民族化。以土地為生產基礎的農耕民族，較不易捨棄居住地，侵入他人的領土。

奧古斯都——如果談判的對象，不像高盧人一樣分成許多部族，而是由統一的領袖治理的國家，那麼奧古斯都會表現出隨時能夠妥協的態度。當年他能夠和帕提亞王國制定以幼發拉底河為國界，就是以外交力量為主，武力為輔，同時也制定了羅馬帝國以幼發拉底河為東方防線的基本國策。

臺伯留——這位皇帝正式地整頓多瑙河防線，使其與萊茵河共同成為帝國北部國界的防線。匈牙利的首都布達佩斯源自為監視對岸蠻族動靜的基地，而設立這個基地的，正是臺伯留皇帝。不過這位皇帝的業績中，特別值得介紹的，不像防禦外侮那樣威風，而是同等重要的內部治安維護工作。無論石板鋪面的羅馬大道在國內形成多麼完善的網路，如果民眾有在途中遭到盜賊襲擊的疑慮，道路網也就無法發揮國家血管網路的功效。

克勞狄斯——朱利斯．凱撒認為，光是以萊茵河防線阻擋日耳曼人的入侵，不足以維持高盧地區的安定。為了讓不滿羅馬政權的高盧人無處可逃，征服不列顛地區的舉措不可或缺。而事隔一個世紀之後，這個政策終於由克勞狄斯實現。實現政策的結果，使得派駐於高盧的羅馬軍事力量，只要有里昂的一個大隊，亦即一千名士兵就足夠了。這一千名士兵的任務，還包括了保護設置於里昂的帝國金幣、銀幣鑄造廠。也就是說，雖然高盧地區廣大到足以包括後世的法國在內，派駐在這裡的羅馬兵人數卻幾近於零。至於以史特拉斯堡為基地的一個軍團，各位從地勢上就可以看得出，他們的任務是死守萊茵河防線。

只要高盧地區安定，隔著庇里牛斯山脈與高盧相鄰的希斯帕尼亞也會跟著安定。羅馬人在伊比利半島派駐了一個軍團，不過是為了看守與北非相對，古代稱為「海克力士雙柱」的直布羅陀海峽。

對羅馬人來說，高盧的安定就是這麼重要。羅馬人如果背後沒有一個安穩的高盧做背景，絕不可能將兵力集中在萊茵河與多瑙河防線上。

圖密善——萊茵河與多瑙河的水源，均來自於阿爾卑斯山脈，而且愈往這兩條大河上游回溯，河流間的距離也就愈短。兩大河上游之間的地帶，若以人類來形容的話，正有如側

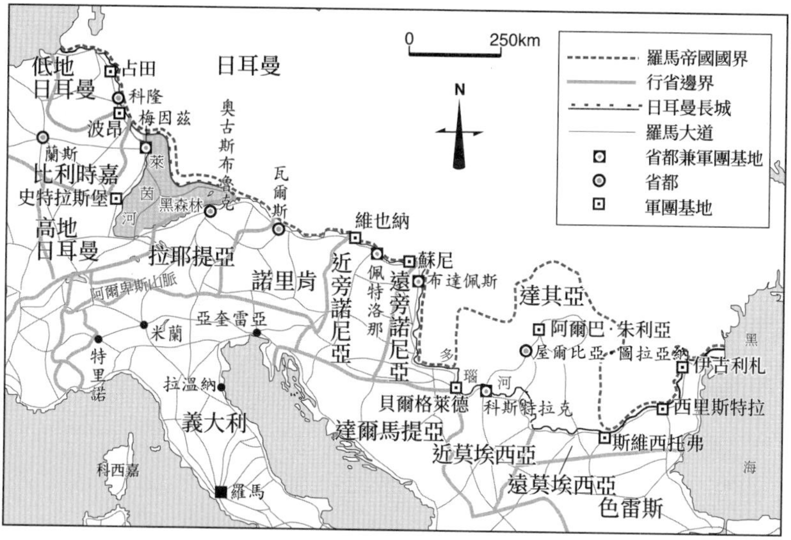

由圖密善皇帝建構的萊茵河至多瑙河的防線

腹部，亦即最為脆弱的地方。據說最早想要強化此一地帶防衛體制的是臺伯留皇帝。不過將其以「日耳曼長城」(Limes Germanicus) 名義實現的則是圖密善皇帝。由於建設了「日耳曼長城」，原本被日耳曼人視為自己地盤的黑森林 (Schwarzwald)，也納入了羅馬的版圖。這座森林原本令人望而生畏、不敢侵入，如今有了羅馬大道穿越，不僅軍團得以行軍其間，一般旅人也能夠自由穿梭。這也使得羅馬帝國的北端防線，變為由萊茵河防線—日耳曼長城—多瑙河構成，成為一道由北海起始，至黑海為止，既綿延又富功能性的完整防線。軍團的移動更為便利，連帶地避免軍事費用的擴增。「日耳曼長城」的戰略價值有多高，從日後圖拉真帝強化、哈德良帝重建這兩件事情，就可以得知。畢竟，羅馬的歐洲北防線要面對的，不是指揮系統統一，因而容易尋得妥協的帕提亞王國，而是以蠻族一詞統稱的諸多部族集團。

圖拉真──對羅馬來說，個別部族分居各地的蠻族，是可以各個擊破的對象。但同時也有風險，就是當有強力領袖人物出現時，原本分散各處的部族會聚集到領袖之下。達其亞的首長德賽巴拉斯，就是一個擁有足夠力量，自封為「王」的政敵。羅馬人當然不會坐視不管。立於羅馬的「圖拉真圓柱」浮雕上，刻著的正是這場被稱為「達其亞戰役」的戰鬥。這場戰役最後是以羅馬的完全勝利收場，位於今日羅馬尼亞一帶的達其亞成為羅馬的行省。多瑙河下游的居民，再也不會看到對岸的蠻族了。換句話說，多瑙河防線更加地強化了。

羅馬人苦於未開化民族的原由之一，在於對人命的感受不同。當羅馬人迫於需要必須渡河時，他們寧可棄木筏與小舟，選擇築橋。未開化民族沒有在大河，如多瑙河之上架橋的技術能力，對他們來說，沒有也無所謂。他們所擁有的最大的「力量」，在於對利用木筏與小舟渡河時無法避免的人力犧牲沒有感覺。圖拉真帝征服達其亞，將其納為行省後，元老院向他獻上了「至高皇帝」的稱號。這是因為他不僅在戰役上獲勝，而且取得了新的領土。不過除此以外，請各位不要忘記，即使身在離多瑙河千里之外，住在安全的羅馬，元老院議員和前線士兵日夜感受到的蠻族威脅是相通的。當一個組織的「頭」與「手腳」能有共同想法時，組織體質是健全的，同時也因此而強盛。

朱利斯·凱撒

奧古斯都

臺伯留

克勞狄斯

圖密善

圖拉真

哈德良——與前任的圖拉真不同，這位皇帝連一次凱旋儀式都沒舉行過。雖說這是因為他堅守防衛策略，不過他所實施的堅守防衛策略，和現代和平主義份子所想的並不相同。他知道人會對強者卑躬屈膝，又會對表態示弱的對象擺架子。這就是他所考量出的政策，在他二十一年在位期間，絕大多數時間在巡視廣大帝國的邊境。其成果便是將所有的防線都化為銅牆鐵壁。也就是說，他完成了一個防衛體制。無論是從沙漠另一邊襲擊而來的北非游牧民族，或是意圖跨越幼發拉底河擴大領土的帕提亞王國，或是時時伺機而動、意欲渡過多瑙河與萊茵河的北方蠻族，以及想要穿越「哈德良長城」南下的卡雷德尼亞人，都不得不承認，若是輕易出手，將遭到沉重的反擊。現代人稱呼這種政策叫做嚇阻力。

雖說他將防線化為銅牆鐵壁，但並非以防衛設施為界，隔絕內外的交通。羅馬的國界並非封閉的國界，而應當稱為開放式的國界。哈德良同樣地承襲了羅馬這項傳統。在有市集的日子裡，常常能見到住在防線外的蠻族，拿著自己的物產進入防線內，賣掉物產之後，將金錢用於購買羅馬境內的物資。跨越防線進行交流的現象不限於一般人，派駐於國界邊的軍團，也常常藉此購買必需物資。這並不代表如果沒有購買蠻族生產的物資，軍團就無法滿足自身的需求。而是希望能藉由物產交流，減低蠻族的掠奪意圖。這是一種優越的政治策略，後世的研究人員將其稱為「半(semi)羅馬化」。亦即羅馬人忙於在國界內進行羅馬化的同時，也沒忘記對國界外側進行半羅馬化。而所謂的「羅馬化」，也就是命運共同體化。

然而，雖說政策轉向堅守防衛路線，依舊是一種強化防衛體制的政策。因此強化所需的經費支出增加，也是不可避免的。而在羅馬帝國，增稅實在是一件困難的事情。從「百分之一稅」和「二十分之一稅」等別名就可以得知，開國皇帝奧古斯都所訂定的稅率已經成為定律，而且增稅並不是個對待有權者的好方法。羅馬的皇帝，並非像基督教的皇帝或國王一樣，被認為是由天神賦予統治權的存在。羅馬的主權始終在人民身上，羅馬皇帝是由羅馬的主權者「羅馬公民」與「羅馬元老院」委託統治，因此才能行使權力。所以，只要是擁有羅馬公民權的人，都是羅馬的主權者。而在那個時代，間接稅為國家的稅收主體，一旦提升稅率，最大的受害人就是一般公民。

也許有人會認為，只要提高不具有羅馬公民權的行省民所支付的行省稅不就好了？可是行省稅又因為其他因素，使得增稅難度不會比其他稅收容易。行省稅的別名叫「十分之一稅」，稅率如字面所示，為收入的十分之一。在古代，似乎各地的稅率大體上都在這個水準。甚至有文獻記載，古人認為迦太基徵收的百分之二十五稅率異常的高。行省民是在免除兵役的名目下，勉強接受行省稅政策。如果要在稅率上動手腳，絕對會引起內亂。即使不與國外的敵人作戰，如果與國內的人民為敵，那麼根本沒有機會重建安全保障體系。要在這個狀況下推動改革，只有節約一途。

在第IX冊中已經詳述了哈德良的政績，在此想引用其內容，來對其施政稍作說明。以下引用的是原書中第二章「重建」一節中的部份內容。

「在軍團長之下只有二名高官負責基地的營運。其中一人為財務負責人——會計監察官，另一人為營運負責人，亦即基地長官。基地長官的重要任務是補充、儲藏兵器與糧食。不過，這是必須經常面對敵人的前線基地，有許多基地因為擔心不知何時會被敵人包圍，往往補充過多，結果造成庫存過量的現象。

一旦庫存過多，糧食便會發霉腐敗，無法食用，最後只有丟棄一途。而武器放置不用則會生鏽，連軍團附屬的兵工廠都束手無策，成為堆積如山的廢鐵。也就是說，就算一開始無意如此，最終還是造成軍糧採購經費的浪費。

哈德良對此現象感到相當不滿，故將軍團基地、軍糧供給地與連結兩者的補給路線加以重整強化。因為只要流通獲得保證，就不需儲存過多，其結果使得基地內的庫存降到最低。」

談到這裡，筆者不禁想起當時在寫這段文字時，一邊寫著，一邊忍不住笑了出來。因為一想到這彷彿是豐田汽車的"just in time"制度，就不禁覺得有趣。

當然，當初構思豐田管理制度的人，並非從兩千年前的羅馬皇帝處得到靈感。不過，當人面對問題時，若是明確地訂定了最重要的目標，並且具有實現目標所需的意志力，那麼只怕每個人都會想出類似的方案吧。附帶一提，後世的人給哈德良皇帝的另一個評價，就是「效率第一」。

不過，皇帝的這種做法也有缺點。由於這個制度有如精密的機械，因此只要一個齒輪出了問題，就有可能使得整臺機械停擺。要預防這個現象，並持續讓制度發揮功能，就有必要不斷地維修整頓。筆者認為，萬人一致公認為明主的安東尼奧・派阿斯卻沒有完全盡到這個責任。也許他會反駁說，因為制度已經發揮作用了。可是話說回來，今天是晴天，並不等於明天不會下雨。如果一般民眾人人都能準備雨傘的話，政治領袖也就沒必要存在了。擁有比一般人權力強大的領袖存在的理由，就是為了能夠未雨綢繆，事前替民眾準備好雨傘。哈德良偉大的地方就在於，他在人們不認為帝國有必要重新建構的時期中，決心並實踐帝國重整。

次任皇帝馬庫斯

西元一三八年七月十日，哈德良皇帝逝世的同時，安東尼奧・派阿斯治國的時期也開始了。不過，這並非正式開始，他還需要獲得元老院議員過半數贊成的形式支持，但這情況有些像是前任總裁指定的後任總裁要接受董事會承認一樣。所以重視事情實質的羅馬人，通常把前任皇帝過世的當天視為新皇帝治國的起點。就實際而言，新任皇帝安東尼奧也沒浪費他獲得的時間。不過話說回來，他是那種即使爬上了最高位，也不會擺出架子強迫他人服從的人。

安東尼奧約見了馬庫斯，這時他已經收了馬庫斯為養子，因此是馬庫斯的養父。他對馬庫斯提議，問他是否要與已故的阿耶利斯・凱撒之女解除婚約，改和他的女兒法烏斯提娜訂婚。

當時十七歲的馬庫斯一陣思索之後，答應了這項提議。由於法烏斯提娜這時已經與阿耶利斯·凱撒的兒子盧西厄訂婚，因此英年早逝的阿耶利斯·凱撒留下的兩個骨肉同時被人解除了婚約。雖說當初哈德良皇帝的苦心通通成為泡影，但畢竟人稱公正且慈悲為懷的安東尼奧，也是個普通的父親，會希望下一任的皇妃是自己的獨生女。

據載當時法烏斯提娜只有八歲，因此訂婚不等於結婚。但由於答應了這個婚約，日後的哲學家皇帝馬庫斯·奧理略，也成了近親結婚的案例之一。

安東尼奧·派阿斯的妻子與馬庫斯的父親是同胞兄妹。因此，安東尼奧同時也是馬庫斯的姑丈，亦即他的女兒法烏斯提娜和馬庫斯之間為表兄妹關係。領導階層之間往往有相互聯姻的傾向，這是因為領導階層的婚姻並非個人的問題，而是家族與家族間勢力結合的問題。羅馬帝國也同樣不例外。不過，在以往由於離婚現象多，因此下一代之間往往父母不同，即使結婚也不構成表兄妹婚姻。史學家塔西圖斯雖極力批判統治階層的倫理亂象，但很諷刺的，這個亂象反而減少了近親結婚。然而到了西元二世紀，離婚的人也少了。而且要說是減少，不如說是完全消失。在五賢君之中，就完全沒有人離婚。這是因為一夫一妻制已經普及。如果塔西圖斯在地下有知，也許會高興得哭出來吧。可是這個現象卻導致近親結婚增加。不知是否與近親結婚有關，幼兒到成年為止的存活率也降低了。

第二年，西元一三九年，對年滿十八歲的馬庫斯來說，是他首度經歷公職的年份，他獲選為中央要職的起點「會計監察官」。由於他受到皇帝推薦，因此在元老院中舉行選舉時，候選也就等於當選。當年首度擔任這項職務的平均年齡為二十五歲。年紀輕輕十八歲就當選，實在是個特殊案例。羅馬人稱呼這種公職歷程(course)為「榮譽職涯」，視為領導階層的責任及義務。相形之下，圖拉真是在二十八歲時，哈德良則是在二十五歲時才通過職涯的起跑點。這兩位先帝是在經歷過軍團勤務之後才就任中央要職，馬庫斯則是在沒有軍事背景的狀況下開始。很明顯地，這是在安東尼奧皇帝期望之下產生的結果。因為緊接著，馬庫斯又在皇帝的推薦下，被指名為次年西元一四〇年執政官的候選人，成為編制二人的執政官之中早早被敲定的人選。原本所謂的「榮譽職涯」通常是在擔任過會計監察官後，成為元老院議員，之後順著法務官、執政官的順序步步高升。然而馬庫斯卻是在沒有元老院議員身份和法務官經驗的狀況下，一步躍上執政官的位置，而且就任之時才十九歲。

除此以外，在西元一三九年的時候，也就是馬庫斯十八歲時，安東尼奧皇帝賜予了馬庫斯「凱撒」的稱號。在羅馬無論哪位皇帝，按例要在官方全名中冠上帝國的肇始人朱利斯·凱撒和奧古斯都的名諱。以安東尼奧·派阿斯為例，他的官方全名為「皇帝·凱撒·提圖斯·阿耶利斯·哈德良·安東尼奧·奧古斯都·派阿斯」。其中「提圖斯」是安東尼奧的個人名，姓名中會有「阿耶利斯·哈德良」，是因為按古代的記名方法，無論生父養父，當事人都必須將其名諱加記在個人姓名中。又，如果當事人是次任皇帝，則名字中單獨記載「凱撒」一字。以馬庫斯為例，他出生時所獲得的姓名為「馬庫斯·安尼斯·威勒斯」。此時已經改為「馬庫斯·

阿耶利斯‧威勒斯‧凱撒」。簡單來說，各位可將「凱撒‧奧古斯都」當成「皇帝」，若只有「凱撒」的話，則地位有如「皇太子」。也就是說，哲學家皇帝馬庫斯‧奧理略早在十八歲時，便已經獲得登基為皇的保證。在此，特將五賢君中除了在位期間只有一年半的涅爾瓦以外，其餘四名皇帝生涯列表如下。

如果換作筆者，會採存疑的態度。但當時不管是元老院議員還是一般市民，都對登基治國後旋即發表繼承人的安東尼奧‧派阿斯給予讚許，認為他謹守了與先帝之間的約定，是位公正無私的皇帝。

確實，安東尼奧皇帝立馬庫斯為下一任皇帝，而得以遵守與哈德良之間的約定。可是，他是先讓馬庫斯成為未來女婿之後，才遵守這項約定。當初哈德良在指名安東尼奧為皇帝時，附上的條件只有將當時還是少年的馬庫斯與盧西厄兩人收為養子而已，遺言中並未提到要將預立為兩任後皇帝人選的馬庫斯在十

從圖拉真到馬庫斯‧奧理略為止的皇帝經歷比較

	會計監察官	法務官	執政官	指名為次任皇帝	登基即位	駕崩
圖拉真	28 歲	34 歲	38 歲	45 歲	45 歲	64 歲
哈德良	25 歲	30 歲	32 歲	41 歲	41 歲	62 歲
安東尼奧‧派阿斯	25 歲	30 歲	34 歲	52 歲	52 歲	74 歲
馬庫斯‧奧理略	18 歲	—	19 歲	18 歲	40 歲	58 歲

幾歲時就早早封為「凱撒」，並旋即捧上執政官的寶座。畢竟，收為養子已經意味著列為繼承人。

也就是說，安東尼奧・派阿斯登基稱帝不到一年就忙著實行的，只是優待即將與其獨生女結婚的年輕人而已。沒有任何史學家與研究人員指責這一點，是因為自從吉朋之後，人格健全的明主「安東尼奧・派阿斯」（慈悲為懷的安東尼奧）已經成了定論。不過，人格高尚的人，未必就是個優越的政治領袖。

確實，安東尼奧・派阿斯是個責任感比一般人重的人。在培育繼承人方面，他一點都不馬虎。不過，他培育繼承人的方法，並非把年輕人送到外面的世界闖蕩，而是將繼承人留在身邊累積經驗。

當西元一三九年獲得「凱撒」稱號，被立為次任皇帝時，馬庫斯還只有十八歲。不過他在這一年從原本居住的柴利歐丘搬到帕拉提諾丘居住。這是因為安東尼奧皇帝希望他能居住在皇宮中，而他也接受這項要求。這時，馬庫斯正在接受高等教育。教授群則囊括了出身北非的佛倫多、希臘人荷羅狄亞斯・阿提克斯等，對當時的知識份子來說是無人不知的一流學者。而這些人雖為了教育次任皇帝，受聘前往羅馬，但認為師徒關係不該與他人相異。意即他們認為教學時不是由教師前往弟子家中教學，而是該由學生到教師家中拜訪求教。安東尼奧也只好接受這個條件。不過，他也說了句玩笑話。他說大概是老師們千里迢迢從希臘趕到羅馬跑累了，不想在羅馬市區內移動了吧。於是，十八歲的馬庫斯只有每天自己跑下帕拉提諾丘，到老師們家中求學。可是當年度更送，到了西元一四〇年時，他除了上學外，又多了兩項重要政務要負擔。

不論是共和時期或帝政時期，一月一日都是該年公務起始的日子。這天除了要召開該年第一次元老院會議，執政官的任期也是從這一天開始。西元一四〇年的兩名執政官之中，其中一名如去年所預定的，由還有四個多月才滿十九歲的馬庫斯就任。他的同事執政官，則是安東尼奧皇帝。和現任皇帝當同事是無上的榮譽，而當皇帝想要對一般市民宣傳他重視的人選時，這個手法也常被拿來應用。在羅馬，要指稱年份時，不是用開國第幾年來計算，而是用某甲與某乙擔任執政官的那年來指稱。比方說重視葡萄酒的產地與生產年份的風俗，也是從羅馬人開始的。羅馬的「美食家」們，會從赤陶土製的酒壺中，把酒注入玻璃杯或銀杯。然後一邊說「這是南義大利的薩雷魯諾出產，由安東尼奧與馬庫斯擔任執政官那年的『威努姆』(vinum)」，一面向客人推薦葡萄酒。附帶一提，在拉丁文的長女義大利文中，這個字便成了“vino”。而在希臘文中，則成了“oinos”。總之從現代各國語言中，意為葡萄酒的名詞來看就可得知：在帝國的西側，亦即歐洲地區，種植葡萄、推廣葡萄酒的也是古羅馬人。法國與西班牙自不待言，就連德國名酒“Mosel-Saar-Ruwer”的產地，也位於帝國疆域之中。同樣位在疆域中的英格蘭沒有成為葡萄酒產地，是因為羅馬人判定英格蘭不適合栽培葡萄。葡萄酒有過這麼一段歷史，所以筆者每當看到有人用英文的“wine”來代表葡萄酒，總覺得不能接受。就好像「地中海」這三個字，是既能傳情達意，又能兼顧語韻的優秀譯語一樣，「葡萄酒」這個詞不也同樣是很優秀的譯語嗎？

我們將話題回到十九歲時的馬庫斯身上。他在這一年開始承擔的另一個重要政務，是擔任「內閣」(consilium)的常任委員。這時的內閣，已經和皇帝經常不在首都的哈德良時代大為不同。總理帝國統治實務的“consilium”，由皇帝擔任主席，其他成員則包括：兩名執政官；若該年度有財務官，那麼財務官也列席內閣會議中；法務官、會計監察官與按察官為複數編制的官員，但只各派一名代表列席內閣會議；再加上由元老院遴選出的十五名議員。西元一四〇年時，馬庫斯具有執政官身份，因此具備了參加內閣會議的資格。不過也是由於安東尼奧皇帝的要求，畢竟馬庫斯的年齡實在是太年輕。就這樣，在「內閣會議」中，皇帝旁的座位留給了列席人員裡最年輕的馬庫斯。

安東尼奧皇帝這種儘管當事人年輕，但身為次任皇帝就應當累積政務經驗的想法，廣受元老院議員的好評。大家讚許他不獨占權力，採取注重培育繼承人的賢明政策。不過，對於賢明政策的施行對象馬庫斯來說，這代表忙得昏天暗地的日子要開始了。

羅馬人的一天

羅馬人習於日出而作，因此無論是元老院會議或是內閣會議，都在上午召開。如果當天沒有這兩種會議要開，馬庫斯必須跑到他的家庭教師之一的家中，接受一對一的教學。羅馬人將一天分為「工作」與「休閒」兩大部份，連教師也只在上午工作。

就算到了下午，馬庫斯也沒辦法和同年齡的其他青年一樣，前往競技場鍛鍊體力。在人類社會裡，地位和權力愈高的人，工作也就愈多。而且，因不獨占權力而廣受好評的安東尼奧皇帝，也樂得連皇帝的工作都丟給馬庫斯，自己享受悠然散步的樂趣。

這樣一來，用於追求真正喜好學問的時間，對馬庫斯而言即探求哲學的機會，只剩下晚上。皇宮和一般家庭不同，就算時時點著燈火，想必也不會遭人責怪。然而這種生活勢必會影響到健康。畢竟，要是第二天早上有內閣會議，馬庫斯就必須在幾乎沒有睡眠的情形下前往列席。圖拉真與哈德良在這個年齡時，正擔任邊境防衛軍團的大隊長，在多瑙河沿岸東奔西走。相形之下，青年時期的馬庫斯雖然住在首都的皇宮中，生活的舒適程度好得不能和前幾任皇帝比較，但卻讓人為其感到可憐。剛搬進皇宮的前幾年，馬庫斯的母親沒有與他同住。如果母親同住的話，相信就會有人為身體原本就不強壯的馬庫斯顧慮健康吧。不管怎麼說，這種生活一共持續了五年。就連到鄉間的別墅時，皇帝通常都會帶著馬庫斯同行。雖說在山莊裡沒有內閣會議和元老院會議，但是不論皇帝身在何處，需要他下決斷的公文依舊會追上門來。而且安東尼奧又忠於古羅馬人在田園間的生活方式，非常喜好下田耕作。馬庫斯與皇帝同行，又要跟著採葡萄，又要忙著陪皇帝在午後散步、釣魚，進修的時間還是只剩下夜間可用。

恩師佛倫多

在將近一千九百年後，我們還能得知馬庫斯青年時期的生活，是因為他留下了與家庭教師之一佛倫多之間的書信。在此，筆者想稍稍介紹其內容。佛倫多是馬庫斯的拉丁文老師，因此這對師徒間的書信和以希臘文寫成的《沉思錄》不同，幾乎全以拉丁文寫成，只有偶爾會以希臘文寫作。

「給我比任何人都敬愛的老師
好不容易，專門送公文的傳令官才剛離開。我才有機會向您報告我這三天來的近況。話雖如此，我能說的也僅止於此了。因為我才剛口述完三十件以上的公文，所以聲音沙啞，連呼吸都快停了。」

「給我敬愛的老師佛倫多
我正深切地感受到，現在我的健康狀況，正反映在您可以比任何人都正確判斷之處，亦即我目前文句內容的不穩定之上。而至於我詳細的健康狀況，好不容易正在逐漸康復。胸口的疼痛，已經不再復發。為了不再讓病情惡化，我決定接受醫師的忠告。因為我認為，抵抗疾病唯一的方法，就在於認真聽從專家所給予的治療方針。話雖如此，慚愧的是患病的時間愈是延長，心理方面就愈免不了要受到影響。也正因如此，我每天都痛感到有必要恢復健康。再會，我最愛的恩師，家母也向您問候。」

在未滿二十歲時就已經患有的「胸口疼痛」，後來成為糾纏馬庫斯．奧理略終生的頑疾。儘管心中痛感有必要恢復健康，但馬庫斯仍舊是個熱愛學問的人，尤其是哲學。接下來要介紹的是由他寫給恩師佛倫多的信件，正代表他好學傾向的頂點。不過在介紹這封信件時，筆者想特別在旁邊插嘴。筆者在大學時代主修的同樣是哲學，不過唯一因此得知的，就是了解自己是個多麼形而下的人。在熱愛形而上哲學的馬庫斯書信中，以（　）框起的文字，就是形而下到不可救藥的筆者的「聲音」。

「我狂怒不已，也悲傷至極，我所追尋的真理，始終不見蹤影。（那還用說，要是真理那麼好追尋，哲學史也就不會長達三千年了。）一再苦思之下，不禁會把自己的能力拿來和其他的哲學家做比較。

（這種事情還是不要做比較好。）

茶飯不思，滿腦子都是苦思不解所造成的焦躁，簡直快爆炸了。

（這種事只是白費工夫罷了。）

當雅典議會因辯論而鬧得不可開交時，有位議員這樣建議過。我們有必要制定法律規定，當遇到這種情況時，全體議員必須先回家睡一覺。我也決定遵循這項前例，姑且把一切都拋下，前去就寢。

（對嘛，這才是最好的方法。）」

在寫給佛倫多的信件中，馬庫斯率真的表現出自我，誠實得令人感動。不過，他的老師不只佛倫多一個人。打個比方來說，出身北非的佛倫多，有如馬庫斯在高中時代遇到的一位老師。而除了佛倫多之外，馬庫斯身邊還有成群燦如繁星、出身希臘的名師。可是馬庫斯卻沒有寫給這些老師如同佛倫多一樣地，誠摯又關心的信件。原因之一，想必是因為這些希臘學者，用俗氣點的形容，是群臭屁的人。在希臘人之中，有許多人認為自己雖然受羅馬人統治，但在文化方面要更勝一籌。羅馬菁英階層愛好希臘文化的現象，也加深了這種想法。羅馬的菁英階層人人都會說希臘語，可是即使是希臘的知識份子，也未必會說拉丁語。羅馬帝國是個雙語國家，西方以拉丁文為官方語言，而東方的共通語言則是希臘文。因此這種現象的起因在於有無學習意願。

佛倫多前往首都羅馬擔任法庭律師，受到哈德良帝賞識，聘任為馬庫斯少年時期的家庭教師。而佛倫多的出身地，位於當時稱為努米底亞行省，現代的阿爾及利亞境內的君士坦丁諾。若再回溯到三百五十年前，這個地方屬於迦太基境內，因此佛倫多曾留下一篇「代表迦太基人於元老院進行的感謝演說」。不過這個人也是一位雖然過去是戰敗者，但無論自己出身何處，都確信自己是羅馬人的人物。從他口中說出「代表迦太基人」，就好像出身日本靜岡縣的人，自稱代表靜岡人一樣。如果要回溯源流的話，馬庫斯的祖先則出身於西班牙南部的倍帝加行省。

佛倫多也是一位相當優秀的教師。他寄給學生馬庫斯的信件中，曾有這樣一段話：

「哲學教導你應該說些什麼；辯論術教導你要怎麼說才會有說服力。」

馬庫斯曾經沉迷在哲學中，一度學習犬儒派學者穿著粗布衣裳直接睡在地板上。在停止這種行為後，心中還是留著不少遺憾。而身為教師的佛倫多則寫下這段話安慰他：

「凱撒呀，我們先假定你和克雷安提斯或哲農等優秀的哲學家一樣，具有天賦的睿智。可是只有你和這個願望相反，命中注定不是穿著哲學家的粗布短衣，而是要披上皇帝的紫披風。」

這對師徒親密的關係，前後持續了將近三十年。披上紫色披風成為皇帝的弟子，是這位年老教師的榮耀。當皇帝馬庫斯・奧理略送來慶祝生日的信函後，佛倫多這樣回信著：

「我認為以我個人來說，已經過了個滿足又充實的人生。不過，我的人生還不只如此。相信你今後還會是我一直期望的英明皇帝。從你年少時，我就已經如此確信了。在你已經登基的現在，還有今後，也確實會是個公正無疵的君主。身為教師的我長年如此地期盼，你今後將會是個受羅馬帝國全民所愛，讓他們接受為領袖的皇帝吧。令我欣慰的還有，你也是我心中悄悄期盼的，敬愛師長的弟子。而且你也表現出日常中你自我期許的，以帶有說服力的言論引導人群的指導者姿態。」

多年後，在人生的最終階段，馬庫斯皇帝在《沉思錄》裡寫著，他親自領導的羅馬帝國最終的目標如下：

「法律對人人都平等地執行，個人的權力與言論自由都受到保障。達成這項目標，正是以勠力保障全體臣民自由為基礎的君主政體存在的理由。」

文中提到法律平等、尊重人權、言論自由等理念，正如同一千六百年後歐洲啟蒙運動的先鋒一樣。問題在於，如何實現這項理念。

要營運譯為國家或共同體的"res publica"，不是光舉出一個清高的理想就能實現。如果不把共同體中和理想相距十萬八千里的其他成員拖下水，理想萬萬無法實現。每個人都是不同的存在，這種現象也是理所當然。

借用一句距羅馬帝國一千三百五十年後的政治思想家馬基維利的話，共同體的構成份子「民眾」雖然會對抽象的事物判斷錯誤，但會對具體的事物做出正確判斷。辭典中所記載的「形而上」，意為「無法以形態感知」、「超越有形的事物」，意即「無形」。而相反地，「形而下」則是「能以形式表示」、「具有外形者」，意即「有形」。光靠形而上的思想無法運作政治的原因也就在此。馬基維利又說，自由保障與法律平等固然是極為重要的東西，然而民眾最關心的還是安全與糧食的保障。也就是說，有必要以明顯的、而且與民眾最關心事物相關的形式向大眾顯示政策。

那麼，要怎麼樣才能顯示出一個具體的政策呢？

這已經不是能紙上談兵的事情了。而是要實地體驗，並且隨狀況調整最適宜的策略。不管在腦海中多努力思索，也找不到一個有效的方案。尤其在青年時的精神成形期沒有累積實地經驗的人更是如此。對這種人來說，結婚可能是個轉機。然而對於馬庫斯不但沒成為轉機，反而使目前的生活固定化了。

成婚

從西元一四五年起，馬庫斯寫給恩師佛倫多的信件結尾，從「家母也向您問候」改成了「內人也問候您」。這並非他的母親朵米提亞・蘆琪拉過世，而是因為二十四歲那年，馬庫斯與皇帝的女兒法烏斯提娜結婚了。從訂婚到結婚整整過了七年，這是因為要等新娘滿十五歲。

安東尼奧皇帝向來以不優待親朋好友出名，不過對親生女兒好像是例外。他曾經說過，與其過著沒有法烏斯提娜的生活，寧可選擇跟著女兒一起流放外地的日子。馬庫斯得到「凱撒」稱號後展開的宮廷生活，就是在婚前婚後長達二十二年，住在皇宮的主人安東尼奧・派阿斯身邊，而且似乎是過著安東尼奧喜好的「甜蜜家庭」生活。

不過，安東尼奧也是個以不獨占權力聞名的人。在女兒結婚的大好時機，他也沒忘記給女婿錦上添花，使他再度成為皇帝的同事，亦即擔任執政官。曾經擔任過執政官的人，在羅馬帝國稱為「前執政官」，是個非常榮譽的頭銜。當時的羅馬人一聽到這個頭銜，就知道這個人是元老院裡的大人物。在這個時代，進入元老院的年齡通常從三十歲開始，而馬庫斯在年紀輕輕的二十四歲時，已經二度成為「前執政官」了。

兩年後，西元一四七年十一月三十日，法烏斯提娜生下了第一個小孩。出生的是個女兒，因此以雙方的母親，意即嬰兒的兩個祖母名字，命名為朵米提亞・法烏斯提娜。

第二天十二月一日，為第一次抱孫子而高興的皇帝，就把皇帝的特權之一「護民官特權」也分贈給馬庫斯，同時也把「皇后」的稱號送給了女兒。

所謂「護民官特權」(tribunica potestas) 是在共和時期，獻給具有獨特意義的「護民官」(tribunus plebis) 的特權。這項官職能譯為護民官，真是實至名歸。在羅馬共和時期初期，與希臘的雅典相似，平民與貴族間強烈對立，為了維護平民的權益，因而設立這項官職。我們將其稱為「特權」，是因為包括執政官在內，羅馬的各項要職都是在公民大會中，不分平民貴族，由羅馬公民權所有人一人一票選出。而護民官的投票權，則限於平民階層，在平民大會選舉產生。筆者曾經將這項官職比喻為工會會長。

後來是由朱利斯．凱撒把這項護民官的職位，轉為皇帝的職責之一。在凱撒計畫中的帝政新秩序之下，不能有國內分為體制與反體制兩派的情形發生。這是因為他不想和城邦國家雅典一樣，因社會二分化而走上衰亡之途。

開國皇帝奧古斯都照著凱撒描繪的藍圖建構了帝國，護民官特權也就延續成了歷代皇帝的職責之一。安東尼奧皇帝將這項特權分贈給了馬庫斯，使得馬庫斯不僅是皇位繼承人，也成了登基在即的次任皇帝。在過去，僅是皇位繼承人的時期就獲得「護民官特權」的，有圖拉真這個先例。不過他獲得這項特權時，已經四十四歲。馬庫斯年僅二十六歲時，就獲得將來職位的保障。這不是皇帝為了第一次抱孫子而高興送給女婿的禮物，那還會是什麼？而且從贈與第一

馬庫斯的妻子法烏斯提娜

次生產、年僅十七歲的女兒「皇后」稱號這件事情裡，也可以看出賢君安東尼奧・派阿斯的另一面。

「奧古斯塔」(Augusta)是「奧古斯都」(Augustus)的女性形。「奧古斯都」是開國皇帝的名字，也同時代表著其後的歷任羅馬皇帝。所以「奧古斯塔」的譯詞也就是「皇后」，而不是「皇太子妃」。若用拉丁文稱呼「凱撒・奧古斯都」意指皇帝，而「奧古斯塔」則是「皇后」。如果只有「凱撒」一詞，則代表皇太子。這時安東尼奧已經喪妻六年，皇宮裡的第一夫人缺席已久，可能這次封號只是單純為了填補空缺。然而丈夫的身份還是「次任皇帝」，妻子就搶先一步獲得了「皇后」的尊稱，這下可讓馬庫斯的立場起了微妙的變化。

哈德良皇帝會指定安東尼奧作為繼承人，是因為安東尼奧接受了收馬庫斯為養子的條件。然而安東尼奧一繼位，馬上就毀棄哈德良為馬庫斯安排的婚約，將自己的女兒法烏斯提娜推給馬庫斯。而現在又加上了「奧古斯塔」的尊稱，使得做妻子的法烏斯提娜搶先一步成了「皇后」。也就是說，馬庫斯反而是因為與法烏斯提娜結婚，才獲得了次任皇帝的資格。打個比方，這就好像因為與董事長的獨生女結婚，所以獲得了下任總裁的位置一樣。據說後來曾有人勸馬庫斯・奧理略皇帝與皇后法烏斯提娜離婚，而皇帝回答說，那我就得把帝位奉還才行。這就好像安東尼奧．派阿斯把先帝哈德良預先留給馬庫斯的皇位，巧妙地轉換成為女兒法烏斯提娜的嫁妝。

即使結婚之後，馬庫斯的日常生活還是沒有改變。這點在獲贈「護民官特權」之後還是一樣。從西元一三九年開始的皇宮生活，直到西元一六一年安東尼奧皇帝駕崩為止，整整維持了二十二年。如果只估算婚後，也有十六年之久。在這十六年之間兩人生了九個小孩，其中有四名不到周歲就夭折了。不過如果加上西元一六一年出生的雙胞胎，那麼位在帕拉提諾丘上的「甜蜜家庭」，簡直熱鬧地像是個幼稚園。

某個疑問

在這裡，筆者想要提出一下心中長年潛藏的疑問。而且這項疑問還分成三大部份。

一、從即位開始的二十三年裡，安東尼奧．派阿斯皇帝的行動半徑，僅限於以羅馬和拿坡里為兩端的地區周邊。這不會影響到羅馬帝國的將來嗎？

二、在這二十三年之中，對次任皇帝馬庫斯來說，是人生的十八到四十歲之間。為什麼安東尼奧．派阿斯不讓這個時期的馬庫斯離開自己身邊，去體會帝國各個行省的生活？

三、從十八歲到四十歲之間，是一個男子一生中最佳的時期。在這個精神上、肉體上均屬顛峰的時期中，難道馬庫斯沒有自行向皇帝請求不只讓他在中央任職，也給予他到地方上累積經驗的機會嗎？如果沒有，那又是為什麼？

關於第一項，根據筆者所知，沒有任何研究論文或史書對此感到疑惑並試圖尋求答案。後世大為讚賞，稱之為「五賢君時代」的時代，從西元九六年到一八〇年為止共一個世紀，其中包括涅爾瓦、圖拉真、哈德良、安東尼奧·派阿斯以及馬庫斯·奧理略五位皇帝。只要是生在這個時代的人，無論是羅馬人或是希臘人，都會稱這個世紀為「黃金世紀」(Saeculum Aureum)。吉朋的《羅馬帝國衰亡史》中，最前面的三章統合帝政時期之後，第四章正式開始敘述羅馬帝國的衰亡，而第四章正是從馬庫斯·奧理略駕崩後，其子康莫德斯登基的西元一八〇年起筆。也就是說，吉朋的史觀認為羅馬帝國的衰亡，是從五賢君時代結束時開始的。不只是吉朋，到現代為止，大體上學術界都抱持著這種史觀。也正因為如此，學界才沒有試圖在五賢君之一的安東尼奧·派阿斯時代裡找尋羅馬帝國衰敗與滅亡的原因。而實際上，光從表象來看，安東尼奧·派阿斯的確如字面所述，是個賢君英主。與他同時代的同胞，西元二世紀的羅馬人稱安東尼奧·派阿斯在位期間的特徵為「秩序統率下的平穩」(tranquilitas ordinis)。後世的史學家也嘆息道，這二十三年裡真的無事可寫。

在戰爭方面，包括住在國界外，隨時覬覦入侵機會的外族中，除了不列顛與非洲北部發生的少數例子外，幾乎沒有任何戰爭行為發生。而新官上任三把火，往往繼任者喜歡更動前任設下的人事，可是安東尼奧碰都沒碰過，讓所有人繼續留任。安東尼奧治國的時期裡，整體氣氛是一片平穩，就連與人事相關的個人感情激盪都不存在。人才公平地錄用、沒有對外作戰，使得國家財政也十分健全。既然國家的財政能維持盈餘，也就沒必要更動行省與地方政府的財政，這使得羅馬帝國的「核心」——都市與地方政府能充分發揮功能。筆者在本系列第IX冊《賢君的世紀》中所描繪的安東尼奧・派阿斯，就是這樣一個統治著沒有任何問題的時代、充滿幸運的皇帝，也就是至今為止史學家描繪的賢君安東尼奧・派阿斯的形象。

另外，治國的二十三年間僅停留在首都羅馬施行統治，在理論上也是十分可行的。問題在於政府的組織結構是否能使資訊迅速傳遞、命令迅速下達。傳到皇帝身邊的資訊大體上可以分成兩類。第一種是由總督或軍團長等從羅馬派出的公務員上傳的報告，第二種則是由行省民眾所託付的請願。而負責運送這些資訊的郵政制度，由於歷任皇帝致力整頓，以這個時代而言可說是超乎水準的優秀。在陸地上時，郵務人員可以沿著當時的高速公路羅馬大道前進，在每個驛站換馬朝向目的地奔馳。而在海上，則採用到達每個海港後，更換最早出航船隻的方式運輸。人類的資訊傳輸安全與速度兩大要素，直到一千七百年後工業革命時，才突破羅馬人西元二世紀達成的水準。也因此，當安東尼奧以「停留在帝國中樞首都羅馬較適於接收資訊，也方便於依據資訊決定政策或發布緊急措施命令」為由，表示自己不會像先帝哈德良一樣巡視帝國各地時，當時沒有任何人批評他。而且安東尼奧・派阿斯皇帝在二十三年的期間，證明了自己的方式是正確的。後世史學家會嘆道由於諸事順遂，實在無事可書，就是證據。其實安東尼奧的真心話，是不希望自己和晚年的哈德良一樣折損了健康，所以才把自己的行動範圍限定在羅馬與拿坡里之間。不過，畢竟政策有其成果。即使皇帝的行蹤僅限於工作地點羅馬，以及享受閒暇時光的地點拿坡里，帝國也能完美地發揮功能。帝國能完美地發揮功能，也是因為皇帝不疏於監督，但是是經由遙控式的監督。筆者認為，這些因素促使後世的史學家們，沒有把眼光放到安東尼奧皇帝治國二十三年的善政背面去。因為，若有人問難道帝國營運不順利嗎？的確是只能回答說，順利。

身居本國義大利，而能夠順利統治帝國的前例，有比安東尼奧更加徹底的臺伯留皇帝。他甚至捨棄首都羅馬，躲到拿坡里灣的卡布里島上治理羅馬帝國。不過，雖說登基之後他沒離開過本國義大利，但像他一樣在登基前就跑遍整個帝國的皇帝倒也不多。當年開國皇帝奧古斯都把妻子的拖油瓶臺伯留和朵爾斯斯兩兄弟，年紀輕輕地就推上要負責任的地位，轉送到各個前線去。臺伯留沒有親自踩上的土地，大概只剩下北非而已。也就是說，直到五十六歲登基稱帝為止，臺伯留皇帝已經充分地累積了實地經驗。只擔任過小亞細亞總督的安東尼奧根本不能相比。此外，臺伯留對於收集資訊與傳達命令方面，也有周到的顧慮。在海相不穩容易淪為海上孤島的冬季，臺伯留皇帝會離開卡布里島，前往位於拿坡里灣西側米塞諾海軍基地附近的別墅。這裡由於面海，因此容易收到海上傳來的消息，而且與首都羅馬之間有阿庇亞大道相連。

很明顯地這是為了避免資訊斷絕的對策，而他駕崩時也身在這座別墅。

帝國初期的臺伯留皇帝辦得到的事情，生於百年後帝國鼎盛期間的哈德良帝當然也不會做不到。實際上，緊接在哈德良之後治國的安東尼奧，就採用類似臺伯留的方式治理帝國。而且巧合的是，安東尼奧在位期間與臺伯留一樣是二十三年。那麼哈德良為什麼不惜折損自身的壽命，還要到帝國各地去巡視呢？

第一點在於，對於知識與經驗的看法。

有一句格言說，賢者向歷史學習，愚人向經驗學習。不過筆者認為，如果想要成為賢者，這兩者都不可或缺。所謂「歷史」，也許可改稱為書籍。向書籍學習的優點在於，可以學習古今中外許多人的思想與經驗，這些是一個人耗盡終生都學不完的。相對地，個人的經驗，則會告訴我們從書本上學來的知識經驗，是否能夠實際運用在現實生活上。也就是說，從書本上學來的東西，要等到與現實經驗相符合之後，才能真正成為知識。若能這麼想，就會開始覺得，以為只要有正確情報就能訂定合適對策的想法，不僅是過於相信知識及情報，在講求對策上甚至是危險不智的。

第二點在於對資訊本質的看法。

資訊並不會機械式地自動聚集，在蒐集資訊的同時，無法避免人為的介入。因為蒐集這些資訊的人，認為其重要，才蒐集、傳送資訊。也就是說，在蒐集的階段時，已經有蒐集者的問題意識牽涉在內。而且不僅如此，到了接收並活用資訊的階段時，又要牽涉到運用者的問題意識。儘管到了電腦時代，這項特質依舊不變。哈德良皇帝會選擇行萬里路、眼見為憑的做法，想必是因為他熟知資訊的這項特質。這是因為不管部下多麼優秀，也未必能與他具有相同的問題意識。

第三點在於對合理與非合理的看法。

親自到處視察，意圖重建帝國安全保障體系的行為，是「合理」的。相對地，在巡視地點對擔任邊境防衛任務的士兵進行閱兵，慰勞他們承受邊境不便生活的苦勞，鼓勵他們肩負帝國安全大任的行為，則因為訴諸感性，屬於「非合理」。然而，雖說在戰場上決勝，全要看如何運用主要戰力。主要戰力如果沒有輔助戰力協助，也是無法成軍的。合理與非合理之間的關係就有點類似這種情況。對於駐軍邊境軍團基地的士兵來說，能親眼看到身兼最高司令官的皇帝，親耳聽到皇帝說話的機會，一輩子大概也只有這麼一次。羅馬帝國如此廣大，防線如此綿長，以當時的交通條件來說，連哈德良都無法再三造訪勞軍。

多民族國家羅馬，有如現代的跨國企業。總裁親自前往分散於各國的分公司與當地法人視察，發現問題點後示範解決方法並命令執行，選拔負責人時也遵循適才適用原則，只要是值得提拔的人才，無論屬於何等人種或民族，一律採用。這是哈德良治國二十年來所考量並實行的方針。

相對地，安東尼奧・派阿斯就像是待在總公司，依照聚集到總公司的資訊營運跨國企業的總裁。他的海外經驗，只有董事時期在一家海外分公司當過一年總經理而已。儘管如此，由於皇帝任內帝國一片太平，所以也沒有人發難批判。當他七十五歲逝世時，整個帝國舉國哀悼。

接下來談談問題二。安東尼奧．派阿斯皇帝在任的二十三年中，對次任皇帝馬庫斯．奧理略來說，正值十八歲到四十歲間的時期。為什麼安東尼奧沒有讓馬庫斯離開身邊，去體驗帝國的行省與邊境生活呢？

關於這項問題，以往的史學家與學者沒有抱持任何興趣。不過筆者找到了抱持相同問題意識的學者。這位學者是曼徹斯特大學的安東尼．柏利 (Anthony Birley) 教授。根據這位英國學者統計，馬庫斯確實離開安東尼奧皇帝的日子，只有兩天而已。如果將三百六十五天乘以二十三年的話，日數超過了八千三百天，在這其中兩天實在很短暫。而這位學者推論其理由認為，安東尼奧皇帝認為他已經讓女婿兼次任皇帝馬庫斯充分地參與中央政治，由於帝國一片太平，也沒必要到邊境去實地體驗了。不過，當我們一回想馬庫斯即位之後面臨的種種困難，安東尼奧的做法實在只能評為「應受責難」。

筆者的第三個疑問是，十八歲到四十歲之間，待在安東尼奧皇帝身邊的這段期間裡，馬庫斯難道沒有自己向皇帝請求給予到邊境實際體驗的機會嗎？關於這一點，前述的英國學者也完全沒提到。也許是因為羅馬時代的家父長權限十分強大，即使身為養子，面對身兼「父親」的皇帝時，「兒子」馬庫斯也只好遵從了。

不過，羅馬的「兒子」之中，也不乏反抗「父親」的人。當年朱利斯・凱撒越過盧比孔河後，聚集到他面前的，就是元老院議員的兒子們。西塞羅也為此大為感嘆，說這是個兒子攻打父親的不幸年代。連西塞羅的兒子也迷上了凱撒，使得西塞羅只好把兒子送到希臘去留學，免得捲進內戰之中。而且，羅馬帝國時代的十八到四十歲這段期間，意義與現代並不相同。如果是在軍團任職的士兵，這時已經是服滿二十年兵役，拿著退休俸展開第二段人生的時期了。難道說馬庫斯卻在這段期間內，一直遵從著「父親」的意願嗎？

筆者認為，解開這個問題的關鍵，潛藏於這段期間裡馬庫斯寫給恩師佛倫多的信件中。可惜的是這些信件沒有亞洲版譯本。當閱讀這些信件時，筆者心中浮現的想法，是關於馬庫斯的印象。

喜好學問、誠實、具有強烈責任感；能真摯地接受別人教授的事物，是個好學生；重視家庭生活的好家人；強烈自覺到既然身為皇帝，就必須身為全民的模範；對於引導自己的人，懷有溫暖且深厚的敬愛。

馬庫斯謹守著師長的教誨，在觀賞相當於現代一級方程式賽車的四頭馬車賽時，絕對不支持特定的隊伍。看來所謂帝王教育，對於受教的人來說是種需要付出許多犧牲的事情。然而，在這些誠實的信箋之中，卻絕對找不到具有強烈獨立意識的年輕人身影。附帶一提，同一個時代的人，對於賢君馬庫斯・奧理略唯一一個批判，就是「偽善」。

不過，筆者認為更重要的是，也許登基稱帝前的馬庫斯和安東尼奧一樣，在這方面沒辦法具有與哈德良共同的問題意識。我們可以拿羅馬大道來做個比方。

羅馬的工程師們曾經誇下海口說，他們鋪設的是百年不需修復的道路。不過他們的意思是說，在百年以內，沒有必要像朱利斯．凱撒、奧古斯都或是圖拉真那樣子，把最上層的石板掀開，正式重整道路的四層地基。工程師並沒有說道路連必須時時進行的維修都可以免除。實際上，每一條羅馬大道都有名叫"curator"的專責官員，負責進行維護道路狀態完善必需的日常維修工程。

哈德良治國的方式，就有如奧古斯都對弗拉米尼亞大道進行的全線整修工程一樣。較哈德良晚生百年的史學家加西阿斯．狄奧也說，哈德良重整的軍事制度，到了那個時代依舊能充分發揮功效。正式的重建只要百年一次就好了，可是日常維修卻是時時必需的。只怕安東尼奧．派阿斯對這層意義上的維修必要性欠缺自覺，而馬庫斯也相同吧。晚年的哈德良個性變得暴躁難以相處，使得眾人與他疏遠，也許是因為即使在有能力理解他所成就的偉業的人之中，也沒有真正能理解哈德良的人，使得他心中充滿絕望與憤怒吧。附帶一提，在《沉思錄》裡，馬庫斯寫下了許多關於安東尼奧的溫暖回憶，對哈德良卻隻字未提。筆者不禁認為，人與人之間要能共有問題意識，不是看他們的社會地位高低，也不是吸收的知識多寡，而是在這類事項上的感性問題。

閱讀過《賢君的世紀》的讀者，大概會以為本書會緊接著談談馬庫斯・奧理略的治國情勢，而沒想到筆者會花費這麼多篇幅做背景鋪設。不過，如果沒有把這些背景交代清楚，實在無法開始探討登基之後的馬庫斯。因為在安東尼奧・派阿斯皇帝「秩序統率下的平穩」時代之後，緊接著由馬庫斯・奧理略治國的時代卻充滿了難題要應付。

馬庫斯・奧理略身為評價最高的羅馬皇帝，探討他的傳記和評論文章也自然不在少數。這些文章的一貫評價是，即使生於一個艱苦的年代，馬庫斯・奧理略依舊是個竭盡全力、至誠面對難題的賢君。儘管如此，當他逝世之後，羅馬帝國會走上衰退的下坡路，都是因為他無能又不負責任的兒子康莫德斯即位造成的。也就是說，主流論點認為登基後的馬庫斯・奧理略在位期間是一連串的不幸。因此他在《沉思錄》中會表露出失落與憂愁也是無可奈何的。然而，筆者實在不認為事情可以這樣簡單解釋。因為筆者認為，如果分析馬庫斯皇帝面對的難題，可以分成四大類。

一、天災等無人可以預測的問題。

二、在安東尼奧・派阿斯治國的二十三年中如果維持問題意識，有可能預測得到的問題。

三、如果馬庫斯在十八歲到四十歲身兼次任皇帝時，能夠實地累積經驗的話，事發後處理方針可能會改變的戰略、戰術問題。

四、時代的演變。

在此希望各位讀者於閱讀本書時，能把這四項問題放在腦海的一角。這並不表示馬庫斯皇帝無能或是昏庸。相反地，這是為了更深一層地理解到，就連馬庫斯·奧理略這樣賢能有道的皇帝，也不得不嘗到的苦楚。

皇帝馬庫斯·奧理略

西元一六一年三月六日，停留在羅馬郊外別墅的安東尼奧·派阿斯皇帝身體突然不適，兩天後就逝世了。有如二十三年來「秩序統率下的平穩」的評價一樣，過世時有如睡著一般安詳。如果他再多活半年，就滿七十五歲了。覺悟到自己陽壽已盡的皇帝，留下一句遺言和一道命令後就斷氣了。遺言中交代，國葬不得過度奢華。給侍臣的最後一道命令，則是依例將安置在皇帝寢室內的幸運女神像，移到馬庫斯的寢室裡，這是表示由馬庫斯繼位的意思。

不管在哪個家庭，父母過世的孩子，第一件要做的事情，就是舉辦父母的葬禮。這點在皇帝的家中也一樣。安東尼奧的養子兼繼承人馬庫斯的工作，就是要為「父親」安東尼奧舉辦國葬。而馬庫斯不是自己舉辦，而是和比自己小九歲的弟弟盧西厄共同舉行。當初安東尼奧接受哈德良皇帝要求，同時收了馬庫斯與盧西厄為養子。然而在安東尼奧·派阿斯皇帝在世時，受提拔到政治中樞的只有馬庫斯一個人。盧西厄的形象，則是一個差距很大的副手。而列席國葬的元老院議員只覺得這是兩個兒子在擔任父親葬禮的主席而已。

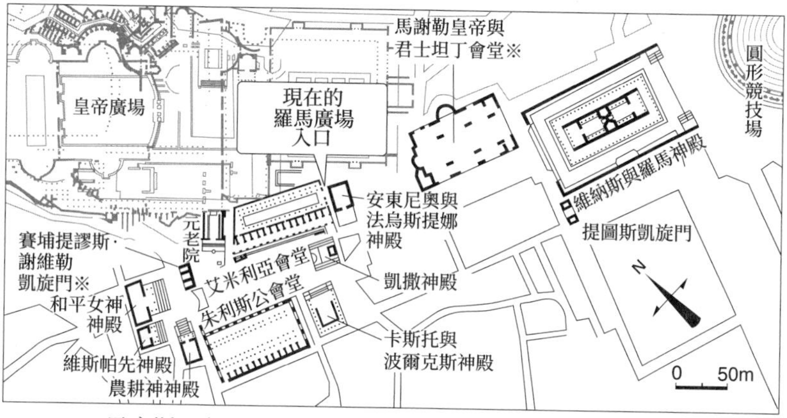

馬庫斯・奧理略時代的羅馬廣場（※為後代的建築物）

國葬在火化後平安結束。骨灰收容到人稱「哈德良靈廟」(Mausoleum Hadriani) 的神殿後，做「兒子」的首先要做的事情，就是請元老院為「父親」的神格化做決議。雖說是神格化，不過羅馬人連戰敗者的神明都能接納給予公民權，使得神明數量高達三十萬。安東尼奧只是成為三十萬尊羅馬神明之一而已，並非像是一神教的神明一樣萬能的存在。只是因為他生前身為最高統治者為國貢獻，所以死後將他神格化，希望他繼續守護著羅馬的國民而已。

前任皇帝安東尼奧・派阿斯的神格化，過程非常地簡單。在馬庫斯前往請願前，元老院已經全票通過神格化決議了。這時的情況與哈德良逝世時完全相反。當年哈德良駕崩時，安東尼奧還沒到達元老院，元老院就已經通過了否決哈德良神格化的決議。安東尼奧必須要聲嘶力竭地懇求，才能夠讓議員們推翻這個決議。這是因為哈德良的統治方式獨斷獨行，而且在皇帝任內經常因視察旅行離開首都。元老院對決定政策前會與他們商談的皇帝抱持好感，安東尼奧．派阿斯在位期間內一直停留在義大利，每當決定政策時也會貫徹尊重元老院的態度，當然會受到議員們的好評。

神格化的同時，還伴隨著為升格成為神的前任皇帝建設神殿的工程。獻給安東尼奧．派阿斯皇帝的神殿建地，竟然是在羅馬市中心的心臟地帶，羅馬廣場 (Forum Romanum) 內。在羅馬，不論是王政、共和、帝政三大時期的任何時候，羅馬廣場這一帶，一直都是政治、經濟、司法及行政的中心，相當於現代國會議場的元老院也位於此處。進入帝政時代後，雖說歷任皇帝陸陸續續增設廣場，擴大了這一帶，不過只要一提到"Forum Romanum"，就連住在不知首都為何物遙遠行省的人民，都會知道這是羅馬帝國的起源地。而「安東尼奧與法烏斯提娜神殿」(Templum Antonini Pii et Faustinae) 就坐落在這個地方。這項決議同樣是由元老院全體贊成通過。可以證明安東尼奧皇帝與元老院之間，這種類似今日美國總統與國會之間的關係相當良好。而繼承安東尼奧的，則是直到四十歲都待在安東尼奧身邊，中央政務經驗不會輸給任何人的馬庫斯。相信元老院議員們也感到安心，認為馬庫斯治國的期間，也會像安東尼奧一樣，是一片「秩序統率下的平穩」。

兩名皇帝

在元老院議場進行的皇帝就職典禮既然是場儀式，也有其成規，必須依照下列說明依序進行。首先由元老院的一名議員代表，請求前任皇帝指定的繼承人擔任皇帝職位。受請求的人必須先表示自己無能承擔此項重任，拒絕一次。議員代表再度請求，受請求的人才正式接受。同時告訴全體議員，自己將以什麼姓名登基稱帝。

整個典禮至此才告一段落。因為羅馬的正式主權者，還是羅馬公民與羅馬元老院。羅馬帝國的皇帝只是接受兩大主權者的委託，代為治理這個國家而已。

不過，這天的典禮卻沒有如此進行。因為馬庫斯公開表示，將受請求擔任皇帝的不是他一個人，而是他和盧西厄兩個人。

這件事情出乎元老院的意料之外，議員們也大為訝異。因為自從羅馬進入帝政時期以來，還沒出現過兩名皇帝並列的前例。然而，馬庫斯靜靜佇立的身影，卻散發出深思熟慮後下決斷的人特有的堅決氣息。元老院議員代表便向四十歲的馬庫斯以及三十一歲的盧西厄兩人請求登基。兩人也依照慣例，先拒絕一次之後才表態答應。並決定登基後的官方姓名如下：

馬庫斯——「皇帝・凱撒・馬庫斯・奧理略・安東尼奧・奧古斯都」(Imperator Caesar Marcus Aurelius Antoninus Augustus)

盧西厄——「皇帝・凱撒・盧西厄・奧理略・威勒斯・奧古斯都」(Imperator Caesar Lucius Aurelius Verus Augustus)

請大家注意，官方姓名中，兩個人都冠有「皇帝」、「凱撒」與「奧古斯都」這三個字。「凱撒」與「奧古斯都」至此應該不用重複說明。至於代表最高司令官的「皇帝」，在當年朱

盧西厄·威勒斯

馬庫斯·奧理略

利斯·凱撒就任終身獨裁官時，元老院允許他使用這個稱號，之後由奧古斯都為首的歷任皇帝也一定會冠上這個名字。意即雖然與朱利斯·凱撒沒有血緣，不過羅馬帝國的歷任皇帝，都是這位實質上開國元首的繼承人。

話說回來，為什麼馬庫斯·奧理略要採用史無前例的並列皇帝制度呢?而且這兩人不是皇帝與二號皇帝，而是兩名享有同等權威與權力的皇帝。

一、共享代表皇帝的「凱撒·奧古斯都」稱號。

二、共享獻給羅馬軍最高負責人的「全軍最高司令權」(Imperium Proconsulare Maius)。

三、共享以保護一般公民為責任的「護民官特權」(tribunica potestas)。

四、共享代表公民領袖的「第一公民」(Princeps)。

唯一無法共享的，是在沒有專任祭司階級存

在的羅馬帝國中，通常由皇帝兼任的「最高神祇官」。由於羅馬傳統中這項官職通常只由一個人擔任，所以只有馬庫斯·奧理略一個人就任。

當初哈德良要求安東尼奧收少年時期的馬庫斯與盧西厄為養子時，想必也沒考慮過讓這兩人同時登基。哈德良的打算，應該是因為馬庫斯的體質較虛，萬一馬庫斯發生不幸時，由盧西厄接替。而如果馬庫斯能順利擔綱的話，之後才由盧西厄接手吧。而安東尼奧·派阿斯皇帝只把代表次任皇帝的「凱撒」稱號送給馬庫斯一個人，很明顯的也只預定讓馬庫斯一個人登基。至於元老院，當然也是這樣認定。馬庫斯·奧理略大可以自己一個人登基，把「凱撒」稱號送給盧西厄，確保這個乾弟弟的次任皇帝地位。可是他卻選擇了兩人同等共享皇位的方式，這是為什麼？

在《沉思錄》裡，也提到反對羅馬帝制，亦即「反體制」派人士的部份。書中說多虧了謝維勒讓我得知這些人，而且列舉了他們的姓名。在此介紹這些人物如下，除了其中一人，其他人都是元老院議員。

馬庫斯·波鶩斯·加圖——歷史上稱呼這個人為小加圖。基於共和羅馬不需要英雄的信念，把第二次布尼克戰役中擊敗迦太基名將漢尼拔的西比奧·亞非利加努斯拉上法庭，使其失去政治勢力的人，史稱大加圖。小加圖和大加圖有血緣關係，是個斯多葛派哲學家，也是個徹底的共和主義者。理所當然地，小加圖立志要打倒的敵人，就是朱利斯．凱撒。這個人有名的地方在於，與凱撒作戰失敗後，逃入尤蒂卡城內。當時明知只要投降就可免於一死，但還是選擇自殺。而且他並非選擇服毒自殺或割血管自殺等方式，而是切腹自殺，慘烈的死讓眾人印象深刻。

馬庫斯．攸尼烏絲．布魯圖斯——小加圖的外甥兼女婿，喜好斯多葛哲學的共和主義者，西元前四十四年三月十五日暗殺朱利斯．凱撒的元老院議員集團領袖。兩年後在希臘的腓利比平原上與凱撒派的安東尼與屋大維（後來的奧古斯都）聯軍對戰失敗，敗逃途中自刎身亡。

托拉薩亞．佩多斯——帝政時期有名的共和主義份子西西納．佩多斯的女婿。這個人也是斯多葛派哲學家，著作有小加圖傳記。每年他會在家中舉辦布魯圖斯誕辰紀念餐會。當尼祿皇帝弒殺母親阿古力琵娜時，以退席元老院會議的激烈手段表示抗議，因此激怒尼祿，被迫自盡，以割開血管的方式自殺。

艾爾威提蘇．普里斯克斯——托拉薩亞．佩多斯的女婿，是個斯多葛派學者。在岳父被迫自盡事件中連坐入獄，不過馬上遭釋放。後來四處公開宣傳自己是共和主義者，引發維斯帕先皇帝的不滿，以試圖打倒帝政的理由遭處死。

普魯薩的荻歐——圖密善帝與圖拉真帝時期最有名的辯論家。雖然他沒有隱藏自己的共和主義者身份，但《沉思錄》裡提到的共和主義者之中，只有這個人能安享天年。

在羅馬，即使是在帝政時期，如果只是對共和感到共鳴，並不會因此遭政府鎮壓。當年朱利斯・凱撒受到小加圖敵視，寬恕前來投降的布魯圖斯，日後卻遭到伏擊。不過他生前寫給共和派說客、政治立場相反的朋友西塞羅的信件中，曾有過這樣一段話：

「即使由我給予自由的人日後再度與我兵器相向，我也不會為此感到心煩。因為我對自身的要求，就是人要活得忠於自己的理念。所以我認為別人也應當如此。」

在凱撒的養子兼繼承人，開國皇帝奧古斯都治國的期間裡，共和派視為「聖經」的西塞羅著作全集得以問世出版。奧古斯都甚至稱呼不隱瞞自己是共和主義者的史學家李維士為「龐培迷」。龐培和小加圖、西塞羅、布魯圖斯一樣屬於反凱撒派，在法爾沙拉斯會戰中輸給了凱撒。

也就是說，即使生於帝政時期，只要不展開行動打倒現有體制，人民大有自由對共和政體感到憧憬。不過，要是帝政體制的象徵——皇帝本人，對共和政體有所共鳴的話，問題又不同了。馬庫斯・奧理略皇帝在沒有出版意願，只是記載每日思緒的《沉思錄》之中，也只能列舉這些人的名字而已。不過，從他列舉這些名字的行為來看，倒也讓人覺得可以稍稍理解他的心情。共和時期的羅馬公職特色之一，就是複數並立制度。除了最高神祇官以外，所有的官職，包括最高官職執政官在內，也都是兩人並立的。當然這是為了避免權力集中在一人手上。到了帝政時期以後，變成只有皇帝一人的單人制度，理所當然地，所有的權力集中到皇帝一人手中。這是因為凱撒和奧古斯都認為，如果不是這樣的體系，將無法治理這樣一個大帝國。不過，這是現實主義的想法。如果要抱持著無論理由為何，權力均不得獨占的想法，在羅馬帝政體制下，只有置身於反體制派系了。到了羅馬帝政基礎穩固之後，共和主義者還會層出不窮，就是因為帝政下的共和主義已經化身成了理想主義。馬庫斯·奧理略既然會被稱為哲學家皇帝，當然也是理想主義者。筆者認為，這也就是造成前所未有的雙人皇帝並立事件發生的原因。問題在於，這個體系能否讓帝國發揮功能。

盧西厄皇帝

兩名皇帝共同統治的局面，以極端順暢的狀態展開了。元老院剛開始還為此感到驚訝，不過他們也正確地理解到馬庫斯提出雙人制度的目的。就連不關心這種事情的士兵或一般公民，也同樣地以善意接受了這個局面。在皇帝就職後，按例皇帝要造訪位於首都近郊的禁衛軍營區時，兩名皇帝都到場。按例要發放給禁衛軍的禮金，也是兩個人一起發放。在慶典時送給民眾的禮物，像是舉行鬥劍士決鬥的圓形競技場，或是大競技場的四輪馬車賽，也都是兩名皇帝並排坐在貴賓席上。在年逾七十的安東尼奧皇帝駕崩之後，現年四十歲的馬庫斯與三十一歲的盧西厄，給人一種新鮮的感覺，民眾也大為滿足。

盧西厄·威勒斯受的帝王教育沒有馬庫斯·奧理略深厚。不過「養父」安東尼奧皇帝，也讓這個「兒子」經歷了「榮譽職涯」，在二十三歲時當上了會計監察官，二十四歲就擔任了執政官。安東尼奧·派阿斯逝世的西元一六一年，執政官是由馬庫斯和盧西厄擔任。對馬庫斯來說是第三次，對盧西厄來說則是第二次擔任執政官。想必安東尼奧·派阿斯會認為，他已經讓哈德良皇帝託孤的兩名養子累積了充分的政務經驗。不過，盧西厄·威勒斯直到三十一歲這年為止，未曾體驗過軍團經驗，也沒離開過義大利本國，這點和馬庫斯·奧理略是相同的。

至於盧西厄的性格方面，簡單來說，是個擁有次子性格優點的年輕人。他不像長子馬庫斯這般具有強烈責任感，不過有著開放豪邁的個性。如果說馬庫斯寫給家庭教師佛倫多的信件中，顯露出的誠摯是帶著自制的誠摯的話，盧西厄有的就是不經矯飾的誠真。雖然他不是特別喜歡求學，但也知道自己需要涵養。

此外，他和幼年時失去的父親阿耶利斯·凱撒一樣，擁有讓女性為之風靡的纖細長相。雖說額頭稍嫌太窄，不過臉部整體線條秀氣。大概是為了掩飾這類長相常常帶給人軟弱的印象吧，他模仿自哈德良皇帝以來，羅馬皇帝都會留的鬍子遮住整個下顎。

儘管經歷了「榮譽職涯」，對安東尼奧·派阿斯皇帝來說，盧西厄依舊不是繼承馬庫斯之後的皇帝候補。簡單來說，盧西厄這時只是個備胎。哈德良皇帝替他安排的未婚妻，本來是安東尼奧·派阿斯的女兒法烏斯提娜。當女兒的婚約對象換成馬庫斯之後，安東尼奧沒替盧西厄操心過結婚對象。這使得新任皇帝盧西厄·威勒斯已經年滿三十一歲，卻連婚約都沒有，依舊是個單身漢。不過一旦當上皇帝，這缺陷馬上成了優點，整個羅馬的女性都為這個單身的年輕皇帝瘋狂。

不過，最值得敘述的事情，還是盧西厄對馬庫斯的感情。盧西厄心中，沒有遭受差別待遇的人常有的怨恨或羨慕。他對於什麼事情都搶先自己一步的馬庫斯，始終抱持著年長的哥哥本應如此的想法。即使兩人之間沒有血緣關係，依舊是一對感情良好的「兄」與「弟」。筆者認為，盧西厄是位個性善良的人。馬庫斯在登基稱帝之後，依舊持續與恩師佛倫多通信，這點盧西厄也相同。而對佛倫多來說，兩名弟子同時登基為帝，讓他既欣喜又自豪。由於皇家讓行省出身的人負責教育未來的皇帝，這使得後世的史學家評斷道，羅馬帝國是個世界主義的國家。

對於馬庫斯來說，登基稱帝的西元一六一年，是個於公於私兩方面都很忙碌的一年。

首先，八月三十一日時，他的妻子法烏斯提娜生了一對雙胞胎。這使得馬庫斯年僅四十歲，就有了十一個孩子。不過，其中有四個嬰兒不滿一歲就夭折了。這一年出生的雙胞胎中，有一名不滿五歲也夭折了。能活到成年的只有五名女兒，以及雙胞胎中的另一名男嬰，這個男嬰就是後來繼承馬庫斯皇位的康莫德斯。後來，在次年西元一六二年時，又生了一個女兒。但之後出生的嬰兒不久就夭折了。最後到了西元一七〇年，家中又添了一個女兒。馬庫斯．奧理略前後一共有過十四名小孩。看來哲學家皇帝在製造繼承人時，也跟思索哲學時一樣的認真。不過，公務方面可不是認真就一定會有好結果的。

饑荒、洪水

首先遭遇到的災難，是農產品歉收的問題。西元一六一年可能是個氣候失常的年份吧，往年的夏季幾乎不會下雨，這年下雨的日子卻特別多。這種氣候當然會影響到農產品的收穫。羅馬人的主食是小麥，小麥雖然仰賴埃及、北非、西西里島和薩丁尼亞島進口，但義大利本身也有出產。小麥收穫全數停擺，其他農產品，像是葡萄、水果、蔬菜，也遭受重大打擊。苦於饑荒的聲浪直傳到首都羅馬，剛登基的兩名皇帝因此忙著饑荒對策。然而到了秋天後，又加上臺伯河氾濫成災的問題。

我們現在看到的臺伯河，是在高高的河岸下方，緩緩流過的河水。然而這是十九世紀施工的河堤工程結果。在這之前的臺伯河，是直接流過兩岸人家的門前。如果從臺伯河東岸沿著河流往下游走，到了過去的「哈德良靈廟」，後世的「聖天使城」(Castel's Angelo) 附近，可以看到對岸的民宅。西岸的連綿民宅，比沿著臺伯河修築的車道還要低個五、六公尺。現代的沿岸河堤工程修築前的臺伯河河岸，大概也就是這個高度。

後世轉型成拿佛納廣場的「圖密善競技場」(Stadium Domitiani) 中通往 “Stadium” 的入口大門至今還存在，不過位置已經比目前的地表低了許多。而附近的「萬神殿」是唯一保留羅馬時代原樣的建築物。在羅馬時代，要爬上階梯才能到達神殿，如今卻是從萬神殿前方的廣場，漫步過一個緩緩的下坡道，才進入神殿內部。這是因為只有萬神殿被保留下來，附近的地面都升高了。古代的建築物被埋在地底之後，其後各個時代的建築物又修築在上頭。臺伯河往西蛇行一帶，羅馬時代稱為「馬爾斯廣場」(Campus Martius)，聚集了許多公共建築物。這一帶正好是古代的地上一樓，相當於現在地下一樓的地區。今日這一帶路邊停車特別多，也是因為如果想蓋地下停車場，只要隨便一挖就有可能挖壞古蹟。從西元二世紀的羅馬市街地圖也可以得知，臺伯河水位上漲時，容易造成洪水的也是這一帶。

因為有上述的這些因素，儘管臺伯河岸有常備的專任整頓官員，首都羅馬依舊免不了洪水問題。馬庫斯皇帝執政第一年的洪水似乎特別嚴重。雖然沒有引起公共建築物倒塌，但要等水位消退所需的時間卻太長了。

這些問題還沒解決時，首都又接到了壞消息。那就是敘利亞總督緊急報告，帝國東方局勢有不穩的動向。可能對帕提亞國王來說，羅馬皇帝交接的時期，正是對羅馬展開軍事行動的好機會。這也是常有的事情，並非不可預測。然而，那年帕提亞軍進攻亞美尼亞的行為，卻出乎守護帝國東方的羅馬軍意料之外。

東方戰雲

事前並非沒機會取得資訊，羅馬人也沒有任何怠惰。羅馬帝國與帕提亞王國以幼發拉底

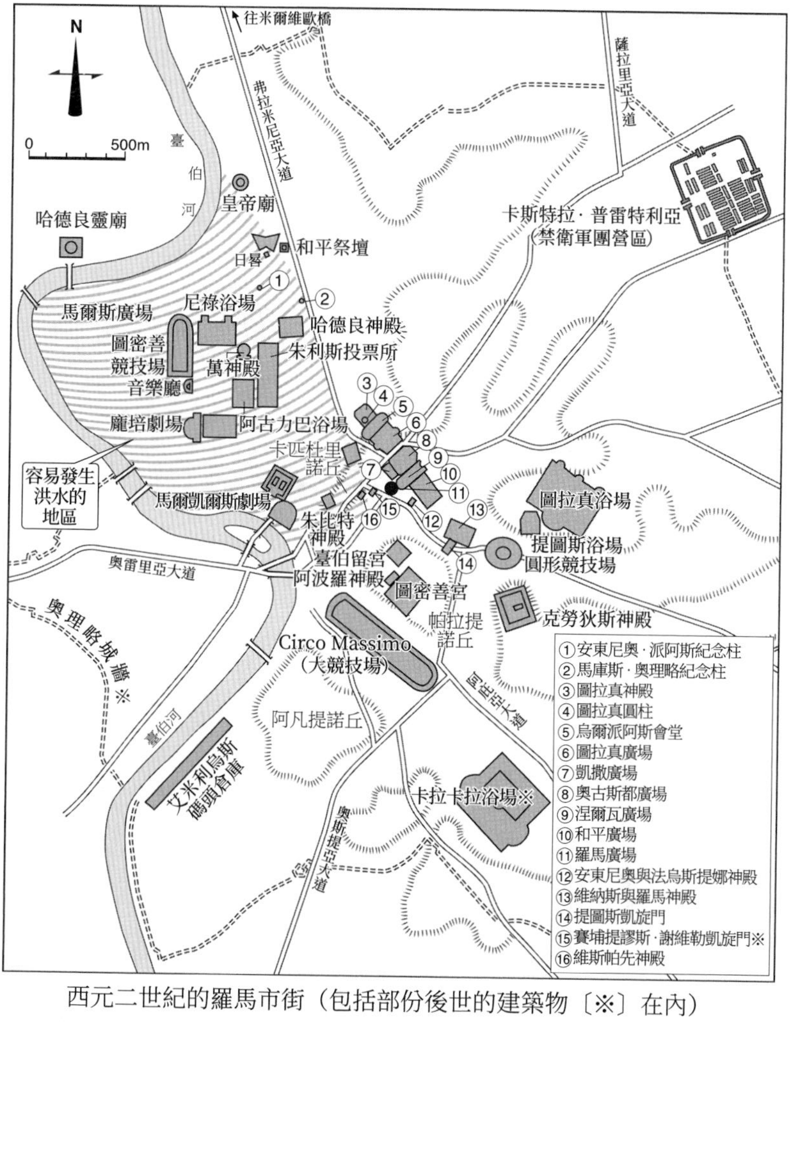
N
0 500m
往米爾維歐橋
弗拉米尼亞大道
薩拉里亞大道
臺伯河
皇帝廟
哈德良靈廟
和平祭壇
日晷
卡斯特拉・普雷特利亞（禁衛軍團營區）
馬爾斯廣場
尼祿浴場
哈德良神殿
圖密善競技場
萬神殿
朱利斯投票所
音樂廳
龐培劇場
阿古力巴浴場
卡匹杜里諾丘
容易發生洪水的地區
馬爾凱爾斯劇場
朱比特神殿
臺伯留宮
阿波羅神殿
圖密善宮
圖拉真浴場
提圖斯浴場
圓形競技場
克勞狄斯神殿
奧雷里亞大道
奧理略城牆※
帕拉提諾丘
Circo Massimo（大競技場）
阿凡提諾丘
亞壁亞大道
臺伯河
艾米利烏斯碼頭倉庫
奧斯提亞大道
卡拉卡拉浴場※
①安東尼奧・派阿斯紀念柱
②馬庫斯・奧理略紀念柱
③圖拉真神殿
④圖拉真圓柱
⑤烏爾派阿斯會堂
⑥圖拉真廣場
⑦凱撒廣場
⑧奧古斯都廣場
⑨涅爾瓦廣場
⑩和平廣場
⑪羅馬廣場
⑫安東尼奧與法烏斯提娜神殿
⑬維納斯與羅馬神殿
⑭提圖斯凱旋門
⑮賽埔提謬斯・謝維勒凱旋門※
⑯維斯帕先神殿

西元二世紀的羅馬市街（包括部份後世的建築物〔※〕在內）

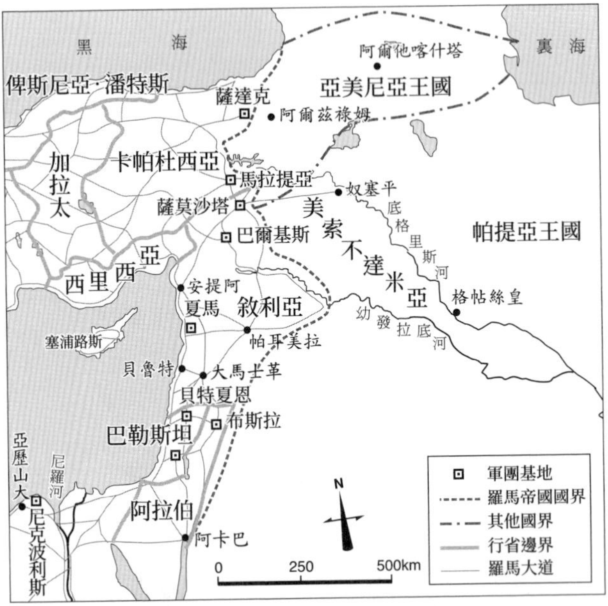

馬庫斯·奧理略時代的幼發拉底河防線

河為國界對峙。羅馬的防線，向來是允許內外人口自由通商往來的「開放性國界」，幼發拉底河防線這種傾向更為強烈。羅馬境內的東部都市，例如安提阿、大馬士革、帕耳美拉都仰賴與東方間的貿易。

此外，幼發拉底與底格里斯兩大河之間，稱為美索不達米亞地區。早在亞歷山大大帝東征時，就在這裡留下許多希臘人建設的都市。而幼發拉底河西側的羅馬帝國境內，主要都市的居民也還是希臘人後裔。對這些人來說，所謂防線，是兩國之間有軍事衝突時才要在意的東西。如果局勢和平的話，有跟沒有是一樣的。

也因此，兩邊的資訊可以自由傳遞。渡過幼發拉底河來來往往的人，在外型、服裝及語言上也都相同。就算想要送間諜到帕提亞王宮裡，都不是困難的事情。而且帕提亞趁著羅馬帝國皇帝交接的空檔採取強硬手段，也已經是一再重複不知多少次的事情。儘管如此，位於安提阿的敘利亞總督官邸還是疏忽了。因為哈德良皇帝重新建構起的堅固東方防線，已經維持了四十四年的和平。

帕提亞王倭羅結色斯三世帶兵入侵的，並非位於幼發拉底河西方的敘利亞行省，而是幼發拉底河上游，意即位在帕提亞王國北邊的亞美尼亞王國。拉攏亞美尼亞王國做同盟國以牽制帕提亞的歷任羅馬皇帝，也急切期望由親羅馬派的人出任亞美尼亞王國國王。不過，亞美尼亞在文化上與帕提亞的關係要比羅馬更為密切。因此，務實的羅馬領導人也就允許帕提亞王室的成員前往亞美尼亞成為國王。話說回來，條件是必須要確實由親羅馬派的人出任。帕提亞非接受這項條件不可的原因，只是因為他們畏懼羅馬的反擊能力，因此只要一看到羅馬方面有機可乘，往往馬上打起進攻的算盤。

帕提亞軍入侵亞美尼亞的動作十分迅速。他們攻擊首都，並利用遭攻擊後不安的居民策動政變，驅逐了親羅馬派的國王，成功地把反羅馬派的帕科魯斯拱上王位。對羅馬來說，事情已是不容旁觀的局面了。

敘利亞行省總督由於要單獨面對具有動員組織性大軍能力的帕提亞王國，因此擁有遠超過行省總督的權力。其他行省的總督只有該行省駐軍的指揮權。敘利亞行省總督是由卡帕杜西亞、敘利亞、巴勒斯坦、阿拉伯四個行省組成的幼發拉底河防線總負責人，因此總督除了直屬的敘利亞駐軍三個軍團以外，一旦遇到緊急情況，卡帕杜西亞的兩個軍團、巴勒斯坦的兩個軍團，以及古稱阿拉伯行省，位於今日約旦的一個軍團，都會納入其指揮下，總計八個軍團。

在此，筆者有件事情要先告知各位讀者。儘管在位的皇帝賢能，但關於安東尼奧·派阿斯、馬庫斯·奧理略兩任皇帝四十幾年裡的文獻史料，實在是出奇的少。因此筆者在敘述時，也不得不夾雜許多推論的內容。那麼，為什麼這四十幾年的史料會稀少呢？

文獻史料大致上可以分成三種。

第一種，是由當事人自己寫的。

第二種，是由立場與當事人相反的人寫的。

第三種則是由第三者寫的。第三者除了與當事人無關的同一時代人物以外，在距離方面，包括遠離首都羅馬的行省人民證詞；在時間方面，則包括事隔百年以上的人回首過往歷史所寫下的敘述。

如果要探討這三種文獻在三個時代裡是以什麼形式呈現的話，大致如下：

西元前一世紀——筆者認為這時正是拉丁散文的黃金時期，理由在於三種文獻都充分的存在。

一、包括朱利斯・凱撒親自著作的《高盧戰記》與《內戰記》。

二、是西塞羅著作全集。西塞羅這個人信件奇多，通信的對象包括無事不談的阿提克斯，甚至包括凱撒與布魯圖斯在內，因此與凱撒的著作同樣具有無上的歷史價值。

一旦第一、二種文獻內容充實，第三種的質與量也會跟著豐富起來。這包括同時是優秀文學作品的薩爾斯提斯的二部作品，還有凱撒旗下武將寫的《亞歷山大戰記》、《亞非利加戰記》、《希斯帕尼亞戰記》。這個時代的人留下證言多的話，幾百年後的人要回首做歷史敘述也容易得多。羅馬政局動盪的這個時代，對於兩千年後關心羅馬的我們來說，是個史料豐富的時代。

這個時代的當事人朱利斯・凱撒有必要為自己的行為做辯解。至少，他本人自覺有辯解的必要。而且如果以言論當武器的話，只有讓支持自己的人能夠接受，並且說服尚未表明態度的人，才能達成其目的。文才不凡的凱撒知道，要達成這項目的，不是自我辯護，而是貫徹客觀敘述角度才有效果。因此他明明是在敘述自己的言行，卻不用第一人稱的「我」，而維持使用第三人稱的「凱撒」。他寫下的這兩部名著雖是自我辯護的作品，但卻能成為歷史學的一級史料，原因也就在這裡。

至於為何凱撒需要自我辯護。在《高盧戰記》方面，是因為他有必要說服元老院與公民，為何他需要征服高盧。當時在元老院中，小加圖正在大發議論，認為凱撒沒等決議就進攻高盧，是無視元老院存在的證據。應該解除凱撒的總督職位，把凱撒引渡到遭他擊敗的日耳曼人手中。對凱撒來說，如果不想就此離開政壇，絕對有必要將自己的行為正當化。

另外，執筆《內戰記》的目的，則是為了正當化南渡盧比孔河的行為。這次可不只是沒等元老院決議就攻打蠻族而已。雖說盧比孔河只是條小河，但對於羅馬來說，這是當時的北義大利行省與本國間的邊界。依照規定，羅馬軍人不得率軍由此南下。帶領第十三軍團南渡盧比孔河的朱利斯．凱撒，已經觸犯了國法。而羅馬人又是史上第一個完成法律體系的民族，意即他們認為自己是法治國家。面對這樣的民眾，當然絕對有必要說明為何要觸犯國法。

當事人這樣熱心於筆戰，反對派系當然也不會保持沉默。反凱撒派的軍事領袖是龐培，在元老院議場有小加圖領導論戰，西塞羅則以出版方式打起筆仗。比方說西塞羅出版一本叫做《加圖》的書讚嘆切腹自殺的小加圖，不久後凱撒就會出版一本叫做《反加圖》的書出來辯駁。這個時代確實是以武力決雌雄的時代，不過同時，也是言論戰的時代。

西元一世紀——這個世紀的前半，脫離了以武力決勝的時代，言論戰爭也消失了。奧古斯都不想跟凱撒一樣遭人暗殺，因此表面上公開表示回歸共和政體，私底下卻一步一步地準備帝政體制。披著斑馬皮的獅子，絕對不會發出萬獸之王的吼聲。也就是說，對開國皇帝奧古斯都來說，洋洋灑灑寫下自我辯解的書，在政治上反而不利。他所留下的《神君奧古斯都業績錄》，只是列舉在他任內進行的業務中，傳給後世也無所謂的部份。

當事人是這副模樣，反對勢力也就沒了力氣。應該說，是「羅馬和平」把反對勢力的理由剝奪光了。因為皇帝向萬人證明了帝政依舊能維持國家營運的事實。筆者認為想像力固然凱撒較為優越，不過在施政能力方面，是奧古斯都略勝一籌。

不過到了一世紀後半，帝政也逐漸穩固，獅子也開始脫下斑馬皮了。這並不代表當事人方面發言次數增加了，而是歷任皇帝已經不需要為自己的行為辯解。反對派也因為不得不承認帝政適於統治廣大的領土，所以也沒發展到反體制。他們雖然不反對由皇帝治國的體系，但如果治國皇帝不適任的話，絕對不會噤若寒蟬。簡單來說，就是體制內的反對派。塔西圖斯就是這類人的代表。塔西圖斯被視為帝政時期首席史學家，他的著作中充滿了悲觀的思想，讓人讀起來不禁有些受不了，不過確實充滿了憂國意識，正所謂憤怒為傑作之母。

西元二世紀——五賢君的時代。原本記載這個時代的史料應該很多，可是卻相反。在第IX冊一開頭筆者曾嘆道關於圖拉真皇帝的史料實在太少，這也是許多史學家面臨的問題。

首先要討論的是當事人皇帝的言論。由於賢君們連必要惡等「惡行」都幾乎沒碰過，所以沒有必要為自己辯解。其中只有哈德良皇帝一個人寫過回憶錄，不過後來失傳了。這是因為只有他沾手過必要惡。馬庫斯・奧理略的《沉思錄》，是自己與自己的對話，其中沒有記載要傳達給別人的事情，在這本書中，沒有外人存在的空間。

既然當事人都如此了，連塔西圖斯也失去記載的心情。這表示當時連對皇帝表示不滿的人都沒有。也就是說，文獻史料極端的缺乏。我們後人還能知道這些人的業績，要直到十九世紀，學界除了文獻史料以外，注意力還集中到碑文與貨幣上之後。萬事亨通的太平年，對於歷史著作的角度來說，簡直是歉收的年代。

不過即使動盪的時代又來到，歷史著作也不一定會馬上恢復活力。思考和肌肉一樣，都是需要不斷訓練的。換句話說，如果長期怠忽於思考，感性也會跟著變差。

我們將話題回到西元一六一年。那一年的敘利亞行省總督是阿提丟斯．科爾涅力亞，他已經因高齡準備退休，正在等待新任皇帝派遣的接棒人到達。由於缺乏安東尼奧皇帝時代的史料，因此無法得知這個人在敘利亞行省總督的職位上待了多久。不過安東尼奧．派阿斯是個只要覺得適任，就會讓下屬一直待在同一個職位的人。曾有他把相當於羅馬市長的「首都長官」讓同一個人擔任了二十年的前例，而且還是這名「長官」提出申請要退休，才好不容易換人。歷史研筆者認為，就算一個人再怎麼適合一個職位，也不該讓他在職位上待個十年、二十年。歷史研究人員一致認為，安東尼奧．派阿斯是個不變更人事的皇帝。就在習慣了和平日子的時候，突然傳來帕提亞王率軍攻入亞美尼亞的消息，這想必是敘利亞行省總督科爾涅力亞最不想聽到的報告。不過，既然知道了，他就有義務要設法處理。

總督以東方防線最高負責人的身份，向部下之一卡帕杜西亞行省總督塞達提蘇．塞威力亞努斯下令，從駐軍卡帕杜西亞的兩個軍團中，抽出一個軍團進攻亞美尼亞，迎擊帕提亞軍。

命令駐守在卡帕杜西亞的軍團迎擊並非不好。負責防衛卡帕杜西亞行省的兩個軍團基地都位在亞美尼亞國界附近，只要越過國界往東行軍就好。問題在於，帕提亞既然是由國王親自領軍，自然率領的部隊數量龐大。在這時候竟然只命令一個軍團出動，雖說已經和平了四十幾年，我們不禁還是要評論道，軍方的腦筋已經遲鈍了。

羅馬的一個軍團，其中包括了技師與醫師等特殊人員，總共由六千人組成。由哈德良皇帝重新建構的帝國防衛體系，由軍團配置一覽表可以得知，是在每個戰略要地派駐一個軍團，組成一連串的防線，來擔負整個帝國的防衛工作。也就是說，每個軍團都負有防衛基地與周邊地區的任務。意即即使下令出動一個軍團，也不可能六千人通通離開營區。實際上，就算由軍團長帶頭，高舉著代表軍團的銀鷲旗出發，人數大致上也只有半個軍團，危險性低的基地也頂多派出三分之二的兵力。羅馬的軍團基地附近，一定會有輔助兵的基地。由行省民構成的輔助兵，數量通常與擁有羅馬公民權的軍團兵同等或略少。不過哈德良皇帝重建的防衛體系，在性質上不會允許基地由輔助兵留守，讓軍團兵全數出動。因此前往亞美尼亞的一個軍團，士兵人數可能有六千人，主要戰力卻只有三千人。而東方的君主們認為，能率領大軍才是國君的證明。

身在安提阿的敘利亞行省總督，由成功脫身的士兵傳給羅馬的第二通關於帕提亞的情報，是一個軍團全毀的消息。軍團遭到敵軍包圍，勇猛抗戰之後依舊敗北。負責指揮的卡帕杜西亞行省總督塞威力亞努斯雖然出身高盧，卻像個古代羅馬武將一樣，為了負起戰敗的責任而自盡。

對於身在羅馬的兩名皇帝來說，事態更加急迫了。第一個理由在於一個軍團全毀帶來的軍

軍團配置一覽表

	行省名稱	軍團數	軍團名稱	基地（當時地名）	基地（現在地名）	現在國別
	Britannia（不列顛）	3	II Augusta XX Valeria Victrix VI Victrix Pia Fidelis	Isca Silurum Deva Eburacum	卡雷翁 奇斯塔 約克	英國 英國 英國
萊茵河防線	Germania Inferior（低地日耳曼）	2	I Minerva XXX Ulpia	Bonna Castra Vetera	波昂 占田	德國 德國
萊茵河防線	Germania Superior（高地日耳曼及日耳曼長城）	2	VIII Augusta XXII Primigenia Pia Fidelis	Argentorate Mogontiacum	史特拉斯堡 梅因茲	法國 德國
多瑙河防線	Pannonia Superior（近旁諾尼亞）	3	X Gemina XIV Gemina I Adiutrix	Vindobona Carnuntum Brigetio	維也納 佩特洛那 蘇尼	奧地利 奧地利 匈牙利
多瑙河防線	Pannonia Inferior（遠旁諾尼亞）	1	II Adiutrix	Aquincum	布達佩斯	匈牙利
多瑙河防線	Moesia Superior（近莫埃西亞）	2	IV Flavia VII Claudia	Singidunum Viminacium	貝爾格萊德 科斯特拉克	南斯拉夫* 南斯拉夫
多瑙河防線	Moesia Inferior（遠莫埃西亞）	3	I Italica XI Claudia V Macedonica	Novae Durostorum Troesmis	斯維西托弗 西里斯特拉 伊古利札	保加利亞 保加利亞 羅馬尼亞
多瑙河防線	Dacia（達其亞）	1	XIII Gemina	Apulum	阿爾巴・朱利亞	羅馬尼亞
幼發拉底河防線	Cappadocia（卡帕杜西亞）	2	XII Fulminata XV Apollinaris	Melitene Satala	馬拉提亞 薩達克	土耳其 土耳其
幼發拉底河防線	Syria（敘利亞）	3	XIV Flavia IV Scythica III Gallica	Samosata Zeugma Raphaneae	薩莫沙塔 巴爾基斯 夏馬	土耳其 土耳其 敘利亞
幼發拉底河防線	Palaestina（巴勒斯坦）	2	VI Ferrata X Fretensis	Scythopolis Aelia Capitolina	貝特夏恩 耶路撒冷	以色列 以色列
幼發拉底河防線	Arabia（阿拉伯）	1	III Cyrenaica	Bostra	布斯拉	敘利亞
	Aegyptus（埃及）	1	II Traiana	Nicopolis	亞歷山大東北近郊	埃及
	Numidia（努米底亞）	1	III Augusta	Lambaesis	蘭貝茨	阿爾及利亞
	Hispania（希斯帕尼亞）	1	VII Gemina	Legio	利昂	西班牙

合計二十八個軍團　Legionaris（軍團兵）168000 人（主要戰力）
Augiliaris（輔助兵）140000 人左右（輔助及特殊技能兵力）
Numerus（季節傭兵）30000～40000 人

其他有海軍——除米塞諾、拉溫納、弗雷朱斯等軍港以外，在多佛海峽、萊茵河、多瑙河、黑海均有派駐。成員除水兵、划槳手、操舵手之外，還包括醫師在內，組織結構類似陸上的軍團。

*（編按：南斯拉夫已於西元二〇〇二年分裂）

事打擊。第二點則是號稱無敵的羅馬軍團戰敗後，勢必會在情勢複雜的東方引發更多影響。

羅馬東方的「防線」，並非由羅馬與帕提亞兩大國隔著幼發拉底河對峙。在這兩大國之間，還有以亞美尼亞為首的諸多小王國與氏族、部族統有的領地。這些小國發揮了緩衝的作用，但是問題在於中東特有的風氣。這些領主會站在羅馬這邊，並非他們認為在政治上、經濟上較有利，只是因為羅馬的軍事力量較帕提亞來得強盛。東方的人們會簡單地追隨強者。亞歷山大大帝東征能這樣順利的原因之一，就在於這個馬其頓青年經常獲得壓倒性的勝利。閱讀《亞歷山大東征記》可以看到，每當他獲得大勝之後，近鄰的王公貴族會帶著黃金皇冠前來參拜，這是因為黃金皇冠代表恭順的意思。先獲得令人印象深刻的漂亮勝利，收集了許多黃金皇冠之後，再度進軍大勝，收集更多的皇冠。就因為一再重複這種過程，亞歷山大東征才能在這麼短的時間內完成。如果一一克服面前的敵人逐步前進的話，儘管亞歷山大擅長快攻，也無法在不到十年的時間內打到印度去。因此在東方世界，羅馬有必要不斷地宣示自身的強盛。如果不這樣做，羅馬會在沒有緩衝的狀況下，直接與帕提亞對決。

不過到了西方，狀況又不一樣了。西方選擇同盟與否，通常是考量是否對自身在軍事及其他各方面有利之後才決定。第二次布尼克戰役中，讓羅馬吃盡苦頭的迦太基名將漢尼拔犯的錯誤，就在於他在西方的義大利，採用與亞歷山大大帝同樣的戰略。儘管他一再展示現代軍校拿來當教材的完全勝利、壓倒性勝利，與羅馬人同盟的義大利人卻沒有與他結盟。這就是羅馬與迦太基正面衝突的布尼克戰役中，最後由羅馬獲勝的真正原因。

西元二世紀的羅馬領導人，應該也知道東方的特殊風氣。因為羅馬隨時會在東方防線上配置八個軍團的兵力，所以西元一六一年羅馬受到的打擊，其危險性有可能超過一個軍團的毀滅。羅馬絕對有必要緊急並紮實地施展對策。

帕提亞戰役

儘管局勢如此急迫，馬庫斯與盧西厄並沒有軍事經驗。既沒有訪問過守護邊境的軍團基地，也沒看過軍團兵。兩名皇帝認識的軍事相關人員，只有在首都羅馬近郊駐軍的禁衛軍團官兵。至於他們認識將軍階級人物的機會，只有由皇帝推薦並當選執政官的邊境總督與軍團長，從執政官上任到離職回歸原單位，待在首都的一年之間。要推動人事時，判斷用的資料是不可或缺的，問題是光靠先帝安東尼奧讓馬庫斯經歷的中央政府經驗並不足夠。如果說以往出過問題，當時處理的方法也可以當判斷用的資料。偏偏先帝在位的二十三年裡，平安得讓《編年史》的作者感嘆說無事可寫，因此連這種判斷用的資料都沒有。

結果，馬庫斯與盧西厄兩個人任命史塔提烏斯．普里斯克斯接任為擔起戰敗責任而自盡的卡帕杜西亞行省總督職位。這名將軍在兩年前，西元一五九年時擔任過執政官，因此與皇帝認識。不過，這並非單憑認識就決定的人事。他出身於次於元老院階級的騎士階層（經濟界），在出任執政官之前，已經擔任過達其亞、莫埃西亞等多瑙河前線行省的總督。簡單來說就是從軍團中苦熬出頭的人，因此這是個依靠實力決斷的人選。年齡大約在四十五到五十歲之間，這也是一個好條件。問題在於，受命前往卡帕杜西亞時，普里斯克斯正在不列顛行省總督任內。要從不列顛前往卡帕杜西亞，正好要從帝國最西邊趕到最東邊去。以現代來說，就是不用飛機、火車與汽車，只靠船隻與馬匹從英國趕到土耳其。

如果是筆者來決策的話，會姑且找身在附近的人才接替戰敗自殺的卡帕杜西亞行省總督。因為戰敗的軍隊士氣低落，而且司令官因為戰敗的責任壓力而自盡。他的部下不只是衝出帕提亞軍包圍逃出的士兵。在卡帕杜西亞有兩個羅馬軍團基地，派駐在基地中的士兵，想必也在擔憂敵軍進攻的可能。而且卡帕杜西亞的南邊是帝國東方防衛的中心敘利亞行省。與帕提亞之間已經四十幾年沒有戰爭，偏偏一開戰就馬上戰敗，勢必也會影響到派駐在敘利亞行省的三個軍團。

就算是臨時找人接任，羅馬也並非沒有人才可用。由貫徹實力主義的哈德良皇帝錄用，讓溫存主義的安東尼奧·派阿斯沿用的武將，目前占著各個行省總督的位置。可是這些武將之下也有培育新一代的人才，今後馬庫斯·奧理略無可避免要面對的戰爭之中，實際擔綱的就是同一個時代的武將。問題在於，要認識這些離獲選為執政官還有一段年齡差距的軍官，只有到離羅馬十萬八千里的軍團基地去。

羅馬軍的軍團兵，可說是種終身雇用制度。在二十年的兵役期間裡，會待在同一個軍團，住在同一個基地。不過階級升到大隊長以上的話，通常會調動所屬軍團與基地。馬庫斯參加過二十年以上的「內閣」，應該也知道這些人的名字與經歷，問題在於沒有機會見見面、說說話。

既然決定由現任的不列顛行省總督普里斯克斯前往卡帕杜西亞，那麼有必要盡快決定接任普里斯克斯的人。羅馬時代的不列顛行省，包括了後世的英格蘭與威爾斯地方。在「哈德良長城」以北的蘇格蘭，當時稱作卡雷德尼亞，位於羅馬霸權之外。這裡的人經常越境入侵羅馬，因此羅馬在此處派駐了三個軍團。馬庫斯皇帝任命卡盧普盧尼蘇．阿古力克拉接任不列顛行省總督，指揮當地軍團保衛不列顛的安全。同時，在萊茵河防線沿線的兩個行省中，「高地日耳曼」行省的總督也換人了。前往位於梅因茲總督官邸赴任的，是馬庫斯的同學，也是恩師佛倫多的女婿奧非荻蘇．威克托力努斯。與其說是換皇帝後的新人事，不如說是先帝時代留下的國防人員世代交替的時間到了。

儘管馬庫斯每天趕忙處理善後，東方傳來的第三個消息又到了。帕提亞軍進攻亞美尼亞，擊敗迎擊而出的羅馬軍團後，這次把攻擊目標轉向了敘利亞行省。敘利亞行省總督科爾涅力亞撐起一身老骨頭前往迎擊，可是依舊敗北。雖然部隊未遭摧毀，但羅馬軍不得不後撤。緊接著羅馬軍戰敗之後，東方的小國君主之間已經有廢棄與羅馬的同盟協定，轉向投入帕提亞懷抱的動態。如果這項動態表面化的話，就有可能演發成羅馬帝國東方「防線」崩潰的大事件。

御駕親征

馬庫斯・奧理略知道，除了以最積極的方式處置之外，沒有其他方法可用了。而羅馬人的積極做法，就是由皇帝親自率領大軍前往。自從圖拉真皇帝東征以來，羅馬已經有半個世紀沒有遇到這種事情了。沒想到在哈德良、安東尼奧・派阿斯兩任皇帝下和平過了半個世紀，竟然要由氣質與戰爭最遙遠的馬庫斯・奧理略來打破這種日子，而且還是在執政的第一年。對哲學家皇帝來說，想必這是個很痛苦的抉擇。然而，羅馬皇帝的第一項職責，如字面"Imperator"所示，就是指導軍團防衛祖國。因為身為全羅馬軍的最高司令官，所以才叫做「皇帝」(Imperator)。

前往東方的人選，由三十一歲的盧西厄皇帝擔任。史學家加西阿斯・狄奥表示，這是因為眾人公認盧西厄比馬庫斯「身體強健、年齡又輕，較適於前線指揮」。不久之後大家才發現這是個嚴重錯誤的評估，不過在當時所有人都認為這是個妥當的選擇。馬庫斯則停留在首都進行後方支援的總指揮。如果兩名皇帝一在前線，一在後方，個別遂行任務的體系能發揮作用的話，也就能證明馬庫斯・奧理略的想法確實有效。

問題在於盧西厄和馬庫斯一樣，既沒待過行省，也沒有軍事經驗，因此馬庫斯皇帝派了許多優秀且經驗豐富的人，陪在東行的盧西厄身邊。這些人並不直接指揮軍團，頭銜叫做“comes Augustorum”，直譯的話，應該叫做「奧古斯都（亦即皇帝）隨行人」，以現代的辭彙來說就是「智囊」。

這些隨行人的領頭叫做弗流士·威克托力努斯，他長年擔任包括卡帕杜西亞在內的小亞細亞全區財務官，又有擔任埃及長官的經驗，熟知帝國東方的局勢。而且他的軍事經驗也很豐富，在不列顛、多瑙河前線、西班牙等地度過長期的軍團生活。本來「皇帝隨行人」是由元老院議員擔任的，會由一個騎士階層（經濟界）的人帶頭，就是看上他的經驗。而在元老院議員中，被挑選為隨行人的，也都是以經驗多寡為任命標準。龐提烏斯·雷力亞努斯雖然已經邁入老年，但是歷經過不列顛、日耳曼、旁諾尼亞、敘利亞等重要行省的總督職位，可說此人熟知萊茵河、多瑙河、幼發拉底河等帝國三大防線。馬庫斯的恩師佛倫多評斷這個人是「正直的人，羅馬傳統軍紀的信奉者」，也許馬庫斯期待這個人重新鍛鍊東方軍團吧。羅馬方面的主流意見認為，事隔四十四年後再度作戰就連敗兩城，是東方軍團弱化的象徵。

儘管馬庫斯貫徹實力主義至此，在選擇後繼人選代替年事已高又戰敗的敘利亞行省總督時，卻任命了他的表兄弟安尼斯·里波。他年齡與四十剛出頭的馬庫斯相當，還稱得上可以負責任。問題在於這個人也是沒有行省與軍團經驗的人。

出生在羅馬元老院階級的男人裡，與馬庫斯·奧理略同一個世代，甚至下一個世代的人，多半沒離開過本國義大利，也沒待過邊境的軍團基地。這是因為他們青年期間時，正值安東尼奧・派阿斯皇帝的時代，羅馬瀰漫著不重視實地經驗的風氣。既然皇帝本人都只在羅馬與拿坡里之間打轉，良家子弟間自然不可能流行起積極行動的風氣。馬庫斯任命典型的時代青年里波就任敘利亞行省總督，後來因此引發了問題。不過在背後支撐大局的則是騎士階層（經濟界）出身，靠實力出頭的人。也就在這個時代，羅馬社會第二階層——騎士階層（經濟界）出身的軍團長人數大為增加。

既然羅馬軍是由盧西厄・威勒斯皇帝擔任最高司令官出征，那麼質與量兩方面都必須要獲得保證。馬庫斯可能覺得無法信任幼發拉底河防線上的八個軍團吧，他決定從西方派遣三個軍團和分團規模的軍隊。首先他從防衛萊茵河的軍團中，抽調駐軍在波昂的第一米內華軍團。從多瑙河防線裡，抽調以布達佩斯為基地的第二亞荻托利庫斯軍團，以及駐軍在伊古利札的第五馬其多尼加軍團。這三個軍團都是銀鷲旗開路，由軍團長領隊。另外從駐軍維也納的第十捷米那軍團中，抽出幾個大隊組成分團，由軍團長帶隊向東進軍。

如前所述，六千名軍團兵不可能全數離開基地。因此雖說是以軍團為單位抽調兵力，能派往東方的，大概只有三分之二左右吧。通常而言只能抽調二分之一兵力，不過這次羅馬皇帝下令給各個軍團基地負責人，要他們不要刺激境外的蠻族，萬一發生問題時盡可能尋求外交途徑解決。可見派遣到東方的三個軍團願意冒著守備兵力缺乏的風險，盡可能抽派士兵前往東方。

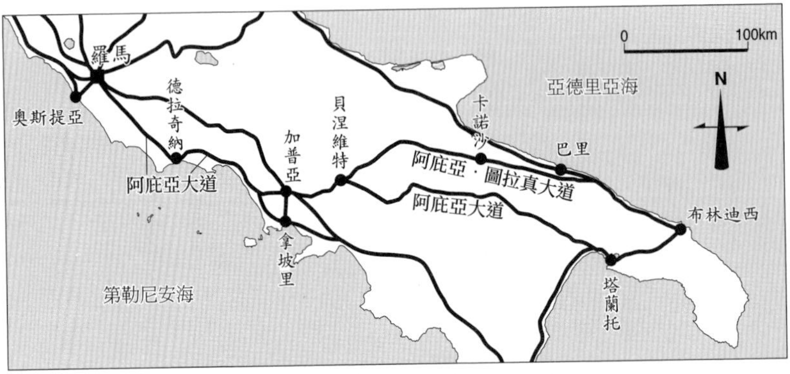

羅馬到布林迪西之間的主要幹道

那麼從西方派來的援軍估計大約在一萬五千人左右。如果東方的八個軍團也派出三分之二兵力的話，就有三萬兩千人的兵力。預訂於西元一六三年發動的羅馬軍反攻兵力，光是主要戰力軍團兵的話，總計為四萬七千人。雖然不是多得令人瞠目的數量，但也不會太少。

盧西厄．威勒斯離開羅馬往東方前進時，已經是第二年西元一六二年初夏的時候了。按照計畫，他要從羅馬沿著阿庇亞大道南下，在終點處布林迪西港換搭待命中的海軍艦隊往東前進。馬庫斯也為他送行到途中的加普亞。可是當馬庫斯回到羅馬，收到的卻不是艦隊離開布林迪西港的報告，而是盧西厄在阿庇亞．圖拉真大道上的卡諾沙病倒的消息。馬庫斯驚訝之餘，立即策馬趕往卡諾沙。其實盧西厄的病況不嚴重，只是登基稱帝後第一次出外旅行樂過了頭，沿途參加每個城鎮的迎賓宴會造成疲勞過度而已。他在休養三天後重新啟程，從布林迪西起由艦隊護衛往東前進。

如果急著趕路的話，可以一路不靠港，直接往敘利亞

0 250 500km
N
羅馬帝國國界
羅馬大道
省都兼軍團基地
省都
軍團基地
維也納
佩特洛那
蘇尼
布達佩斯
達其亞
阿爾巴·朱利亞
屋爾比亞圖拉亞納
多瑙河
伊古利札
西里斯特拉
斯維西托弗
貝爾格萊德
科斯特拉克
黑海
莫埃西亞
君士坦丁堡
色雷斯
西諾培
特拉布松
俾斯尼亞·潘特斯
薩達克
馬爾馬拉艾雷希
馬其頓
伊茲敏特
安卡拉
卡帕杜西亞
布林迪西
塔蘭托
帖撒羅尼迦
亞細亞
凱塞利
馬拉提亞
尼可皮里斯
艾勒本多海峽
婆高蒙
薩莫沙塔
亞該亞
雅典
斯米爾納
加拉太
巴爾基斯
科林斯
愛菲索斯
密列特斯
利奇亞·龐弗利亞
塔耳索斯
西里西亞
安提阿
卡雷
敘利亞
希臘
羅德斯
夏馬
塞浦路斯
克里特
貝魯特
大馬士革
地中海
貝特夏恩
凱撒利亞
布斯拉
尼克波利斯
巴勒斯坦
薛哈塔
尼羅河
耶路撒冷
亞歷山大
昔蘭尼加
阿卡巴
埃及
曼菲斯
阿拉伯

羅馬帝國東方

行省的省都安提阿前進。順風的話只要十天左右，即使風向不穩定，以當時的「馬達」划槳前進的話最多也只要四十天。這就是古代人使用「附馬達帆船」在海上航行的速度。盧西厄皇帝所搭乘的，是羅馬世界中設備最先進的米塞諾艦隊。如果他下令不停靠任何港灣，橫越地中海直接往安提阿前進的話，也有十足的把握。四十年前哈德良帝何止橫越東地中海，甚至從地中海的西側直達東側。當年哈德良從西班牙的塔拉格那前往敘利亞的安提阿時，一如他平日堅實的作風，連主要海港都沒停靠，一路往目的地直航。路途有盧西厄的兩倍長，花費時間卻只有一個多月。如果有充分的意願，盧西厄當然也可以照辦，問題就在於盧西厄缺乏這項意願。因為如果只走海路，是無法享受盛大的迎賓典禮與宴會的。

如果不以皇帝的身份，而是由個人的角度來看，也不難了解他的心情。他從幼年的時候起，就在務實的「父親」安東尼奧．派阿斯帝和順從父親的「兄長」馬庫斯身邊長大。而在學業方面又和馬庫斯獲得同等待遇，身邊的個人教師盡是有名的大學者。也正因為如此，這三十年來的日子過得很無趣。過了三十歲之後，盧西厄．威勒斯終於有機會舒展自己的手腳了。

盧西厄從布林迪西起走海路，到希臘的哥林斯上岸，再從哥林斯起走陸路前往雅典。對他來說，這是羅馬皇帝的旅行，一路上正是載歌載舞、熱鬧非凡。

而在雅典，過去教導過盧西厄的名師中，最有名的荷羅狄亞斯．阿提克斯，正在準備許多迎賓用的節目，等待著過去的學生、現今的皇帝來臨。

「阿提克斯」是個綽號，意思是以雅典為中心的「阿提卡地方的人」。他的本名叫做臺伯留·克勞狄斯·荷羅狄亞斯。從姓名來推測，這個人的家門應該是在克勞狄斯皇帝時代獲得羅馬公民權的希臘人。不過真正讓這個代表西元二世紀文化層面的人在社會上聞名，並不是他在學術方面的成就，而是他那讓佛倫多望塵莫及的豪富家產。而且大眾對這個人的評價是「運用財產之妙無人出其右」。羅馬帝國的公共建設，是由中央政府、地方政府、個人捐助三大支柱支撐的。有荷羅狄亞斯·阿提克斯這種人存在的話，第一個占便宜的，就是他所在的地方政府雅典市。羅馬的中央政府知道雅典是學藝的中心地，依舊願意大力資助。而政府也知道如何報答對公共有所貢獻的人。在安東尼奧·派阿斯時代的西元一四三年時，荷羅狄亞斯·阿提克斯獲得皇帝推薦當選了執政官。同樣身為兩位皇位繼承人家教的佛倫多，也在同一年獲選為執政官。不過阿提克斯是正規的執政官，而佛倫多卻只是個備位的執政官。儘管是以捐款的型態，羅馬時代最重視的還是對共同體的貢獻程度。荷羅狄亞斯·阿提克斯從上一代起就屬於元老院階級，他的父親也擔任過執政官。儘管他是被征服的希臘人後裔，又受羅馬的統治階層同化，但是卻沒有任何阿諛體制的感覺。他公開批評帝政鼎盛期羅馬流行的辯論術，說現在流行的技術只擅於玩弄文字，缺乏訴諸聽眾情感的熱情。由於過度追求冷靜客觀論述，使得慾望、苦惱、憤怒和歡喜都遭到壓抑，這樣描繪出的人生與社會，只是憂鬱、怠惰、沒有血肉的存在。這一點筆者也深感贊同。如果只是要求自制還好，可是大多數的教師都說，當上了皇位繼承人之後，連四頭戰車賽的固定隊伍都不能支持。所以與其說荷羅狄亞斯·阿提克斯是個教師，不如說是個熱愛知識的人。附帶一提，馬庫斯．奧理略在《沉思錄》中表達謝意的「恩師」，多半是告訴他自制的人，也因此提都沒提到荷羅狄亞斯．阿提克斯。

在此閒談一下，筆者造訪過的羅馬時代別墅遺蹟裡頭，能讓筆者認為當有錢人也不錯的有下列四個地方。分別是卡布里島的臺伯留帝別墅、奇爾喬的圖密善帝別墅、提伯利的哈德良帝別墅，以及阿庇亞大道附近的荷羅狄亞斯．阿提克斯別墅。這個西元二世紀的「享樂主義者」(epicurean)，不只是對公共建設，在私人消費上品味也相當好。

當荷羅狄亞斯．阿提克斯在雅典迎接過去的學生、現任皇帝盧西厄時，正值六十歲。這個人生諸事順遂的享樂家花了大筆金錢準備款待節目，難怪年齡只有他一半大的盧西厄會樂不思蜀。停留在雅典的時間一再拖延，好像要到了盧西厄過完三十二歲生日，才依依不捨離開雅典。離開雅典後，也不是一路朝安提阿航行，一路上享受有小島點綴的愛琴海航程，在小亞細亞西岸的愛菲索斯、密列特斯等希臘都市進港靠岸。到達目的地安提阿時，已經是那年冬天的事情了。

開始反攻

對羅馬人來說，幸運的是由不列顛調職到卡帕杜西亞的史塔提烏斯．普里斯克斯和一路慢行的皇帝不同。儘管路途遙遠，他依舊全力趕路。首先渡過多佛海峽，橫越高盧地區，之後搭上巡邏多瑙河的船隻南下黑海，渡過艾勒本多海峽又橫越小亞細亞後，才到達卡帕杜西亞，可說是從廣大的羅馬帝國西側一口氣跑到東側。而且到達之後，他也毫不休息，因為掃去士兵間蔓延的敗戰氣息工作正等著他。

而在同一時期，身在羅馬的馬庫斯也過著精神和肉體上都十分忙碌的生活。他不只要統理帝國的西側，帝國東側原本已經委任盧西厄管理，可是東側的地方負責人還是不斷地把請求指示的信件送到羅馬。他寫信給無話不說的恩師佛倫多表示，由於忙碌與心煩，使得他身體不適，休假四天前往別墅休養，卻依舊沒得休息。佛倫多則回信說道，你至少要維持充分的睡眠。看樣子馬庫斯．奧理略的抗壓性不是很好。不過共同統治的伙伴是這副德行，也難怪他會感到壓力。

敘利亞的安提阿和埃及的亞歷山大並列為東地中海最大的城市。因此每當帝國東方戰局一起，馬上會被當成前線的參謀本部。東方前線的最高司令官盧西厄皇帝，好不容易到達了安提阿，然而和苦等許久的將軍們期待相反，以盧西厄為議長的作戰會議打一開始就爭執不休。在《編年史》與史書中都沒有記載，所以無從想像到底是為了戰略思想不同，還是為了個人因素。不過我們已得知，爭論不休的並非皇帝與將軍之間，意見不和的是盧西厄皇帝以及似乎早已到安提阿就職的新任敘利亞行省總督里波。

這兩人的共通點不少，第一點在於雖然年齡差了十歲，不過屬於同一個世代。第二點在於一個人是皇帝，另一個人則是馬庫斯皇帝的表兄弟，兩人都屬於羅馬社會的最上層。第三點在於兩個人雖然都當過執政官，但是直到這把年紀為止，既沒有度過邊境的軍團生活，也沒有到其他行省擔任過公職。據說這兩個人除了出席作戰會議以外，雖然同住在總督官邸，但互相連話都不說一句。

為這個事態收拾殘局的，是馬庫斯指派給盧西厄的「皇帝隨行人」。不過，雖說是收拾殘局，卻不是以改善抗帕提亞軍總司令與副總司令關係的方式解決，而是以作戰會議時無視這兩人存在的方式解決。這是因為盧西厄皇帝沒多久就交到了情婦，里波總督則因為不習慣東方的氣候而生病，兩個人實質上都脫離了戰線。

不久之後，里波總督病逝於安提阿。這讓盧西厄感到震驚，並後悔自己對里波的態度不佳。雖說缺乏責任感，不過盧西厄還算是個好人。

由於這是正式反攻帕提亞的前夕，因此敘利亞行省總督的位置不能空著。盧西厄同樣身為皇帝，因此也握有人事權，可是選擇繼任人選的工作還是落在馬庫斯頭上。也許是不敢再找上流社會的大少爺出馬了吧，馬庫斯皇帝這次任命的是老練的朱利斯·威勒斯。他在西元一五一年擔任過執政官，因此推斷年齡剛超過五十歲。這個人也是行省出身的騎士階層（經濟界），在首都擔任過執政官後又回到行省勤務上。六年中擔任了日耳曼與不列顛總督。這個人後來在混亂局勢中，擔任了四年的敘利亞行省總督。直到西元一七九年才過世。儘管一生中幾乎都在擔任行省勤務，不過享年七十歲，以當時的水準來說算是長壽的了。

筆者為了寫《羅馬人的故事》系列，因此遷居到羅馬。住在這裡的好處在於，不論要到古羅馬帝國防線的任何一個地方，坐飛機都能在兩小時內到達。由於羅馬位於古羅馬帝國的中心，筆者可以前往想要參觀的地點再馬上返回。不過，一旦置身這種環境中，就會深深感受到羅馬帝國不只是人種、民族、文化不同，各地的地形與氣候也天差地遠。

比方說，前往羅馬人稱為「北方前線」的萊茵河與多瑙河沿岸，參觀以往的軍團基地，現今中歐國家的首都維也納或布達佩斯時，在遺蹟中總能看到火炕的結構。在追隨馬庫斯・奧理略死亡過程，沿著隆冬的多瑙河流域中部旅行時，會讓筆者想起身在羅馬時忘記的「寒冬」一詞。而到北非的突尼西亞或利比亞觀光時，則看到為了避暑，於地底建設與地面有相同設施的住宅遺蹟。羅馬人在灼熱的沙漠過日子時，還會製作現代所謂的果汁牛奶凍(sherbet)。水份蒸發會吸收周邊的熱量，有趣的是羅馬人不但利用這個原理預留了冷水，甚至製作了牛奶凍。

筆者會在意羅馬帝國領導階層的行省經驗，是因為這樣的經驗可以增長見聞。不過筆者固執在這一點的理由還不僅於此。因為筆者認為，羅馬的領導階層到不同氣候的行省體驗過後，身體才會適應環境變化。一個士兵直到退伍為止的二十年中，會屬於同一個軍團，住在同一個基地。退伍後也會在當地與土著女性結婚，住在軍團基地附近。羅馬軍團士兵的土著化也是防衛戰略的一環，因此這個現象日益穩定。然而階級到了百夫長以上的話，狀況又不同了，尤其大隊長與軍團長調動駐地的機率十分頻繁。這是防衛戰略的一部份，也有鍛鍊身體適應各種環境的效果。

在這個時代尋求具同樣經驗的皇帝，有圖拉真與哈德良的例子。然而才二十年過去，馬庫斯·奧理略和盧西厄·威勒斯，以及同一個世代的羅馬上流階層男子，絕大多數都沒有歷經過行省經驗，就站在統治者的位子上了。不過，真正的問題還不在這裡。問題在於安東尼奧·派阿斯示範了身在本國也能順利統治帝國的例子，使得國民對行省經驗的重要性體認開始淡薄。如果說待在總公司就能經營企業的話，誰還願意冒著時差問題，去跟不同的人種、民族接觸，到全球各地的分公司工作？筆者不禁認為，安東尼奧·派阿斯是個擅長處理眼前問題的官僚，但不是個在晴天為了可能下雨的明天準備雨具的政治家。

不過，儘管經歷了二十三年的安東尼奧·派阿斯時代，哈德良皇帝重新構築的羅馬防衛體系依舊能充分發揮功能。西元一六一年開始著手的帕提亞戰役，就在總督與軍團長階級的活躍下進行。盧西厄皇帝足以令人稱讚的是，雖然他不願意親自帶兵，但也沒有對帶兵在前線作戰的將軍擬定的戰略戰術插嘴。而一旦正式開始反擊，羅馬軍的強悍，依舊是無可比擬的。

西元一六一年，帕提亞王進攻亞美尼亞，掀起了「帕提亞戰役」。直到西元一六六年結束為止，前後共五年時間。我們可以依照戰線的推移，把戰役分成三個時期。

第一期是由西元一六一年到一六三年為止，戰場在亞美尼亞境內。

第二期是由西元一六三年到一六五年之間的兩年，這時的戰場跨越了幼發拉底河，進入了帕提亞境內。

第三期是從西元一六五年到一六六年之間的一年，戰場更向東延伸，越過底格里斯河直達東方深處。

光是看這些戰場轉移的動向就可以得知，羅馬軍正式開始反擊會是怎麼一回事。而且羅馬國內還多得是能在前線負責指揮的軍事老手。

西元一六三年春季開始的亞美尼亞戰線反攻行動裡，主角是從不列顛緊急召集而來，負責重建卡帕杜西亞軍團的史塔提烏斯·普里斯克斯。卡帕杜西亞行省總督旗下有兩個軍團的兵力，不過其中一個軍團在戰爭初期已遭帕提亞軍摧毀，加上西方的援軍後，才勉強湊滿兩個軍團。而且任務中還加上排除蔓延在士兵間的敗戰氣息一項。不過這項困

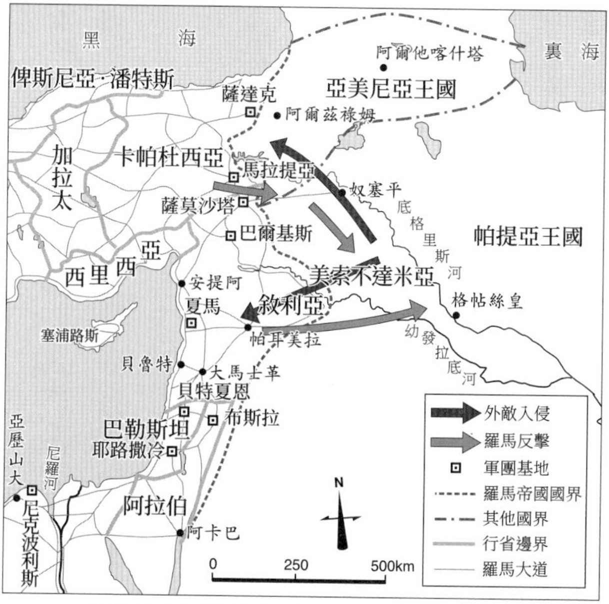

幼發拉底河防線與「帕提亞戰役」的舞臺

難，似乎對長期擔任前線勤務的老手來說不算什麼。士兵間甚至開玩笑說，只要我們的將軍大嗓門一吼，敵軍的士兵就會像是中箭一樣一個個倒下。軍中能流傳這種笑話，可見敗戰氣息已經掃除了。

以波昂為基地的第一米內華軍團，由小亞細亞出身的克勞狄斯．佛倫多軍團長帶隊，加入亞美尼亞戰線。而屯駐在維也納的第十捷米那軍團，也由軍團長帶領分隊參戰。這名軍團長名叫革米尼烏斯．馬爾其亞努斯，出身於北非地方。此外，於敘利亞待命隨時準備北上支援的，則是駐紮在敘利亞行省的兩個軍團。指揮工作由第三高盧加軍團的軍團長，敘利亞出身的亞威荻烏斯．加西阿斯負責。總之通俗點來說，人選有如群星閃爍，當時有名的猛將都聚集在此了。

傳統而言，羅馬軍如果在戰爭初期遭受失敗，不會急著馬上反擊，而會花時間準備反攻。等到準備完畢後迅速出擊，短期內完成決戰。本次的「帕提亞戰役」也是一次羅馬式的戰爭。其中尤以率領卡帕杜西亞軍團的普里斯克斯行動最為迅速。攻入亞美尼亞境內後一路朝東前進，春天還沒結束時，已經開始準備對裏海西方三百公里的首都阿爾他喀什塔進行攻城戰鬥。這是因為在西方率領援軍的佛倫多與馬爾其亞努斯發揮了掩護的效果，所以朝首都行軍更為順利，能夠專心於攻城戰。

由帕提亞軍防禦的亞美尼亞首都阿爾他喀什塔，無法抵擋羅馬軍的猛攻而失陷。由帕提亞王拱上王位的帕科魯斯王子遭驅逐出境。取而代之的，是帕提亞王室成員，但同時是羅馬元老院議員的親羅馬派人士梭法耶姆。從羅馬軍正式行動，到達成奪回亞美尼亞的初期目標，所需時間還不到半年。而在年底之前，亞美尼亞境內的帕提亞軍也被全數剿滅。

羅馬軍自從共和時期開始，每當戰勝之後，士兵有向率領自己獲勝的司令官歡呼"Imperator"的傳統，這也是我們譯為「皇帝」一詞的起源，因此這個名詞帶有濃厚的軍事色彩。到了帝政時代之後，通常由政治界的最高權位者兼任羅馬全軍最高司令官。所以戰勝後的士兵再也不是向直接指揮作戰的總督或軍團長歡呼，而改向皇帝歡呼。西元一六三年的勝利歡呼，同樣不是對著普里斯克斯或佛倫多、馬爾其亞努斯，而是向著雖然人不在前線，但身為皇帝的馬庫斯與盧西厄兩人。馬庫斯·奧理略這時正在羅馬忙著政務，盧西厄·威勒斯則是嫌安提阿太熱，躲到西風徐徐的地中海避暑，而且還命人將羅馬大競技場舉辦的四頭戰車賽結果逐一報告。在分成紅、白、藍、綠的四個車隊中，盧西厄支持的是綠隊。當初馬庫斯的教師告誡他，身為皇位繼承人與平民不同，不得支持特定的隊伍，而教育盧西厄的也是同一批教師。馬庫斯謹守師長的教誨，盧西厄卻把老師的話當成耳邊風。而且不久之前開始，盧西厄身邊又多了位美女潘提亞。眾人風評說，這位小亞細亞出身的美人，外貌有如普拉克西列雕塑的維納斯像，內在既有涵養，對話又充滿機智，令見到她的人都為之著迷。這個人的存在，對馬庫斯來說，是新的壓力來源。

盧西厄是馬庫斯的「弟弟」，也是共同統治的伙伴。盧西厄不想接觸政務、軍事，已經夠讓馬庫斯頭痛了，現在感情放在東方女人身上，更是讓馬庫斯煩惱。而且盧西厄的單身貴族身份使得事情更加複雜。為了一次解決這些難題，馬庫斯決定把女兒蘆琪拉嫁給盧西厄。雖然在法律上這兩人是叔姪，不過並沒有血緣關係。這時盧西厄三十三歲，蘆琪拉十三歲。第二年，當新娘為了成婚前往東方的西元一六四年時，才滿了十四歲。這件消息當然馬上傳到盧西厄身邊，而盧西厄也很有趣，竟然答應這門婚事。有一個說法是，在盧西厄進軍東方前，兩個人就訂婚了，馬庫斯只是把婚期提早而已。不管怎麼說，和皇家內部動態無關，帕提亞戰役進入了第二階段。

戰役的第一期與第二期時間有些重疊，是因為在第一期中作戰的官兵，沒有回到基地，直接往南方移動到第二期的戰場上。而在第一期待命的敘利亞軍團，則長驅直入東方。帕提亞戰役第二期的戰略，就是由北方與西方雙向夾擊帕提亞王國的心臟部位。

在第二期活躍的將軍有兩個人。一個是小亞細亞出身的希臘武將克勞狄斯·佛倫多，率領著萊茵河防軍的精兵。另一個是敘利亞出身的亞威荻烏斯·加西阿斯，率領著急於向帕提亞報一箭之仇的敘利亞軍團。除此以外，馬庫斯派來作為盧西厄「隨行人」的龐提烏斯·雷力亞努斯，也親自帶一個軍團在前線作戰。這名老練的武將除了北非之外，帝國各大防線都經歷過了。儘管年事已高，但他仍覺得與其陪皇帝去避暑地逍遙，不如到熾熱的沙漠中行軍。也許他想要和年輕時在圖拉真皇帝旗下一樣，再度與帕提亞人交手。不管怎麼說，既然皇帝的智囊參戰了，前線的羅馬將領們辦事也容易多了，因為再也不必配合皇帝的行蹤派出傳令請求指示。

帕提亞戰役第二期的第二年，西元一六四年，盧西厄離開敘利亞循海路前往愛菲索斯。愛菲索斯是位於小亞細亞西岸的美麗都市，人稱伊歐尼亞地方的明珠。他是為了迎接從羅馬前來的蘆琪拉，在此舉行婚禮。做父親的馬庫斯，在出發時親自送剛滿十四歲的女兒到阿庇亞大道的終點布林迪西，並且贈與蘆琪拉「奧古斯塔」（皇后）的稱號。在羅馬，並非只要成為「皇帝」的妻子，就會自動獲得「皇后」的資格。如果皇帝不賜予的話，皇帝的妻子是不能自稱皇后的。當年的圖拉真皇帝討厭特權，至死都沒有賜給皇妃普羅提娜「皇后」的稱號。普羅提娜獲得「皇后」稱號，還是繼承圖拉真皇帝的哈德良帝頒贈的。「奧古斯塔」稱號代表著這樣一個特別的地位。馬庫斯這時對女兒的一片心意，卻成了二十年後皇宮內鬥的原因。

希臘、小亞細亞地方

盧西厄皇帝在愛菲索斯舉辦結婚典禮後，陪著蘆琪拉皇后回到了安提阿。好像他已經忘記希臘情婦的存在。雖然這是一場政治婚姻，不過盧西厄與蘆琪拉的婚姻生活一切順利。盧西厄雖然不是個稱職的皇帝，不過為人正直，是個誠實磊落的美男子，又善於交際。

帕提亞戰役的第二期也進行得十分順利。羅馬軍越過幼發拉底河攻進帕提亞境內後，帕提亞軍一再後退，已經無法有效抵抗，甚至於瀕臨崩潰。不到三年時間，羅馬軍就把帕提亞掠奪的地方全數光復。戰役第二期正要以羅馬軍壓倒性的勝利結束。

不過到了這時候，盧西厄皇帝似乎開始插嘴戰略問題。筆者會說似乎，是因為沒有任何確實的史料留下來。皇帝的意見是，該與帕提亞媾和了。他認為戰略目的已經充分達成，現在正是媾和的好機會。我們無從得知作戰會議是怎麼展開的，不過因為將軍們反對這時候媾和，盧西厄收回了自己的意見，決議繼續執行戰役。史書中沒有記載這些專業武將是以什麼理由反對媾和，不過如果觀察戰役第三期的推演，還是可以想像一部份。第三期和第一、二期不同，並非以光復失土為目的，而是要渡過底格里斯河，深入帕提亞中央地帶，徹底打擊敵軍之後才撤軍。

第三期的戰鬥，則是由敘利亞出身的亞威荻烏斯．加西阿斯獨占鼇頭。由於他熟知中東的環境，因此由軍團長加西阿斯帶領的騎兵隊行蹤簡直神出鬼沒。等到重裝步兵團前來確立戰果的時候，面前已經沒有任何帕提亞兵阻撓了。當徹底打擊帕提亞之後，羅馬軍才向西方撤收。這帕提亞戰役，成了一場讓東方世界重新認識到，如果向羅馬出手的話會有什麼下場的戰爭。

場戰役使得帕提亞國勢衰弱，連帶衍生六十年後波斯薩珊王朝抬頭的事件。在當時這個時間點的戰略上來說，則是正確的做法。因為這場戰役使得中東地區重新認識到羅馬的戰力，保障了羅馬帝國東方今後三十年的和平。在這段期間裡，帕提亞王國無法向羅馬境內出兵。也就是說，帕提亞戰役使羅馬重新凸顯出他們是東方地區最強的軍事力量。而且與其說是兩大國對峙，不如說是羅馬一國獨霸的局面。不用說，夾在兩國之間做緩衝的小王國、部族、未開化民族，也馬上通通又站在羅馬這邊。

凱旋歸來的馬庫斯·奧理略浮雕

戰役結束後，西元一六六年十月，在羅馬舉辦了慶祝帕提亞戰役勝利的凱旋儀式，以迎接這時回國的盧西厄皇帝。距離上次舉辦凱旋儀式，已經有四十九年了。而且上次的主角，是在歸國途中病逝的圖拉真皇帝骨灰罈，這次的主角，則是四十五歲的馬庫斯與三十六歲的盧西厄兩名活生生的皇帝。這兩人身穿軍禮服，穿著紅色大披風迎風前行，民眾自然為之瘋狂。

不過西元一六六年的凱旋儀式裡，有一點和傳統的羅馬凱旋儀式不同，那就是凱旋將軍馬庫斯與盧西厄兩人，都帶著妻小同乘在凱旋將軍的金箔馬車上。以往是凱旋將軍自己駕駛由四頭白馬拉的戰車，頭上戴著模仿月桂冠形狀的黃金王冠，背後載著在儀式中不斷提醒他「別忘了你是註定一死的人類」的奴隸，而現在變成全家老小通通上車。至於不斷提醒戰勝者不得驕傲自大的奴隸還在不在車上，就不得而知了。不管怎麼說，長年來是羅馬男子最高榮譽與尊嚴的凱旋儀式，歷經半世紀的和平後，轉變成了十分家庭的典禮，從「一個男人」變成了「攜家帶眷」。

哲學家皇帝的政治

產生變化的還不只是凡事攜家帶眷的作風。東方展開帕提亞戰役時，馬庫斯皇帝也在西方忙著處理國政。在羅馬帝國，所謂國政，就是將舊法配合現狀修改，並且依需要制定新法。一路探尋法律改革的過程，就可得知當時羅馬社會需要的是什麼。這些法律中，大多數都可歸類在日常政務，比方說確保基礎建設的維修費用、改善奴隸的待遇、將貧民福利措施普及到行省中、為了加快審判速度，把法庭開庭日改為每年三百二十天等等，這些政策讓人感受到馬庫斯的確足以稱為賢君。不過其中有一部份，是由馬庫斯．奧理略起始的新制法律。

新法的其中一條，規定羅馬公民權所有人在生小孩以後，有義務在三十天之內提出登記。而且這項法律的適用對象，不僅在於羅馬公民權所有人特別密集的義大利本國，還適用到所有住在行省的羅馬公民身上。依照推測，這項法律的目的應該是為了確認軍團兵預備兵的數量。筆者在此應該不用多說，總之負責保衛羅馬帝國安全的軍團兵，是以具備羅馬公民權為入團資格條件。如果不確保軍團兵的數量，那帝國的國防安全就無法成立。雖說羅馬軍團採用募兵制而非徵兵制，不過若要讓哈德良皇帝整頓好的防衛體系發揮功用，無論如何都要事先知道大略有資格的人數。有的學者認為，馬庫斯的這項政策是在期待稅收增加，不過羅馬公民權所有人因為承擔衛國工作，所以已經免除了直接稅。行省民沒有承擔國防工作的義務，所以才有義務繳付兼有國防保障目的的行省稅。羅馬公民權所有人唯一要繳納的直接稅是遺產稅，而且血親之間可以免稅。即使遺產捐贈給血親以外的人，稅率也只有百分之五。因此馬庫斯的新制不像是為了提升稅收。筆者還是覺得，這項政策是以預估將來可以服兵役的人數為目的。

不過，既然馬庫斯強烈意識到預估人數的必要，連帶地讓人感到疑問，是否在這個時代，志願當軍團兵的羅馬公民已經逐漸減少了。羅馬政府還是有辦法維持主要戰力軍團兵的十六萬八千名員額。問題在於，是不是選拔志願役人員時，如果像哈德良皇帝時代一樣嚴格，人數可能就維持不了。一個國家一旦承平日久，軍人就註定會遭輕視。雖說羅馬剛打過帕提亞戰役，可是這是在遙遠東方展開的戰役，而且結果大獲全勝，對於住在帝國西方的人沒有影響。此外，既然國家一片繁榮太平，就算不到軍團應徵，也多得是工作可找。在當時，服兵役固然是有退休俸的稀有職業，可是退休俸的魅力也日漸薄弱。這也是「和平的代價」之一。

馬庫斯制定的新法中，第二個引人注目的，是一連串阻止地方政府議員候選人減少的對策。

在共和與帝政時期中，羅馬的事務官與公務員都有薪資保障。可是執政官以下的中央政府官員，以及地方政府的高階官員都是無給職。因為羅馬人認為擔任公務，尤其是高階公務，是公民身為共同體成員的義務，也是一種榮譽。從龐貝遺蹟牆上的選舉運動塗鴉就可以得知，當初地方議會選舉競爭激烈，是因為候選人眾多。這些工作不但沒有薪資，而且如果想濫用職權收賄，馬上就得準備上法院，所以也無法期待官商勾結的利潤。不但如此，由於皇帝在中央做了示範，國民也期待地方仕紳對公共建設有所貢獻。由於羅馬人重視這種貴族義務，才能完成如此大範圍的公共建設。如果地方議會選舉的候選人減少，有可能連帶減弱地方政府的功能。在法律條文中，馬庫斯以"apatia"一詞形容候選人減少的原因。這個字的意思是「缺乏鬥志」。以往羅馬人只要一聽到代表共同體或國家的"res publica"，馬上就會挺身而出。有可能這時個人主義開始滲透到羅馬了吧。羅馬人在暴君尼祿時代共同體意識依舊強烈，諷刺的是到了明主馬庫斯的時代卻開始衰退。

設立這些法律的馬庫斯．奧理略也一定察覺到了吧。時代正在改變，而且是往壞的方向發展。在先帝安東尼奧．派阿斯的時代中，羅馬人享受了史無前例的和平與繁榮。與父親相較，哲學家皇帝馬庫斯・奧理略卻要面對嚴重、困難，而且以往沒有其他皇帝面對過的問題。在這個時期，他又失去了無話不說的恩師佛倫多。

瘟疫

戰敗的帕提亞，以某個形式對戰勝者羅馬人復仇了。這就是在羅馬舉辦凱旋儀式的士兵間流行的疾病。回到多瑙河與萊茵河流域的士兵之間，也陸續出現因同樣疾病而倒下的士兵。很明顯地，感染源來自東方。

在拉丁文裡，「瘟疫」拼音為"pestilentia"，是"pest"的語源。不過症狀、傳染率與死亡率都不一定。古埃及人已經知道，病媒來自於老鼠。

西歐史上第一件有名的瘟疫，是在西元前四三〇年左右襲擊希臘雅典的瘟疫。由於流行期間與雅典、斯巴達間的伯羅奔尼撒戰役起始時間重疊，因此對城邦國家雅典造成嚴重打擊。構築雅典黃金時代的政治家伯里克里斯也是在這時候逝世的。而第二個有名的例子，就是西元一六六到一六七年間襲擊羅馬帝國的瘟疫。不過從紀錄上來看，這兩次瘟疫的傷害還不算太高。沒有像薄伽丘著作的《十日談》裡面描寫的一樣：在十四世紀時，一場瘟疫襲擊義大利，不到一年就讓城裡的人口減少三分之一。瘟疫疫情據說一直到西元一六七年底才開始減緩，不過即使在一年前的西元一六六年底，也沒有傳出一天中死亡數十、數百人的紀錄。避難到郊外山莊的現象不普遍，兩名皇帝與家人也依舊住在羅馬市中心。

不過，就好像沒有癒合的傷口不斷流血一樣，陸陸續續還是有人死於瘟疫。尤其是帝國最重要防線萊茵河與多瑙河沿岸基地的病況不斷，對羅馬來說是最大的傷害。發現羅馬防衛能力降低的異族，也開始威脅北方的前線了。而這時期，羅馬又要開始面對一個新的問題。

基督教徒

瘟疫蔓延造成社會生活遲滯，加上北方外族的威脅，使得羅馬的人心日漸低落惶恐，足以讓人覺得凱旋儀式時羅馬充滿歡喜與祝福是多年前的事情。

馬庫斯皇帝為了掃除這種沉重心情，舉辦了一場盛大的祈禱祭典。雖然皇帝有兩個人，可是最高神祇官是由他一個人擔任。這場祭典由用托加袍角遮著頭的皇帝帶領，前往羅馬市內的各主要神殿祭拜，住在附近的居民也不分大人小孩一起參加。

在朱比特神殿前舉辦祭典的馬庫斯皇帝（左二）

不過，羅馬人向神明祈禱時，並非請求神明救苦救難，而是發誓人類會努力脫出現在的不幸局面，請求神明助一臂之力。猶太教與基督教等一神教的神明，是指引人類生存方式的神。然而希臘、羅馬人卻不希求神明這樣做。他們認為人的生存方式，應該由人自己決定，神所扮演的角色是用來支援人類的努力。

由於祭典允許任何人隨意參加，又使用到火，所以在戶外舉行。在現代的遺蹟裡，神殿前方的階梯中間留了一段空地，古代將祭壇常設在這個地方。在祭典時，就是一邊把牲品放在祭壇上火烤，一邊祈禱。不過，如果光是把牲品擺在火上，那不過是場烤肉大會罷了。祭典中會把阿拉伯出產的香料撒在火裡，在香煙繚繞中祈禱。等到祭典結束後，會把烤好的牲品割下來分給參加祭典的群眾。由於羅馬的宗教裡沒有專業的祭司階級，所以祭典中也沒有講道與唱詩。如果是國家規模的祭典，祭司由皇帝擔任，在家庭祭典中則由家長兼任。問題在於，當四處都有居民參加祭典時，不參加的人就更加顯眼了。

當時的基督教徒，在羅馬市的第十二、十三和十四區中組成了專屬的社區居住。第十二、十三區位於羅馬市南邊，第十四區則位於臺伯河西岸，總之與市中心距離遙遠。他們在社區中，遵循著聖保羅的遺教生活。聖保羅生前是這樣對信徒說的：

「你們的日常生活中，不得互相說壞話和抱怨，亦不得爭鬥，必須不引人注目。雖說神

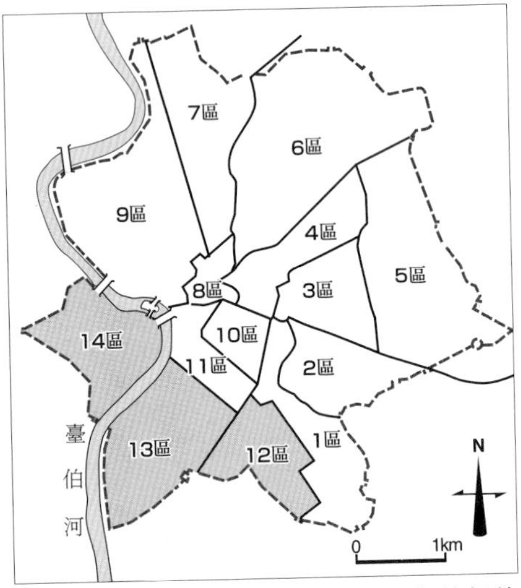

羅馬的十四個行政區（深色部分為基督徒群居的地區）

的子民是完美潔淨的，但我們不得給這邪惡墮落的社會抨擊我們的藉口。即使活在這邪惡墮落的社會中，你們也要有如在黑暗中捧著明燈一樣，守護著神的教誨。」

基督教徒不參加由皇帝領頭的祈禱也是當然的。因為「邪惡墮落的社會」是羅馬帝國，神的國度是在羅馬帝國崩潰後降臨的基督教徒時代。而一神教又是以不承認其他神明存在而成立的宗教，信仰這種宗教的話，自然不可能去向其他神明祈禱。

不久後，基督教徒的生活型態也起了重大改變，不過這就要留待第XII冊再說了。馬庫斯・奧理略時代的基督教徒還謹守著百年前聖保羅的教誨。也就是說，即使同住在一個都市中，還是離其他羅馬人遠遠地。

可是危機會喚起人的愛國意識。在羅馬人重新認識傳統宗教的這個時期，不願同步的基督教徒也就引起羅馬人的反感。羅馬人稱基督教徒為「阿提歐」，現代我們將其翻譯為「無神論者」，不過羅馬時代的意思是「無信仰者」。

古代是個多神教的時代。在多神教的世界中，和認同自己信仰的神明一樣，認同其他人信仰的神明是一種社會通念。這種思想使得共存的神明與日俱增，在羅馬，神明的數量高達三十萬。以認同神明共存的觀念為信仰的話，不認同共存的信仰就不算是信仰了，因此羅馬人抨擊基督教徒是「無信仰者」。

公民們抨擊基督教徒的另一點，是他們拒絕參與公共生活。基督教徒熱心於互相扶持同宗教的信徒，但是不熱心於協助他們所在都市或地方政府的公共工程與福利措施。當時的社會還是認為參與公共生活為公民的義務，因此這種行為已經足以遭人攻擊。不過如果站在基督教徒的立場來說，他們當然不能參加公共生活。他們是在目前的社會苟延殘喘等待神的國度降臨，如果對這個邪惡墮落的社會有所貢獻，神的國度就會更晚降臨。

不過羅馬人與基督教徒的對立，在西元二世紀後半的馬庫斯·奧理略時代中，還不是很強烈，最主要的理由在於基督教徒還是少數派，勢力也不強大。而基督教徒的數量與勢力發展不起來的原因，還是因為羅馬人依舊相信自己的領袖，對自己的生活方式擁有信心。

在此，想要介紹三則在這個時代與基督教有關係的「現場錄音」。

第一則是馬庫斯皇帝眼中的首都羅馬長官魯斯提克斯其人。

第二則是魯斯提克斯對基督教傳教士攸思提努斯進行的審問全文。

第三則是馬庫斯皇帝對基督教的感想。

首先，關於昆多斯．尤紐斯．魯斯提克斯這個人，除了是知名的斯多葛哲學家之外，在羅馬時代菁英份子的天職，即公領域上，也相當活躍。曾二度就任執政官，並擔任首都羅馬的長官(Praefectus Urbi)。首都長官為羅馬政府的要職之一，兼掌司法。

馬庫斯皇帝在《沉思錄》的開頭寫著：魯斯提克斯是影響自己的人物之一。在此將全文翻譯如下：

「魯斯提克斯教導我下列的事情：

隨時警惕著自己的性格，一旦覺得有往錯誤的方向演進的可能時，要有勇氣矯正過來。

不要與擅長詭辯的哲學家走上同一條路。遠離為學術而學術，以及相反地，純以駁倒他人為目的的辯論。不可為了獲得別人的讚賞故意假裝樸素，也不可相反地故意賣弄奢華。

不可沉溺於雄辯術(rhetoric)或詩歌型態的表現，以及駢麗的言詞。

在家中要避免穿著托加袍等誇大的言行。寫信時要簡潔誠摯，就好像他在西涅沙時寫給家母的信件一樣。

忘記所有的怨恨。如果有人對我表達憤怒或羞辱我，當對方表示後悔時，要馬上表示我有意和解修好。

書籍不可淺讀。如果滿足於表面上的理解，就不叫做閱讀。饒舌的書籍是我應警戒的對象。還有，也是他告訴我艾皮克提圖斯的存在。他從自己的藏書中，取出了這位哲學家的著作送給了我。」

艾皮克提圖斯生於西元一世紀到二世紀間，是出身小亞細亞的希臘人，他曾是尼祿皇帝豢養的解放奴隸艾帕夫洛荻圖斯的奴僕。在羅馬時代，原為奴隸的解放奴隸其社會地位與一般公民無異，因此也可以擁有照顧自己日常生活的奴隸。不過艾帕夫洛荻圖斯為自己奴隸思緒之深遠感到敬佩，因此讓他脫離奴隸地位。成為解放奴隸的艾皮克提圖斯，後來在首都羅馬開辦了教導斯多葛派哲學的學園。他的學生中，包括了後來為哈德良皇帝重用，著作有《亞歷山大東征記》的阿利安。

後世的人認為，代表羅馬帝政鼎盛期的兩位哲學家，一個是原為奴隸的艾皮克提圖斯，另一個就是身為皇帝的馬庫斯・奧理略。

魯斯提克斯告訴馬庫斯，儘管對方是奴隸，也要愛著對方的深邃理性。第二則「現場錄音」則是他審問到羅馬傳教遭逮捕的希臘人攸思提努斯的全部過程，首都長官魯斯提克斯的職務包括了首都警察首長的工作在內。而羅馬法規定，對於明記告發者姓名的訴訟，司法單位有搜查並審判的義務。告發攸思提努斯的，是犬儒學派哲學家克雷先斯。

傳教士攸思提努斯也是個從希臘哲學起家的人。他首先學習斯多葛學派，接下來跳槽亞里斯多德學派。覺得不滿意後改學畢達歌拉斯學派，又換到柏拉圖學派。最後為了追求真理轉到基督教。是在追求真理時，從哲學路線轉到基督教的當代帝國東方知識份子典型。

魯斯提克斯：「你平常是過著什麼樣的生活？」

攸思提努斯：「我過著潔淨地，任何人都會贊同的生活。」

「你實踐何種教理？」

「在學習各種教理後，我得知基督教的教理為真實。而且這是在我連教會判為虛偽異端的東西都學習後，所得到的信念。」

「你是如何獲得你的信念的？」

「是我讓我自己能接納後獲得的。」

「怎麼接納？」

「我們信徒對基督神崇拜的信念，發自世界由唯一真神所創造。而神之子耶穌基督，是為了救贖人類、給予人類真正的知識，由神派到地上，亦即人類之間。不過我的這些說明，在耶穌的神性之前一文不值。因為對我們來說，最重要的不是理解而是信仰。相信預言者所說的，神之子降臨的預言。就如同你所知道的，在歷史上，預言者已經多次預言救世主的到來。」

魯斯提克斯改變話題，不過攸思提努斯婉轉地迴避。

「你們是在哪裡見面的？」

「大家想見面，又可能見面的地方。難道您認為基督教徒都是在全體預先安排的地方見面的嗎？」

「我想知道的是，你和你的同伴是在羅馬的哪裡見面。」

「當我停留在羅馬時，不過這是我第二次住在羅馬，我都住在米爾提努斯浴場（羅馬的許多小浴場之一）樓上的房間裡。人們會來找我的地方只有這裡。在這個房間裡，我歡迎任何人來訪問我，並且和來訪的人談論真理。」

「你承認你是基督教徒嗎？」

「是的，我是基督教徒。」

除了攸思提努斯以外，在房間裡一起被逮捕的基督教徒還有四名男子和一名女子。其中一名男子是卡帕杜西亞出身的奴隸，在帕拉提諾丘上的皇宮當僕人，其他四個人的職業則不詳，不過從姓名來推斷，應該是由帝國東方前來首都或跟隨主人前來羅馬工作的希臘人。在這個時代，基督教對羅馬帝國來說，是住在首都的外國人信奉的宗教，並未普及到羅馬人之間。首都長官魯斯提克斯對攸思提努斯說：

「在信奉羅馬諸神，並由對諸神信仰統合的羅馬帝國裡，拒絕信仰的基督教徒依羅馬法歸類於叛國罪人。不過即使是信仰基督教的人，只要改宗就可無罪釋放。相反地，如果拒絕改宗的話，則依法要受鞭刑後處以斬首。即使遭鞭刑後斬首，你還相信自己會升天堂嗎？」

「如果我的信仰夠堅定的話，我想應該能升天堂。不過這項恩寵，只會賜給依照基督教正義過生活的人。」

「那麼你確信你能升天堂嗎?」

「不，我如此期望，但還不確信。」

「我勸你放棄你的宗教。你可知道如果你拒絕的話，等著你的是死刑嗎?」

「我知道。不過我也知道，如果我至死不放棄我的信仰，一定會獲得救贖。」

首都長官魯斯提克斯在此宣判。

「我對拒絕向羅馬諸神獻上犧牲的人，依照羅馬法(〈圖拉真法〉)規定，宣判於鞭刑後處以斬首刑。」

本次審判後共有五人遭處死。不過並非如後世認定的，送到圓形競技場給猛獸吃掉，而是在監獄中和其他犯人一樣處斬。要到十年後的里昂，才會出現把犯人送到叫做"Arena"的圓形競技場裡公開處刑。這是自從尼祿皇帝處死基督教徒百年後，再度公開處死基督教徒的開始。

這個時代的「現場錄音」，最後要介紹的是哲學家皇帝馬庫斯·奧理略在《沉思錄》裡唯一提到基督教徒的段落。

「當靈魂要離開身體時，如果能夠安詳地接受，該是多美好的事情啊。不過這種心理準備，必須是由人的自由理性達成的結果，而不是像基督教徒一樣頑固地自以為是。」

不管怎麼說，馬庫斯・奧理略是皇帝，他的職責是以保衛羅馬帝國為第一優先，這就是羅馬皇帝能擁有強大權力的原因。也因此他還有其他工作要進行，異族對北方防線的威脅，光靠信仰是無法消除的。西元一六八年一月六日，年將四十七歲的馬庫斯在羅馬近郊的禁衛軍兵營中對士兵們說：北方問題已經不能再拖了。這一年的春天，馬庫斯與盧西厄兩位皇帝決定前往多瑙河流域。

日耳曼戰役

在寫下羅馬史的羅馬時代人物，亦即同一時代的史學家中，有一位叫做阿庇亞的希臘人。他生於埃及的亞歷山大市，生年不詳，只知道是出生在圖拉真皇帝的時代（西元九十八年到一一七年）。不過在他的著作中有這麼一段內容：當時圖拉真皇帝集中注意力在帕提亞戰役，住在亞歷山大的猶太人趁機從背後突襲圖拉真皇帝。他記得猶太人破壞了埃及人信仰的奈梅西斯神神殿，理由只因為是羅馬人興建的。這件事情發生於西元一一六年，如此倒推回去，阿庇亞的出生年份，應該是西元一一〇年或兩、三年前。也就是說，他是比馬庫斯・奧理略皇帝還年長十歲左右的當代人。

出身行省但一心向上，父母又沒有羅馬公民權的年輕人，在當時有兩條路可走。

第一條路是志願參加軍團，在軍中累積經歷。由於不是羅馬公民，因此不能當上軍團兵。

不過行省出身的人可以成為輔助兵。而且如果有才能的話，一兩年內可以成為指揮五十名部下的小隊長。如果升官到指揮五百名部下的地位，就有資格列席總督或軍團長召開的作戰會議。這時如果沒有羅馬公民權就不好看了，所以一般而言會獲頒羅馬公民權。大多數的情況下，是在擁有一百五十名部下時就事先頒贈羅馬公民權。再往後則純粹看實力發展。附帶一提，即使一個輔助兵到退伍為止都還是士兵，在服滿二十五年的兵役退伍後，即可取得羅馬公民權。這和退休俸一樣，是在入伍前就已經確定好的條件。

第二條路是前往帝國首都羅馬，靠自己的雙手開拓人生。有不少年輕人一開始就這樣打算，十幾歲時就前往羅馬受高等教育。不管怎麼說，只要一到羅馬，將來是從醫也好、成為擔任教育工作的教師也好，或者是成為中央政府的官吏也好，總之缺不了取得公民權的管道。頒贈醫師與教師羅馬公民權的〈朱利斯．凱撒法〉至今依舊通用，行政官既然要承擔「公共」業務，也必須具備「羅馬公民」的身份。

阿庇亞在哈德良帝時代前往羅馬，到了安東尼奧．派阿斯時代取得了羅馬公民權。這個人的最終資歷，是在馬庫斯．奧理略皇帝之下，在相當於國稅局的單位中任職。因此如果不是受完高等教育後成為官吏而取得羅馬公民權，就是先從事教職，之後取得羅馬公民權，最後才成為官吏。因為羅馬時代的官僚制度並不完整，從教師轉官吏，再轉職成作家的例子不在少數。

目前無法得知他從何時開始著作活動。不過從同一個時代的其他例子來看，有可能和同業者一樣，是在退休離開公共生活，回到故鄉亞歷山大之後才開始的。這個人的主要著作，是從羅馬開國到進入帝政時期為止的羅馬史。另外還留下好些記述同一時代的文章。在這裡要介紹的，就是其中的一份。根據阿庇亞記載，這件事情發生在西元一六〇年，所以事情應該是在安東尼奧・派阿斯皇帝時代發生的。也就是說當時身在羅馬的阿庇亞，同時也是現場目擊證人。

「蠻族的首長造訪首都，他們向皇帝請願進入帝國支配下，與其他行省民站在同樣立場。可是皇帝回答道，我們不能接受對羅馬帝國無用的人，拒絕了這些人的請願。」

這正是時代變化的徵兆。西元一六〇年是安東尼奧・派阿斯在位的最後一年。這個「慈悲為懷」的皇帝於次年逝世，西元一六一年起由馬庫斯・奥理略繼任皇位。不過安東尼奧・派阿斯雖然年老，但直到過世前幾天身體都很健康。而接見外國代表又是皇帝的工作之一。這些外族的代表應該是由皇帝親自接見的吧，而安東尼奧・派阿斯生前積極地讓次任皇帝馬庫斯參與國政，當年三十九歲的馬庫斯也很可能列席。

我們姑且不談是否應該接受外族申請移居羅馬帝國內的案子。這裡該注意的是，皇帝是否理解到這件事情的重要性。安東尼奧在駁回申請後，沒有採取任何相關措施，所以我們可說安東尼奧・派阿斯不知事態重大。而馬庫斯列席現場，或者我們假設他當時不在場，但安東尼奧凡事都會找馬庫斯商量，所以知道這件事情的可能性也極高。那麼馬庫斯・奥理略也同樣沒發現這件事情是時代變化的徵兆。

對西歐人來說，英國的吉朋和德國的孟仁同樣是羅馬史的權威。而孟仁和吉朋不同，給馬庫斯．奧理略的評分相當難看，他在著作中直接寫著「不是偉大智力的擁有者」。他評為「偉大智力擁有者」的，只有「朱利斯．凱撒」一個人而已。凱撒是個天才，不過天才並非能看到其他人看不見的東西，而是在看到東西後不能理解其重要性的人群裡，唯一能發現重要性的人。

安東尼奧．派阿斯隨便打發掉的這件事情，成了馬庫斯．奧理略終生困擾的難題。

西元一六八年年初，馬庫斯與盧西厄兩名皇帝離開首都前往多瑙河前線。這時四十七歲的馬庫斯與三十八歲的盧西厄，穿著軍用紅披風騎在馬上。任何人一看就知道，這不是單純的前線視察，而是出征了。事隔六十年後，羅馬第一次向國內外表示要在多瑙河防線展開正式作戰，而上一次是圖拉真皇帝與達其亞的戰爭。

對馬庫斯．奧理略來說，這不只是他第一次到前線。直到四十七歲這年，他才第一次離開本國義大利，或說第一次超過義大利中部的托斯迦納地方朝北走。這種經歷，當然不能跟十七歲起就在邊境軍團過日子的圖拉真皇帝相比，就連累積了邊境勤務經驗的軍團長都比他老練。皇帝親自到前線，代表著羅馬軍最高司令官把各個軍團長直接納入指揮下。就算說現場指揮全交給軍團長，熟悉軍務後委任給軍官，和在一竅不通的狀況下委由他人操刀，整個意義完全不同。看來這個時候，馬庫斯．奧理略也強烈意識到自己實地經驗的不足。我們從陪伴皇帝的"comes",亦即智囊團的成員就可看得出來。除了帕提亞戰役時,派到盧西厄皇帝身邊的"comes"龐提烏斯・雷力亞努斯以外,還包括許多擔任過旁諾尼亞行省、莫埃西亞行省等地總督,熟知今後的戰場多瑙河流域的人物。這些人雖然已經退休,但受到馬庫斯皇帝請求而答應同行。在帕提亞戰役時,由於盧西厄皇帝是個對政治、軍事沒興趣,寧可躲到避暑地去逍遙的人,所以"comes"的工作是代替最高司令官執行戰役。而在這次的日耳曼戰役中,"comes"的工作是為了彌補馬庫斯皇帝經驗不足的缺陷。一旦發現自己有缺失,就會不惜一切努力去彌補,也是馬庫斯・奧理略被人稱為賢君的原因。

一行人從羅馬出發,經由弗拉米尼亞大道前往亞德里亞海邊,之後沿著亞德里亞海岸前往亞奎雷亞。從亞德里亞海北端的亞奎雷亞,只要朝東北沿著道路前進,就能到達多瑙河前線。所有的行軍路線,只要順著遍布全帝國的羅馬大道網路前進就好。

羅馬人已經有六十年沒見過御駕親征的局面,對於住在多瑙河北岸的異族也是同樣的。可能他們聽說兩名皇帝都出征後,害怕與皇帝率領的羅馬大軍衝突。原本日耳曼的各部族利用小船或木筏渡過多瑙河後,四處攻擊騷擾南岸的連串基地或是居民的屯墾區,這時有如退潮了一樣往北離去不見蹤影。

既然皇帝能在適於戰鬥的春季到秋季間,不用擔心發生戰鬥地停留在前線,那這當然是個絕佳的視察機會。在這段時期中，馬庫斯巡遍了多瑙河中游遭受異族集中侵擾的各個基地。羅馬的防衛體系，是由「點」和「線」所構成。「線」指的是羅馬大道，「點」就是羅馬軍團基地。關於點的方面，在這一帶沿著河流分布，計有：

第十捷米那軍團的基地維德波納（今日的奧地利首都維也納）。

第十四捷米那軍團駐軍的卡爾倫托姆（今日奧地利的佩特洛那）。

第一亞荻托利庫斯軍團駐防的布理吉提歐（今日匈牙利的蘇尼）。

第二亞荻托利庫斯軍團的基地阿克因肯（今日的匈牙利首都布達佩斯）。

第四弗拉維亞軍團的基地辛基多努姆（今日的南斯拉夫首都貝爾格萊德）。

在這些軍團基地之間，並非無人地帶。另外還分布著一連串防衛戰略上不可或缺的設施，比方說輔助隊騎兵駐軍用的基地、步兵隊基地，還有職業名叫“Numerus”的當地臨時傭兵用來監視的碉堡。而在多瑙河防線裡，還有在大河多瑙河巡邏用的單層甲板帆船(galley)船隊基地。

馬庫斯皇帝一路巡視拉丁文稱作“Limes”的防線。這是一場邊聽著經驗豐富的智囊團說明，一邊進行視察的旅行。也就是說，馬庫斯·奧理略直到四十七歲，才走上哈德良皇帝視察旅行的部份路途。然而關於視察旅行的成果，哈德良皇帝是用來確立和平，馬庫斯·奧理略卻是拿來當戰爭的事前準備，對後者來說實在很不幸。

兩名皇帝決定以亞奎雷亞為西元一六八年到一六九年間的過冬地點，而亞奎雷亞位在義大

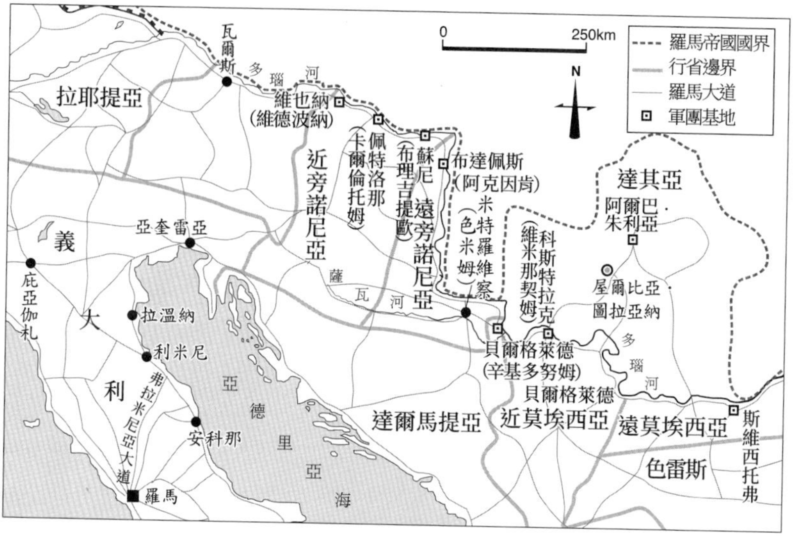

從羅馬到多瑙河防線為止的主要道路

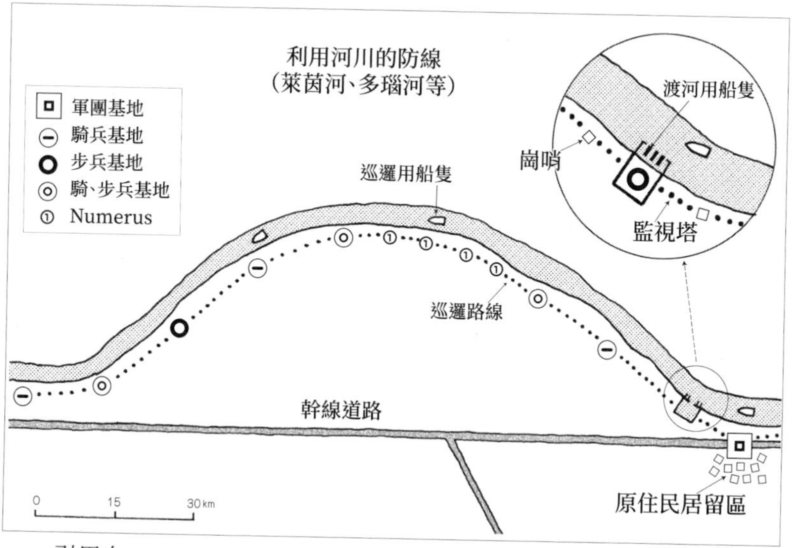

引用自 Edward N. Luttwak, *The Grand Strategy of the Roman Empire*

利本國的最東北方。雖然這時日耳曼人還靜靜地威脅北方，不過在亞奎雷亞過冬，已經是由多瑙河前線返回羅馬的半路上。有一種說法是，兩名皇帝會回到這裡，是因為多瑙河前線基地的傳染病還未退流行，所以御醫迦雷努斯勸告他們後退。另一種說法是，盧西厄皇帝一心想要回到羅馬，馬庫斯皇帝苦勸不動。正好此時前線局勢平靜，兩人姑且折衷到較為接近羅馬的亞奎雷亞去。也許這兩種說法都正確也不一定。不管怎麼說，西元一六九年起兩名皇帝的行程，就要在亞奎雷亞冬季營區內預先安排。

盧西厄之死

歷史上沒有記載西元一六九年起兩名皇帝預定的行程是什麼。唯一確定的是，第二年一到，盧西厄皇帝就前往首都羅馬了。可是當他到達離首都約一百公里處的亞爾提諾後突然病倒，而且在昏睡兩天後就逝世了。學者們認為病名應該是腦溢血，因為雖然他年紀輕輕三十九歲，可是生活豪奢，因此作息不正常。馬庫斯．奧理略以公平精神創造的雙人共治制度，在八年來另一名皇帝毫無助益、沒有任何成果的狀況下，就這樣閉幕了。

我們無從得知西元一六九年原有什麼預定計畫，只知道後來馬庫斯．奧理略皇帝與皇帝同事兼女婿盧西厄的遺體一起回到羅馬。在羅馬舉辦了盛大的國葬後，骨灰安葬於現在名叫「聖天使城」的「哈德良靈廟」。在馬庫斯的請求下，元老院也毫無疑問地承認了盧西厄的神格化。不過，獻給神格化的前任皇帝神殿的工程就擱置了。馬庫斯表示目前是國家的非常時期，因此暫時以萬神殿代替即可。

盧西厄・威勒斯的國葬結束後，馬庫斯還在首都停留了一陣子。這並非皇帝只剩下他一個人以後，對於親自趕到前線作戰有所猶豫。他確信身為羅馬軍最高司令官的自己出現在前線，對於日耳曼戰役絕對有所幫助。不過，雖說親征的意圖沒有動搖，在出征前有些事情非處理不可。在盧西厄皇帝過世後，馬庫斯必須為成為寡婦的女兒蘆琪拉安排今後的去路。

這舉動雖然讓人覺得還在喪期中，何必如此著急，不過以馬庫斯的立場來說，這件事情實在刻不容緩。他馬上就要到前線去面對敵人，總是怕有什麼萬一發生。如果皇帝是由兩個人來擔任的話，一個人病倒、過世了，還有另一個人接手。可是今後的皇帝職位只有馬庫斯一個人擔任。他的兒子康莫德斯才剛滿八歲。馬庫斯・奧理略想要的，是一個能在緊要關頭協助年幼的康莫德斯，能讓帝國避免內亂維持存續的人選。而這個人選既然要承擔這麼重要的任務，為了不讓他執行任務時發生障礙，有必要事前保障他的地位。

馬庫斯為蘆琪拉挑選的再婚對象，叫做臺伯留・克勞狄斯・龐培。從姓名上來看像是個義大利出身的人，其實他是安提阿出生的敘利亞人，在他父親的那一代才剛取得羅馬公民權，屬於在羅馬社會中僅次於元老院階級的騎士階層（經濟界）行省民。當獲選為皇帝的女婿時，這個人就職於「遠旁諾尼亞」行省。他不僅擔任行省總督，而且兼任以布達佩斯為基地的第二亞荻托利庫斯軍團團長。在帕提亞戰役中活躍的武將名冊裡，沒有這個人。看樣子，羅馬軍東征帕提亞時，這名軍團出身的武將人在多瑙河防線上留守。出生年份不詳，不過從他之後的經歷發展推測，獲選為駙馬時，這個人應該與四十八歲的馬庫斯皇帝差不多大。順帶一提，前任皇帝盧西厄留下的寡婦蘆琪拉這時才十九歲。

為什麼馬庫斯要放棄其他將軍選擇龐培呢？肯定的是，並非認同他的業績。在這之前的龐培，雖然身在最前線，但不過是個軍團的指揮官而已。負責的防線也以防禦為重，沒有值得注意的戰功。龐培的軍事才華，要到後來的「日耳曼戰役」中才得以發揮。西元一六九年挑選女婿時，這點還不是他的好條件。而且這個人要到四年後才當選執政官，西元一六九年時他連「前執政官」頭銜都沒有。

筆者推想這個人能讓馬庫斯皇帝中意，是因為以下幾點：

第一點，一年前馬庫斯初次視察多瑙河防線時，龐培以「遠旁諾尼亞」行省總督身份陪同皇帝，當時表現出正確、適當且紮實的局勢判斷，並為缺乏軍事經驗的馬庫斯提出親切實用的建言。

第二點，優秀的領袖資格包括培育部下的能力在內，而龐培將第二亞荻托利庫斯軍團的年輕官兵培育得相當不錯。

第三點，在於他剛健樸實、無比正直的人格。

第四點，只怕是最讓馬庫斯·奧理略動心的一點。就是這個敘利亞出身的「羅馬公民」身上，有著強烈的羅馬精神，這也是出身西班牙的圖拉真與哈德良皇帝所擁有的精神。我們甚至可以說，在西元二世紀的羅馬帝國裡，和出身本國義大利的羅馬人比較起來，反而是擁有強烈自覺的行省民在支撐著羅馬精神。龐培就是這種典型的人物。而如果回溯四個世代以前，馬庫斯·奧理略的家族也是出身於西班牙行省。

這個駙馬人選，在政治上是完全成功了。在接下來十年的「日耳曼戰役」中，馬庫斯雖然身在前線，實際指揮卻全數交給龐培。如果放眼今後二十年，這段期間內支撐帝國國防的武將絕大多數也是從龐培旗下誕生的。而這名敘利亞出身的武將為人誠實，絕對不會背叛馬庫斯。當馬庫斯逝世後，年輕的康莫德斯剛登基時飽嘗了孤立感，那時康莫德斯唯一能打開心胸相信的，也是龐培。

問題是，龐培與蘆琪拉的婚事在政治上固然成功，在人事上卻是個失敗。夫婦間的年齡差距還不是失敗的主要原因，問題在於現任皇帝的女兒兼前任皇帝的皇后蘆琪拉不滿意丈夫出身卑微，女兒為了屈尊下嫁大表不滿。據說做母親的法烏斯提娜剛開始也支持女兒。後來這樁婚事，似乎是以婚後維持「皇后」稱號的條件妥協。這對夫婦後來有小孩，因此蘆琪拉應該沒有拒絕同床共枕，不過他們的婚姻生活始終一片冷淡。

既然我們提到哲學家皇帝馬庫斯·奧理略也躲不了的家務事，筆者想在這裡稍微談談哲學家皇帝的婚姻生活。

西元一六九年，由於同事皇帝盧西厄突然逝世，為了國葬程序以及女兒蘆琪拉再婚的問題，又加上七歲的次子這時候夭折，使得馬庫斯一整年忙碌不堪。不過到了秋天時，馬庫斯已經離開首都再度往前線出發。而在第二年，他的最後一個孩子薩庇娜也出生了。馬庫斯的第一個孩子出生於西元一四七年，在這前後二十三年間，如果加上其中的兩對雙胞胎，他共有過十四個小孩。孩子裡能活到成年的，只有一個男孩和五個女孩，一共六個人。不過二十三年中能夠生十四個小孩，看樣子不僅是多產而已，而是性生活協調，連帶地顯示他們的婚姻生活美滿，而且馬庫斯又是個絕不外遇的一流丈夫。另外一件可以看出他們婚姻生活美滿的事情，是在四年後皇后法烏斯提娜前往待在多瑙河流域沒回家的丈夫身邊，一直陪伴丈夫到自己過世為止。而且她並非躲在安全的後方，享受皇后應有的舒適豪華生活，而是住在擠滿士兵的基地內，慰問傷兵，同時也擔心軍團兵在營區外實質上的妻子生活問題。士兵們給這位皇后送上了「基地之母」(Mater Castrorum) 的尊稱。

不過同一時代的人對法烏斯提娜的評價相當差，這是因為大眾對她的兒子康莫德斯皇帝評價不佳的影響。其實，只要是女人都知道，賢妻未必就等於良母。也許法烏斯提娜不是個良母，但卻是個十足的賢妻。做丈夫的馬庫斯也在《沉思錄》中提到已故的妻子，他寫道「無上從順、無上情深，最重要的，她是個毫不矯飾的女子」。兩個人的婚姻生活，維持了三十年。

馬庫斯．奧理略治國十九年間，真的是多災多難。不禁讓人同情道，帝國各處竟然能這樣同時發生問題。而他幸運的是有個良好的人生伴侶。皇帝在哲學方面的思惟，有《沉思錄》一書流傳後世。那麼他的賢妻應該也有資格讓他寫上兩句話，如果沒有這個賢妻，馬庫斯就成了雖然賢能，但是給精神壓力搞到胃潰瘍的皇帝了。

戰役肇始

我們將話題回到西元一六九年。馬庫斯皇帝再度回到多瑙河前線後，決定在「遠旁諾尼亞」行省的補給基地之一西爾謬姆（今日南斯拉夫的米特羅維察）（編按：南斯拉夫已於西元二〇〇二年分裂），度過西元一六九年到一七〇年之間的冬天。皇帝所在的地方，就成了參謀本部。

西爾謬姆是羅馬時代重要程度僅次於軍團基地的補給基地之一。位於東向巴爾幹半島流去，於貝爾格萊德附近匯流入多瑙河的薩瓦河岸邊。往北二十公里可以到達多瑙河岸。距離「近莫埃西亞」行省省都，第四弗拉維亞軍團基地貝爾格萊德約六十公里。這個城鎮匯集了五條羅馬大道，是哈德良皇帝重建的防衛體系中，必定會在軍團基地附近設置大規模補給基地的體系樣本。城鎮營造也不會輸給軍團基地和省都，

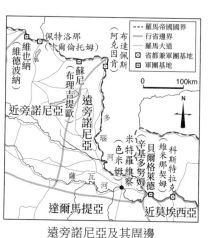

遠旁諾尼亞及其周邊

備有所有羅馬人認為城市需要的設施。而補給基地的最重要條件，就是交通要完善。順帶一提，在不列顛有著分隔英格蘭與蘇格蘭的「哈德良長城」，長城後方配置有約克、奇斯塔、卡雷翁三個軍團基地，提供這些防衛設施後勤物資的補給基地，位於羅馬時期叫做倫迪尼姆的地方，也就是今日的倫敦。這是因為補給船從高盧橫渡多佛海峽後，可以沿著泰姆士河逆流而上到達。羅馬帝國的安全保障體系，是由「點」和「線」的網路所構成。倫敦、西爾謬姆、科隆雖然不是軍團基地，但還是重要的「點」。畢竟人稱羅馬軍隊是「靠補給站獲勝」的。

馬庫斯會選擇西爾謬姆作為西元一六九年到一七〇年的過冬地點，一來是因為這邊適合召集多瑙河中游一帶的防衛負責人。不過另外還有一個原因。圖拉真帝把達其亞納為羅馬行省後，國界成了超越多瑙河以北的形狀。把達其亞納入行省，確實使得多瑙河下游遭外族侵略的威脅減低了。不過當擋箭牌的達其亞本身，就好像往多瑙河北岸的外族海中突出的一座半島一樣。以往，羅馬會在達其亞常駐一個軍團。能夠以這樣少的兵力安排，是因為羅馬領地達其亞和北方異族的居留地之間，隔著一道喀爾巴阡山脈，而山岳地帶的居民稀少。

可是到了西元二世紀後半時，在天然環境嚴酷的山岳地帶居住的人也多了起來。這是因為居住地比他們更北邊的異族南下，這些人就像骨牌效應一樣被擠到山地來。這個現象正是時代改變的證據，不過當時羅馬的為政者沒有人看得出來這一點。馬庫斯皇帝會把參謀本部設置在西爾謬姆，是因為他認為動態一直不穩的達其亞行省北邊，會成為西元一七〇年的戰場。他的觀念就是，只要擊退敵人就好了。

西元一七〇年春季，羅馬軍渡過多瑙河北上，展開大規模攻勢。我們無從得知當時的兵力如何，只知道指揮攻擊的武將姓名。帕提亞戰役中大為活躍的克勞狄斯・佛倫多，從東方歸來後兼任「近莫埃西亞」、「達其亞」兩個行省的總督。那麼前往進攻的，大概是他屬下的三個軍團。如果考量到因疾病減少的人數以及基地留守成員，實質上應該只有兩個軍團。以大規模攻擊而言，這個人數未免太少了。我們無從得知作戰會議的議長馬庫斯皇帝為什麼會答應出兵。

克勞狄斯・佛倫多是個勇猛多才的武將，不過由於沒有流傳任何完整的戰記下來，我們只能從斷斷續續的紀錄中想像，他可能是在追擊逃亡的敵軍後進入了山地裡。羅馬軍的主力是重裝步兵，在平原上的會戰固然所向無敵，但在狹窄的地方無法發揮戰力。皇帝親自渡過多瑙河，在達其亞行省後方等待戰果時，收到的是壞消息。激烈戰鬥後敵軍敗逃，但是司令官佛倫多陣亡。敵人帶走的俘虜（達其亞行省民多於士兵）約兩萬人。這名出生在陽光普照的北非，卻在春季依舊積雪的北歐結束一生的武將墓誌銘是這樣寫的：

「與諸多蠻族戰鬥獲勝的馬庫斯・克勞狄斯・佛倫多，為共同體羅馬盡力至最後於此倒下」

在同一時代的史書中將西元一七〇年稱為「最糟的一年」，而這年不光是行省總督陣亡就結束了。趁著羅馬軍集中攻擊達其亞北邊時，由兩側渡過多瑙河的兩支日耳曼部族做出了大膽的舉動。

「防線失守」

避開維也納軍團基地，從上游處渡河的瑪爾科曼尼族進入羅馬後，南下襲擊了亞奎雷亞。亞奎雷亞雖位於東北角，但屬於本國義大利境內。另一方面，繞過達其亞行省東邊南渡多瑙河的科斯特波其族，有如旋風一樣南下，深入了希臘中央地帶。他們把注意力放在貴重品，希臘各地的神殿成了掠奪的目標。

「防線失守」的消息，像漣漪一樣傳遍了帝國的西方。所謂防線（Limes），這個拉丁文單字具體而言指的是護牆，但是同時也意味著防衛體制，引申意義包括安全保障。在今日的義大利，最具權威的國防相關雜誌就叫做 *Limes*。而 "Limes" 已經維持了兩百七十幾年未被突破，難怪羅馬人會為此感到震驚。可是，為什麼防線這樣輕易地遭人突破了呢？

原因之一，在於日耳曼民族入侵時多半攜家帶眷，西元一七〇年時卻全員都是戰鬥成員。也就是說這是一群男人，而且全體都是騎兵。

第二點在於，羅馬的騎兵喜好在各項設備完善，維修又充分的羅馬大道上行走。未開化的日耳曼人卻反而習慣在山野中奔馳，所以穿越了羅馬的監視體系。

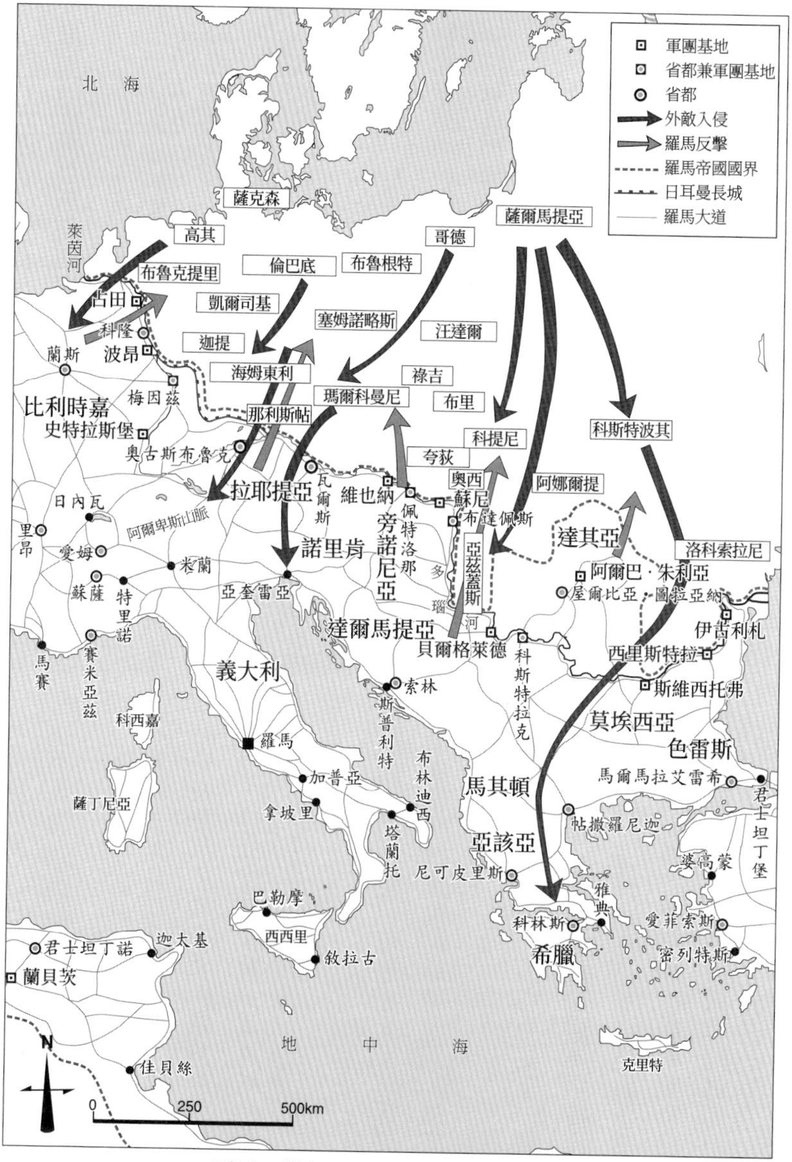

西元二世紀後半蠻族入侵羅馬帝國

西元四世紀末期，有一位史學家叫做阿米亞努斯・馬爾凱流斯。他參考當時留下來的紀錄，回顧兩百年前的這段歷史說：

「造成亞奎雷亞都市整體受害的日耳曼民族蠻行，以難以置信的速度展開。這使得亞奎雷亞居民不敢相信自己的眼睛。蠻族好似所向無敵地燒殺擄掠，只要是值錢的東西都給奪走，女人和年輕人都被拉走。現在不僅帝國北方防線，連北阿爾卑斯都遭攻破，馬庫斯皇帝能做的，只有編組新的部隊，防衛帝國的本國義大利半島而已。」

不過，入侵者也犯了錯誤，他們掠奪過度了。南下的時候迅如疾風，可是在北上時卻要帶著掠奪來的物資和俘虜，使得速度大為減慢。前方正有龐培率領的羅馬軍在等著他們，這次輪到日耳曼民族任人宰割了。

問題在於，儘管只有一小段時期，「防線」已經被攻破了，這使羅馬人的心中蒙上一層陰影。在這之前將近三百年裡，他們相信異族會被阻擋在多瑙河對岸，帝國內部到處都很安全。都市城鎮雖然有護牆，但頂多用來區別市區內外。至於首都羅馬，連城牆都沒有。因為當初朱利斯・凱撒認為，羅馬一國的安全，應該是由國界上的防線來保護，讓首都毋需築牆自保才行，所以凱撒把城牆拆掉了。之後的兩百二十年，羅馬的居民就在一個沒有城牆的首都中生活，因為他們相信自己已經在「防線」的守護之下。對羅馬人來說，漫長的萊茵河、多瑙河與幼發拉底河，並非單純的河流，而是保護自己的「防線」。

西元一七〇年這場事件所產生的第一個影響，就是各個都市鄉鎮的居民都開始改建護牆。以往的「敵人」頂多是強盜，今後有可能是異族。

雖然兩百年後的史學家批評說這不過是事後處置，不過馬庫斯皇帝身為帝國安全保障最高負責人，馬上就採取新措施因應。

第一項措施，是新設立「義大利與阿爾卑斯防衛部隊」(Praetentura Italiae et Alpium)。不過這件事情對當時的羅馬人來說，意義大於新設立一個部隊。因為自從開國皇帝奧古斯都以來，羅馬的軍事力量都是配置來保衛羅馬防線之用，而現在竟然有必要在國內設置防衛力量。

第二項措施，是新編制兩個軍團。這兩個軍團編制與訓練都在本國義大利境內進行，所以命名為第二義大利加軍團和第三義大利加軍團。第二義大利加軍團的駐軍基地位於今日奧地利的羅爾希，第三義大利加軍團的基地則位於今日德國的雷根斯堡。當年圖密善皇帝為了將萊茵河與多瑙河連成一條防線，因此修築了「日耳曼長城」。後來又經過圖拉真、哈德良兩位皇帝加強。這兩個軍團的駐地，都是「日耳曼長城」附近的戰略基地。也就是說，馬庫斯皇帝計畫並著手強化「日耳曼長城」與多瑙河防線。

第三項措施，是重新調整多瑙河中游到黑海海口的防衛力量配置。具體而言，是調動「遠莫埃西亞」行省與「達其亞」行省所屬的駐軍位置。

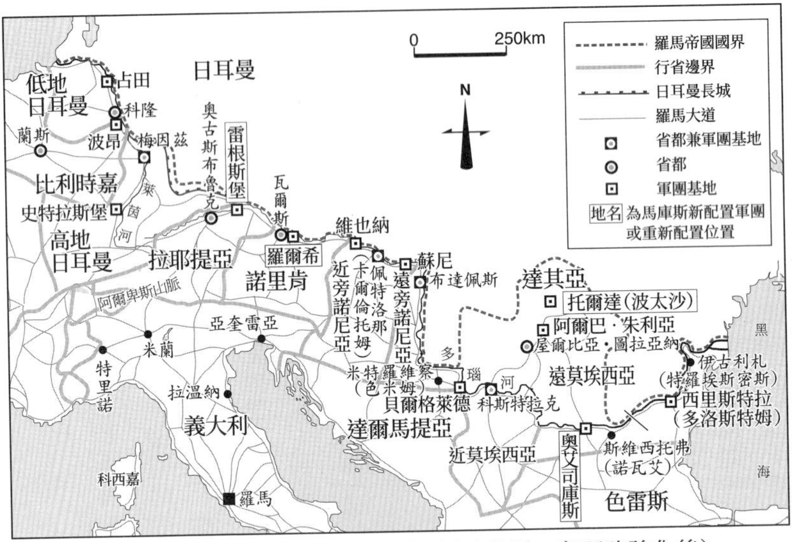

從萊茵河到多瑙河為止的防線（經過馬庫斯・奧理略強化後）

馬庫斯・奧理略強化後的多瑙河防線

行省名稱	軍團數	軍團名稱	基地（當時地名）	基地（現在地名）	現在國別
Raetia（拉耶提亞）	1	III Italica	Castra Regina	雷根斯堡	德國
Noricum（諾里克姆）	1	II Italica	Lauriacum	羅爾希	奧地利
Pannonia Superior（近旁諾尼亞）	3	X Gemina XIV Gemina I Adiutrix	Vindobona Carnuntum Brigetio	維也納 佩特洛那 蘇尼	奧地利 奧地利 匈牙利
Pannonia Inferior（遠旁諾尼亞）	1	II Adiutrix	Aquincum	布達佩斯	匈牙利
Moesia Superior（近莫埃西亞）	2	IV Flavia VII Claudia	Singidunum Viminacium	貝爾格萊德 科斯特拉克	南斯拉夫 南斯拉夫
Moesia Inferior（遠莫埃西亞）	2	I Italica XI Claudia	Oescus Durostorum	基根 西里斯特拉	保加利亞 保加利亞
Dacia（達其亞）	2	XIII Gemina V Macedonica	Apulum Potaissa	阿爾巴・朱利亞 托爾達	羅馬尼亞 羅馬尼亞

▒ 為馬庫斯新配置或重新移防的軍團（參照第 90 頁）

首先關於駐軍在「遠莫埃西亞」的三個軍團。以多洛斯特姆（今日保加利亞的西里斯特拉）為基地的第十一克勞狄亞軍團維持原基地，這個軍團擔任多瑙河下游到黑海為止的防衛工作。

至於以諾瓦艾（今日保加利亞的斯維西托弗）為基地的第一義大利加軍團，則朝上游遷移百公里，到奧艾司庫斯駐防。從奧艾司庫斯渡過多瑙河，就到了達其亞。也就是說，這項處置把多瑙河的防衛體制，改為北邊的達其亞行省與南邊多瑙河南岸的奧艾司庫斯雙重體制。

配置於特羅埃斯密斯（今日羅馬尼亞的伊古利札）的第五馬其多尼迦軍團，移動到達其亞行省的波太沙，這裡是現代羅馬尼亞的托爾達。也就是說，「遠莫埃西亞」的三個軍團減為兩個，駐防達其亞行省的一個軍團增員成兩個。這表示馬庫斯·奧理略皇帝的戰略目標，認為防衛多瑙河之前，應先防衛達其亞。

哈德良皇帝設計後，半個世紀沒有變動的多瑙河防衛體制，就這樣子更加強化了。投入的軍團數量，從十個增加到十二個。配置在帝國其他防線上的軍團數量與基地位置都沒變更，所以多瑙河防線是唯一有更動的。話說回來，就算只有多瑙河防線，也不是一件容易的事情。筆者在書中一直強調現代的羅馬尼亞或現代的德國等，就是希望讀者能了解到「國界防衛」這個詞是多困難的事情。羅馬時代的多瑙河防線，意味著跨越現今的德國、奧地利、匈牙利、南斯拉夫、羅馬尼亞、保加利亞六國的防衛體系。

小亞細亞出身的希臘裔史學家加西阿斯·狄奧，在馬庫斯皇帝時代的五十年後擔任過旁諾尼亞行省總督。他在著作中曾經這樣寫著：

「多瑙河防線是隨時測量帝國健康的儀器。羅馬帝國的存亡，就看多瑙河沿岸各個行省（包括旁諾尼亞）的安全與否。」

馬庫斯．奧理略時代，是第一個開始有這種想法的時代。

西元一七〇年，羅馬人讓日耳曼的兩個部族暫時突破了多瑙河防線。第二年，馬庫斯在從維也納往下游五十公里處的卡爾倫托姆基地，準備預計於西元一七二年展開的正式反擊行動。這時快馬從西班牙帶來了壞消息。北非的茅利塔尼亞人之中，有一部份穿越古時候稱為「海克力士雙柱」的直布羅陀海峽，在伊比利半島登陸，燒殺擄掠趕出居民後，占據了倍帝加行省一帶。行省總督也送來了請求支援的文書。

羅馬的「茅利塔尼亞行省」，以北非西側的坦及爾為省都。這個行省的存在，阻止了當地異族入侵靠地中海的豐饒土地。這時異族把眼光轉移到狹窄的直布羅陀海峽對岸，土地肥沃的西班牙南部，把入侵並占據的目標改成了西班牙，這些入侵者都是攜家帶眷的。也就是說，不只是帝國北部，連西部的"Limes"也被攻破了。整個伊比利半島上，只派駐了一個以北部的利昂為基地的軍團。巧的是這時第七捷米那軍團團長出缺，由身在省都塔拉格那的行省總督兼任。畢竟伊比利半島已經有兩百年沒打仗了。

馬庫斯皇帝急忙調派在帕提亞戰役中活躍的老練武將奧非荻蘇．威克托力努斯。這名實戰經驗豐富的武將一到場，情況立即改觀。羅馬軍團的訓練向來以嚴格認真出名，有人說訓練和實戰的差異只在於流不流血而已。不用說，從非洲入侵的異族，通通都被掃蕩，只留下暴行的痕跡。不過這件事情，也是一個意圖入侵羅馬帝國境內的異族與過去開始不同的徵兆。馬庫斯·奧理略與先人不同，將要成為新的困難時局下的統治者。沒花多久時間，馬庫斯就自覺到這一點了。因為帝國北方的問題，也和過去不同。

羅馬人與蠻族

要說「蠻族入侵」的話，未免太偏向羅馬人的史觀。這個歷史上的現象，該稱作「民族大遷移」。這個現象也是西元

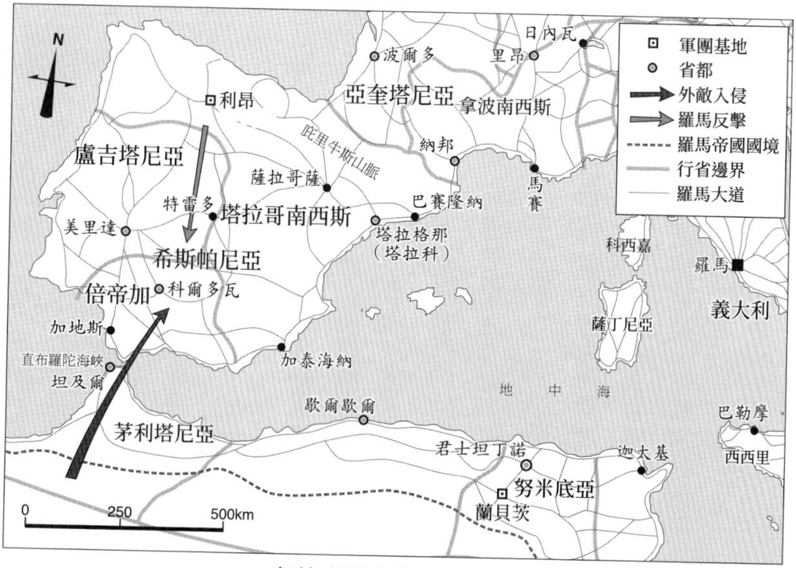

伊比利半島與北非防線

四七六年羅馬帝國滅亡的原因。不過蠻族入侵的現象，並非到了西元五世紀才突然發生。蠻族入侵的歷史，幾乎可以和羅馬史重疊。換句話說，從西元前二世紀，羅馬人的力量與財富開始引起周邊民族注目，到西元五世紀滅亡為止的七百年裡，羅馬人過著不得不應付入侵蠻族的日子。

那麼為什麼，蠻族會從帝國的北方入侵，卻不會從東邊進入呢？

古歐洲的東北部一帶，一來氣候不佳，又加上當地是狩獵民族，所以生活貧困。文明國家的人會認為，因為貧困食物較少，人口應該也會跟著變少才是。問題在於打獵回家之後沒有其他事情做。由於貧窮，文明水準低，一棟房子通常只有一間房間，凡事都在這裡進行，就連性行為，也從沒事情做的幼年起看到習慣了。這些因素累積起來，多產是當然的結果。如果有人會考慮出生後的小孩要怎麼養大，那就不叫蠻族了。就這樣，歐洲的東北一帶，以現代而言，相當於不包括西部與南部的德國、波蘭、斯堪地那維亞半島 (Scandinavia) 各小國、捷克、斯洛伐克，以及前蘇聯境內各國。這些地方的未開化民族，與氣候等天然因素無關地，總是重演著好像水位上漲後潰堤一樣的局面，這時潰堤的水通常往西南方流。因為西南方盛行農耕，因此交易熱絡、生活豐饒，比起以狩獵為主的民族，農耕民族的生產性更高。蠻族不是因為勇猛才對外侵略，而是因為生活因素才向外侵略。

帝國東方沒有發生這種現象，是因為有帕提亞王國在處理。

亞洲同樣有蠻族存在，他們也經常往西南方入侵。歐洲的蠻族把箭頭指向羅馬，而亞洲蠻族挑的對象，則是中東地區最為豐碩的帕提亞。奧古斯都肇始的羅馬帝國對帕提亞的政策實在是正確無誤。羅馬以帕提亞為假想敵，隨時警戒防衛。有時會以軍事力量牽制帕提亞，但絕對不會使帕提亞朝廷崩潰。只要不帶兵攻進羅馬帝國領土，帕提亞王國存在對羅馬帝國較為有利。

至於帝國南方的北非防衛部份，由於越過沙漠進攻的原住民沒有組織大軍的能力，所以不成問題。因此羅馬帝國的蠻族政策，一直就是如何應付從歐洲北方入侵的異族而已。實際承擔這些衝擊的，就是萊茵河、多瑙河，以及不列顛的「哈德良長城」。羅馬在不列顛派駐三個軍團，不只是為了應付「哈德良長城」以北的卡雷德尼亞（今蘇格蘭）。同時也有不少蠻族由斯堪地那維亞半島出海，登陸後入侵蘇格蘭，南下往羅馬領土進逼。

羅馬人第一次正式應付蠻族，是在西元前一〇二年，史稱「阿魁・塞克斯提耶戰」的知名會戰。這場會戰發生在馬賽北方二十公里處。由執政官馬留斯帶領羅馬軍，打敗了十萬名以上的日耳曼人。不過這時入侵的異族人數約三十萬，這場勝利不足以為戰爭劃上句點，戰爭又拖延到第二年西元前一〇一年。如果說從南法地區試圖入侵義大利的日耳曼人是第一隊的話，共二十萬人的第二隊這時正從瑞士南下，進逼到北義大利的波河邊。打退了這批敵軍之後，義大利才得以免於異族入侵的恐懼。關於西元前二世紀末期的異族入侵，詳情已經在第III冊《勝者的迷思》中說明了，在此只做大概介紹。

要提到羅馬人與蠻族，就一定要說說西元前一世紀中期朱利斯·凱撒進行的高盧戰役。這場戰役並非像馬留斯那時一樣，因為遭人入侵所以反擊的戰鬥。也不是一場沒遭外敵入侵，卻自己攻打並征服，只為了將整個高盧化為羅馬行省的戰鬥。孟仁給凱撒的評價是「羅馬唯一的創造性天才」。筆者也認為，如果要詳談凱撒，就有必要寫下整個羅馬史。因為這個人留給其後的羅馬當政者許多方針，而且大部份都由後繼的當政者施行。

他告訴了羅馬人，河流要比山岳來得適於防衛。又以嘗試遠征來證明，為了高盧地方的安全，甚至於整個帝國西側的安全，羅馬有必要占領不列顛的領地。並且以具體範例宣揚，除了擊退以外，同化異族也是個有效的策略。

當年凱撒設計以萊茵河為防線，把西邊的高盧民族列為羅馬的同志，以東的日耳曼人列為反羅馬陣營。不過在西元前一世紀時，已經有許多日耳曼人入侵萊茵河西方並定居。高盧人被凱撒征服以後，期待凱撒將經常與高盧人敵對的日耳曼人趕回萊茵河東方去。結果凱撒沒讓他們如願，凱撒認可已經移居西側的日耳曼人繼續住在原地。繼承凱撒之後的奧古斯都把高盧分成六個行省時，將萊茵河邊的兩個行省命名為「高地日耳曼行省」、「低地日耳曼行省」，就是因為這兩個行省的居民是日耳曼民族。也就是說，日耳曼民族在西元前一世紀時，已經定居在萊茵河的兩岸。現代的德國國土跨越萊茵河，也是日耳曼民族當然的結果。不過在羅馬時代，日耳曼人又分成已經羅馬化與未曾羅馬化的兩種。比方說葡萄是由羅馬人推廣的農產品，因此 Mosel 葡萄酒的產地，也在羅馬帝國內的萊茵河西岸。

朱利斯・凱撒推行的政策還不只這些。他還允許雖然住在萊茵河東岸，但因沒有和其他反羅馬部族合作而遭受攻擊失去居住地的烏比族移居到現代的科隆一帶。烏比族不只在立場上支持羅馬，同時也是日耳曼的大族，使得凱撒確信這項政策有效。波昂和梅因茲都是從羅馬軍團基地發展起來的都市，只有科隆不是。幸運的是，這個城鎮原本是由日耳曼部族定居地起步，但同時也是個戰略要地。在奧古斯都時代，皇帝的得力助手阿古力巴將退伍的軍團兵大舉遷入，將其改造成萊茵河岸邊的大都市。拉丁文的殖民地叫做「科羅尼亞」，而「科羅尼亞」的德文拼音就是「科隆」。

這項政策後來由開國皇帝奧古斯都與第二任皇帝臺伯留繼承。多瑙河南岸的現代大城市，幾乎都是阿古力巴逝世後，成為奧古斯都左右手的臺伯留開始建設的。這時他也不是用種族作為羅馬與非羅馬的界線。已經定居且接受羅馬統治者屬於羅馬這一方，即使目前沒有定居，但今後願意接受羅馬統治，則允許移居到多瑙河南岸的羅馬領土內。因此多瑙河南北岸意義和萊茵河東西岸相同，亦即分成已羅馬化日耳曼人和非羅馬化日耳曼人。

後來的圖拉真皇帝，更以征服並行省化達其亞對整片地區進行羅馬化。簡而言之對羅馬人來說，只要願意接受羅馬帝國的統治，在帝國內部生活，那麼民族差異根本不成問題。馬庫斯．奧理略無疑地也繼承了這種觀念。不過到了他的時代，真正的問題在於蠻族入侵的性質已經不同了。西元五世紀時毀掉羅馬帝國的倫巴底、哥德、汪達爾等蠻族名稱，這時正如遠方的雷聲一般開始響起。

時代的變化

西元一七一年，馬庫斯．奧理略在多瑙河前線過五十大壽。儘管登基稱帝已經十年了，馬庫斯對人的態度還是一點都沒有改變。在《皇帝傳》裡是這樣描寫馬庫斯的：

「在決定任何事情之前，不論是軍事上或政治上的事情，他都會傾聽專家的意見。而他通常會這樣子回答嫌他拖泥帶水的人：『多聽幾個朋友的意見再做決定，不是比較正確嗎？比起朋友光是服從我一個人的意見來說。』而且由於他傾慕（斯多葛學派）哲學，對軍中以及對自己的日常生活都有嚴格的要求。這種嚴格常遭到部下的批評。批評他的人敢於當面堂堂正正地批評，皇帝也會有條有理的反駁。」

在《沉思錄》中，馬庫斯也寫道，人們批評我說我像是個教師。

有一件事情無論誰來勸告，馬庫斯都固執地不聽從。就是當將軍們勸告他身在前線太危險，不如回到首都行政時，他會頑固地推掉這些建議。

西元一七一年，馬庫斯滿五十歲以後，第一次有機會親自接觸蠻族的代表。當馬庫斯停留在面多瑙河的卡爾倫托姆軍團基地時，有許多部族的使節渡過多瑙河來求見，這些人向馬庫斯提出下列的提案。這些異族的提案，可以按照部族分成三大類。

第一類——準備停止侵略行動，與羅馬皇帝講和。如果與羅馬成為同盟關係，今後將站在羅馬這一邊，阻止住在羅馬領土外隨時尋求入侵機會的其他日耳曼部族，成為帝國防衛的最前線。不過，希望羅馬能提供所需的資金。如果這項提案不被接受，逼不得已只好對羅馬展開敵對行動。

第二類——（多瑙河中游北岸有瑪爾科曼尼、亞茲蓋斯、夸荻三大部族，這項提案由夸荻族所提出）

希望與羅馬建構友好關係。如果事成，將解除與瑪爾科曼尼族的同盟關係，馬匹家畜的銷售對象將限定為羅馬軍方。俘虜逃兵全數奉還，至於俘虜到的平民，立即遣返一萬三千人，其餘依次遣返。並希望能在羅馬境內開市時，渡過多瑙河進入市場，重新恢復販賣物產、購買必需品的習慣。

第三類——（這是由中小部族所提出的提案。多瑙河北岸僅是瀕臨羅馬防線的一帶，大大小小就至少有十個部族居住）

他們對馬庫斯提出的要求，可說是提案，也可說是請求。由於面對北方來的侵略，自己只有坐以待斃或是逃向羅馬領土。如果能在羅馬帝國內部確保足供生活的土地，也就不必心懷不甘地暴行入侵。

當馬庫斯和顧問及部下商量後，如何回應這些提案呢？

對於第一種，他決定和談並給予對方要求的資金援助。如果昨天的敵人能夠轉頭對付今天的敵人，順利的話可以增強我方防衛能力。雖說馬庫斯熱愛希臘哲學，在這方面他還是冷靜的羅馬人。不過這種案例，註定援助資金永遠有增無減。

第二種提案，由於對方是大族，因此更要謹慎應對。

皇帝答應了購買馬匹家畜的提案，歸還逃兵與民間戰俘的部份當然也接受了。不過讓夸荻族進入羅馬市場這件事，就不能答應了。現在打算媾和的夸荻族也好，還在對抗羅馬的瑪爾科曼尼族也好，都是日耳曼人，長相、語言都一樣，羅馬人的軍團兵根本分不出他們的差異，馬庫斯不希望偽裝成夸荻族的瑪爾科曼尼族人混進市場，刺探羅馬的防衛設施和補給狀況。

話說回來，姑且不論必須維持商業關係才能生存的幼發拉底河防線一帶，即使是面對經濟落後的日耳曼民族的「防線」，也不是完全隔離羅馬國內外交通。羅馬帝國的基本國策認為，應該維持經濟關係，使得「內」、「外」有某個程度的交流。因為人只要有東西可以失去，就不容易偏激。既然羅馬與簽訂友好條約的異族間有這種傳統關係，現在也不能單獨把夸荻族排除在外。因為划船載著妻小渡過多瑙河，前往羅馬境內的市場，除了買賣物產外，也是一種娛樂。如果禁止對方這樣做，有可能被視為侮辱。

話又說回來，羅馬軍方明年春天就要大舉攻打瑪爾科曼尼族了，實在不希望對方的間諜這時接近羅馬領地。

馬庫斯皇帝對夸荻族的代表表示，和談可以接受，不過條件之一參加市場的部份，在得到確實證明你們和瑪爾科曼尼斷絕關係的證據前，暫時不能答應。也就是說，這項條件以後還能修正，和談就此成立。對羅馬來說，這時正需要與夸荻族之間的和談。

雖然分析得有點粗糙，不過西元二世紀後半的多瑙河中游一帶狀況大致如下：順流而下在河流的右岸分別是奧地利首都維也納、匈牙利首都布達佩斯、南斯拉夫首都貝爾格萊德，這幾個都市的起源都是羅馬的軍團基地，也就是說在羅馬時代，這些地方是前線基地。至於日耳曼人居住的多瑙河左岸，隔著河流與維也納相對的是瑪爾科曼尼族，與布達佩斯相對的是夸荻族，住在貝爾格萊德對岸的則是亞茲蓋斯族。如果和其中的夸荻族和談的話，等於把蠻族的共同戰線從中切斷。實際上，第二年西元一七二年時，羅馬軍方展開的攻擊，其一就是從維也納，另一邊則是由貝爾格萊德，兩邊同時渡過多瑙河。

那麼，馬庫斯是如何處理第三種提案，關於蠻族請求移居羅馬國內的問題呢？過去有朱利斯·凱撒允許日耳曼人的烏比族移居，使當地發展成科隆的例子。馬庫斯·奧理略也遵循前例，允許這些人移居羅馬帝國境內。他不僅在達其亞、莫埃西亞、旁諾尼亞等行省內分派土地給這些中小部族，甚至還在高地、低地日耳曼行省內準備土地給他們。上述地區都是沿著萊茵河與多瑙河的行省，居民人種與生活習慣原本就屬於日耳曼體系。馬庫斯皇帝希望新移民者和已經羅馬化的居民一樣，順利地在這些地方羅馬化。這種情況下的羅馬化，指的是「農耕民族化」。

上述這些地方的移居相當成功。不過馬庫斯另外還準備了一個移居地點，就是本國內的拉溫納。馬庫斯在拉溫納郊外準備了土地讓蠻族定居，結果卻完全失敗。拉溫納和拿坡里附近的米塞諾並列為羅馬帝國兩大海軍基地。這項舉措有如在廣州、天津郊區準備土地，要外國人在此耕作一樣，各方面與附近居民的差異實在太大了。不只是民族、語言、生活習慣不同，連生活水準的差距都太大。我們不知道為什麼馬庫斯要如此處置。可能只是一片好意，也可能是想把蠻族引進義大利，讓習於和平的義大利本國人清醒。

不管怎麼說，結果實在很淒慘，而且不到一年就有結果了。移民組成團體襲擊了拉溫納城，在當地放火搶劫。為防衛義大利與阿爾卑斯而設立的部隊趕到，好不容易才鎮壓了下來。然而拉溫納居民已經不滿皇帝的舉措，馬庫斯也只有承認自己的錯誤，把移民到拉溫納附近的日耳曼人全數趕出義大利半島。不過他並未把這些移民趕出羅馬帝國外。雖然不知詳細地點在哪裡，馬庫斯另外準備了條件和其他地區移民相近的土地，再度讓這些人移民。

後世的史學家中，有些人批評說馬庫斯這時的政策，是羅馬帝國蠻族化的開始。可是說這種話的學者不知有沒有想過，這種「蠻族化」早在帝國還未成形前，就由朱利斯・凱撒開過先例。我們姑且把這是羅馬蠻族化還是蠻族羅馬化的議論擱在一邊，總之光是成功擊退入侵蠻族就好的時代已經結束了。

然而，遇上了時代變化的馬庫斯・奧理略是否自覺到了這一點呢？

或是他沒有自覺呢？

又或者說，西元一七二年正式展開第一次日耳曼戰役時沒有自覺，在六年後的第二次日耳曼戰役時才自覺到？

羅馬皇帝是羅馬軍隊的最高負責人。既然人在前線，那麼整條戰線的戰略，就由皇帝決定。戰略不是只要把握現況就可以制定的東西，而是要綜觀過去、現在、未來，整體考量計畫的。如果不這樣做，往往會變成戰鬥獲勝卻不能活用勝利。一旦不能活用勝利，往往會演變成戰鬥獲勝，戰爭卻失敗的局面。「自覺」之重要，就是因為可以成為一貫戰略的支柱。如果不確立自覺，就容易演變成戰爭的長期化。戰爭不只是對於遭受攻擊的一方而言，對於主動攻擊的一方來說也是一種「罪惡」，那麼盡早結束戰爭就是一種「大善」。

馬庫斯・奧理略可沒有忘記這點。羅馬軍的傳統，就是投入大軍盡早結束戰爭。而從三年前起，馬庫斯就在進行準備了。

羅馬軍的主力是軍團兵。一個軍團的六千名士兵中，平時約需要兩百五十名左右的補充兵。這是因為隨時會有服滿二十年兵役的人退伍。不過西元一七〇年時，補充兵力的需求為平時的兩倍。這是因為軍中有人因為帕提亞戰役時從東方帶回的疾病病故，一年前克勞狄斯·佛倫多陣亡時也造成了兵力折損。因此軍方有必要彌補這些兵力缺額。羅馬軍採用志願役，可是光等待志願人員實在無法補足缺額。因此馬庫斯也開始為達目的不擇手段。

手段之一，是從羅馬軍的輔助戰力輔助兵中，抽出優秀的人才升格為軍團兵。由於軍團兵的入團條件為具備羅馬公民權，因此行省出身的輔助兵，在編入軍團的同時就獲得了羅馬公民權。

如此一來，輔助部隊就需要補充兵員了。這時馬庫斯決定開放奴隸服兵役。按例出身行省的輔助兵只要服役滿二十五年退伍，就能取得羅馬公民權。現在皇帝保證連奴隸都可以獲得這項待遇。

這個政策在一般民眾間也成為話題。因為自從布尼克戰役結束後，羅馬再也沒有將奴隸編入軍隊過。羅馬與迦太基名將漢尼拔苦戰時，曾經編列過兩個純粹由奴隸構成的軍團。當時是羅馬未曾面臨的艱困局面，而事隔三百八十年後竟然歷史重演，也難怪一般民眾會感到震驚。

問題在於儘管奴隸想要應徵，如果主人不答應也無法實行，因此這項策略獲得的人員還不夠充分。馬庫斯皇帝決定把服兵役的機會開放給職業鬥劍士。不過這些擅於使用武器的老手，做的是當時的一等職業，收入相當豐碩，願意拋棄目工作從軍的人實在不多。結果馬庫斯能召集到的，只有被結束兵役後取得解放奴隸資格條件吸引，亦即身份為奴隸，而且等級為乙等以下的鬥劍士。筆者認為這實在是白忙一場的企劃。也許馬庫斯有不得不幹的苦衷吧。不過這時馬庫斯提出的措施中，有兩項效果超出預期。

第一，是新設立由山賊編成的部隊。皇帝發出布告說，只要投降服兵役，就可免去罪責，而山賊們也紛紛響應。這並非因為山賊們痛改前非，想要從今以後活在光天化日下，只是因為這個烽火連天的時代裡，他們的生意也很難做。

第二個則是聚集因特殊緣由脫離所屬部族的日耳曼人編成的部隊。他們不是正規軍，而是以傭兵的身份編入羅馬軍。

儘管如此，就像當年苦於對抗漢尼拔時的羅馬主政者一樣，馬庫斯・奧理略也不允許未滿十七歲的少年服兵役。羅馬人自古相信，將來的羅馬公民，必須在適於他們的環境中才能充分成長茁壯，因此羅馬軍中沒有少年兵。

要組成軍隊並發揮功能，就需要龐大的經費。先帝安東尼奧臨終前留下了充裕的國庫，不過這不只是因為他的善政，還因為他任內沒發生過戰爭。不論戰爭結果如何，都會花上大筆的經費。

馬庫斯迫於軍用經費需求，但他又不希望提高稅率或是徵收臨時稅。同一時代的史學家將其理由列舉如下：

第一，想要避免支付稅款的人批評。

第二，增稅有害於社會生產。

第三，皇帝率先表示願意付出的姿態較為適當。

因此馬庫斯決定將皇宮內的物品送上競標會。這並非要販賣皇帝的私人物品，在皇帝的身邊，很自然地會累積其他國君貴族或是部落首長送來的禮物。即使在現代，皇室、首相、總統之間還是有饋贈禮物的習慣。筆者不知道在現代這些禮物的所有權如何規定，不過在羅馬帝國則屬於皇帝，亦即國家。馬庫斯決定將這些東西拿來拍賣。在《皇帝傳》中，有這樣的敘述：

「首都羅馬最寬闊的神君圖拉真廣場上，擺滿了展示好的皇宮物品。有黃金或水晶製作的擺飾品，有裝滿阿拉伯出產的香料的大壺，還有許多裝飾在皇宮內的美麗花瓶，以及無疑是送給皇后的絲綢及布滿刺繡的布匹。其中最為大放異彩的，是在最近才偶然找到的，哈德良皇帝的珠寶首飾收藏品。

要將這些東西全數拍賣，足足花了兩個月。這段期間內，包括從羅馬外頭來的人在內，人們購入了許多奢侈品。皇帝與大眾約定，在與瑪爾科曼尼的戰爭結束後，如果願意的話，可以由皇家再把東西買回。不過好像沒有人希望這樣做。」

其實，馬庫斯皇帝還採取了一項《編年史》作者與史學家都沒記載的資金調動法。那就是雖然份量不多，但把金幣與銀幣的重量稍稍減少。不過減少的量實在不多，同一個時代的人沒有發現。因為如果削減太多的話，會造成貨幣價值下跌。

直到現代，研究羅馬時代貨幣的風氣盛行以後，我們才發現這項措施。現代人對「貨幣」這種反映時代的一級史料抱持著強烈的關心，才得以發現五賢君時代唯一的一次貨幣削價。而為了馬庫斯・奧理略的名譽，在此要特別聲明，貨幣削價只是暫時的現象，並非通貨膨脹的徵兆。四年後貨幣又恢復了原來的份量。

「馬庫斯・奧理略圓柱」(Columna Marci Aurelii)

西元一七二年展開的第一次日耳曼戰役，應該是在萬全的準備下展開。不過說實話，筆者實在無法掌握戰役的推演過程。而且不只是筆者無法掌握，實際上根本沒有人能夠掌握。史學家加西阿斯・迪奧雖然留下紀錄，但都是戰役中發生的片段事蹟，沒有留下前後連貫的戰記。

凱撒留下了《高盧戰記》等戰記作品。可是圖拉真皇帝進行的達其亞戰役，和馬庫斯一樣沒有留下任何官方紀錄。這種情況下，後代的史學家還是能夠掌握達其亞戰役。因為他們只要由下往上，順著螺旋方向研究刻在「圖拉真圓柱」上的浮雕就好了。筆者也曾在第IX冊《賢君的世紀》中，採用一一解讀雕刻圓柱上場景的方式，為各位讀者敘述達其亞戰役的推演過程。

馬庫斯・奧理略也以和「圖拉真圓柱」相同的型態，留下了紀錄日耳曼戰役的圓柱。而且圓柱的位置就在現代羅馬市中心的中心，首相官邸的前面。不過其實是圓柱先豎立在這裡，十七世紀的樞機主教琦吉想要借用圓柱作景，在圓柱旁蓋了宮殿，而現代人又轉用來當成首相官邸而已。順帶一提，羅馬人不會叫這棟建築物為首相官邸，就連報紙和電視新聞，都會用「琦吉宮殿」來稱呼。和馬庫斯圓柱相較，圖拉真圓柱豎立的地方，現在只是一片遺蹟。以地理位置而言，「馬庫斯・奧理略圓柱」較為引人注目。然而與「圖拉真圓柱」相關的研究著作極多，正式名稱叫做 “Columna Marci Aurelii” 的馬庫斯圓柱卻幾乎無人問津。

馬庫斯・奧理略圓柱（部份）

研究人員表示，這個現象的原因在於與圖拉真圓柱相較，馬庫斯圓柱在藝術上和史料上的價值都較低。

藝術價值不如人這點，實在不得不承認。一級的藝術品，要能捨棄多餘的東西才能成立。浮雕在馬庫斯圓柱上的場景，實在是擠了太多東西了。如果說把任何事物都放進圓柱上，本來該會形成歷史價值，偏偏馬庫斯圓柱又沒有。與圖拉真圓柱相較，即使順著螺旋方向，由下往上觀察馬庫斯圓柱的浮雕，還是無法得知戰役的全貌。因為上頭只是一些不知有何關連的戰場景象，也就是說只雕刻了戰役中的片段場景而已。

為什麼會變成這樣?筆者認為,從別的角度來考量,理由應該是這樣的:

圖拉真皇帝進行的「達其亞戰役」,真正投入戰力的時間,分為西元一〇一年開始的第一次,以及西元一〇五年重新開打的第二次戰役。這兩段戰役,都是在掀起戰端一年後就結束了。圖拉真皇帝在西元一〇二年,第二次也在次年西元一〇六年回到首都舉辦凱旋儀式。也就是說,第一、二次戰役,都只花一年就達成目標。即使兩次戰役加起來,其所費時間也才兩年。

相對地,關於馬庫斯・奧理略進行的「日耳曼戰役」。如果我們只計算正式投入兵力的時間,從西元一七二年到一七四年年底止為第一期。之後,因後述的原因,從西元一七五年到一七七年為止,被迫中斷了三年。西元一七八年到一七九年年底為止是第二期。合計動兵時間為五年。馬庫斯在之後就過世了,而到過世為止,也只推展到目標近在咫尺卻尚未達成的狀況。如果說把盡早結束看作是對戰爭「惡行」所能作的唯一「善行」的話,馬庫斯・奧理略在這方面是完全失敗了。

有些研究人員認為,馬庫斯的作戰「遲緩」,是因為敵方日耳曼部族受到由東北南下的部族推擠所致。也就是說,前有羅馬軍隊,後有其他日耳曼部族,因此會拼命作戰。然而圖拉真東征的時候,達其亞王德賽巴拉斯同樣是拼命作戰的。對德賽巴拉斯國王來說,這場戰爭同樣是生死問題。對圖拉真以及其指揮下的羅馬軍來說,敵人同樣不好對付。

又有不少研究人員認為，作戰遲緩是因為實際指揮作戰的軍團長階層武將水準下跌了。不過這項推論實在太缺乏根據。在十年前的帕提亞戰役中，實質戰鬥只花了三年。不但掃除了亞美尼亞境內的帕提亞軍隊，而且攻進帕提亞境內，給予帕提亞難以恢復的打擊，完全達成了初級訂定的目標。當時應該在前線擔任總指揮的盧西厄皇帝實際上等於不存在，所以戰役是在軍團長階層的指揮官自行企劃下進行的。而五十年後的史學家加西阿斯．迪奧也作證說，承擔前線任務的羅馬軍，還能夠發揮哈德良皇帝重建國防體系時的功能。這名史學家本身擔任過旁諾尼亞行省總督，指揮過三個軍團，因此證詞相當可信。而且各個軍團的指揮官，都是遵循著最高司令官認可的戰略活動。在戰爭時，指揮系統的統一是不可或缺的。

日耳曼戰役時，馬庫斯一直身在前線，他不像盧西厄一樣會跑到溫泉或避暑地享受。一路推論下來，似乎是馬庫斯皇帝缺乏身為最高司令官的本事。而在這方面，史學家孟仁對他的評價也很嚴格：

「從本質而言，馬庫斯．奧理略與其說是行動地，不如說是思索地。」

思索本身是個值得稱讚的性向，不過在講求臨機應變的判斷、迅速行動的戰場上容易變成缺點。亞歷山大大帝也說，戰場是個劇烈動盪的世界，因此在戰場上一切要憑果敢才能成事。激烈動盪與果敢，是與馬庫斯距離最遙遠的兩項特質。

不過，上述的一切緣由，都還不足以說明日耳曼戰役的發展為何遲緩。因為在掀起戰端前必須先擬定的戰略，就是要把一切要素放在腦海，仔細考量才能訂定。那麼「思索」不但不是缺點，反而是好處。筆者不禁認為，其實「遲緩」的真正原因，該不會是因為馬庫斯·奧理略這個人不懂得戰爭是什麼。

雕刻在馬庫斯·奧理略圓柱上的「日耳曼戰記」，和圖拉真圓柱上不同，只是片段的集合體。原因在於日耳曼戰役本身就只是一個個的片段。也就是說，並非一場細膩建構好的基本戰略推演的戰爭，而是在戰線各處單獨進行的戰鬥。這是一場沒有戰略，只靠戰術蠻幹的戰爭。我們只能評斷說，實在是手段拙劣。這方面的事情偏偏又與馬庫斯個人的誠實個性與責任感無關。真不知要說是遺憾，還是感嘆人性複雜。馬庫斯基於自身苦惱而著作的《沉思錄》，也是在這個時期開始動筆的。

關於日耳曼戰役，一路下來好像從總整理先開始討論。不過筆者認為這種表現形式是有必要的。也有些史學家或研究員拿起史料就想開始說明，不過，那些史料就算讀再多遍，也無法從中得知戰略的全貌。就好像拿著望遠鏡站在馬庫斯·奧理略圓柱前面，繞著柱子周圍一路觀察，最後絕望地嘆息道：這到底要表達什麼啊。記得當筆者這樣做的第三天，就讓駐守在首相官邸的警察盤問了。總而言之，在接觸史料前，先知道馬庫斯擔任總指揮的日耳曼戰役具有什麼樣的特質，以後比較容易掌握到整體局勢演變。

在此追加一個忘記敘述的事情。這是筆者對於圖拉真圓柱與馬庫斯·奧理略圓柱的簡評。當筆者在圓柱旁走來走去時想到，如果說圖拉真圓柱上的浮雕是“realistic”的話，馬庫斯·奧理略圓柱上的浮雕就是“pathetic”了。原來“pathos”（感念）過剩不只在軍事政治方面，連藝術上都可能形成缺點。

多瑙河戰線

西元一七二年，羅馬軍渡過多瑙河北上進攻。儘管羅馬是正式進軍，戰鬥卻一下子就落敗了。我們不知道這時羅馬軍的整體戰略如何，只知道御駕親征時一定會加入戰線的禁衛軍團與敵人正面衝突，軍團長官威狄庫斯陣亡。瑪爾科曼尼族也滿足於戰果，向北離去。羅馬軍的要職一定會安排離職代理，因此司令官陣亡不代表部隊指揮就此崩潰。不過，戰敗就是戰敗。而且軍事方面的失敗，也勢必會帶來政治上的劣勢。去年剛和談的夸荻族，一看到瑪爾科曼尼族的勝利，馬上就毀棄與羅馬間的和約，回到日耳曼陣營。原本日耳曼各部族間的共同戰線應該已經從中切斷，結果不到一年又回到原本的單一戰線狀況。由於這些因素影響，那一年的羅馬軍真的是苦戰連連。接下來要介紹的，是加西阿斯·迪奧筆下的一段事蹟，在圓柱上也浮雕著這段雷雨的奇蹟。

「這是轉戰中的羅馬軍陷入危機時的事情。能脫離這場危機，真的是除了諸神恩寵之外，沒有別的解釋。夸荻族把羅馬軍逼到對於擅長騎馬的他們有利的地形，執行包圍戰術。羅馬士兵把盾牌排得密不通風地，抵擋上方與側面來的攻擊，勇猛地進行防衛作戰（這是羅馬軍典型的戰鬥隊形之一，叫做龜殼隊形）。

蠻族看到這情形後，停止了攻擊。他們認為只要耐心等待，在平原上忍受無情照射的夏日盛暑，同時又因口渴而疲憊的羅馬兵就會投降。由於羅馬軍已經遭到完全包圍，無法往附近的河流移動，而且蠻族又有數量上的優勢。

羅馬軍陷入了困難至極的情況。肉體疲勞，外傷的痛楚難以忍受，還有不停照射的太陽，連聲音都發不出的口渴。既無法向前攻擊，也沒辦法後退，只有在太陽下烤著身體，站在自己的崗位上。

就在這時候，天邊突然開始積雲，緊接著雷鳴閃電之後，下起了傾盆大雨。每個羅馬兵都拿開了盾牌，把臉朝上，讓雨水打在臉上、進入張開的嘴裡。之後

龜殼隊形（引用自圖拉真圓柱）

他們馬上用頭盔和盾牌內側接水，拿給傷兵和馬匹飲用。蠻族訝異於突然的情勢變化，在豪雨中再度展開攻勢。羅馬兵依舊以同時喝雨水和迎擊對抗他們。即使是受傷的士兵也在戰鬥時同時喝著從頭盔上流下的雨水和額頭上流下的鮮血。

這時的雷電和豪雨同樣降臨在敵軍身上，可是陣形因而大亂的不是羅馬兵而是蠻族。」

守護軍規的習慣以及日常訓練的成果，就是要在這種情況下才能發揮真正的價值。羅馬軍成功地轉換陣式後，扭轉戰況，才能在這天的戰鬥中取得勝利。

這年年底，羅馬軍打敗了瑪爾科曼尼族。羅馬元老院因此頒贈代表戰勝日耳曼民族者的「日耳曼尼可斯」稱號給馬庫斯皇帝，這個稱號同時也頒贈給馬庫斯的兒子，那年十一歲的康莫德斯。可能是感受到自己國外經驗不夠產生的弊害吧，這時馬庫斯已經把兒子康莫德斯帶到多瑙河前線。不過，元老院的決議下得太早了。西元一七二年羅馬軍還在一片苦戰中。這還是因為他們擊敗了日耳曼部族裡的瑪爾科曼尼與夸荻兩大部族，才勉強保住顏面。而在這一年，帝國東方也並非平穩無事。

埃及這個地方，以居住在亞歷山大等都市的希臘人與猶太人後裔為實質支配者，而羅馬的統治地位又在這些人之上。原住民埃及人，接受羅馬人統治下的希臘人、猶太人統治。這一年，埃及原住民在主掌埃及傳統宗教的祭司階層煽動下引發暴動。暴動雖然以住在埃及的希臘人、猶太人為對象，可是最後暴徒要面對的，還是在這兩個掌握經濟力量的民族之上的羅馬人。畢竟埃及已經是羅馬的行省，維護這個地方的治安，是羅馬的責任。

為了鎮壓暴動，羅馬打算出動派駐在東方的軍團。問題在於，自從托勒密王朝最後一任女王克麗奧佩脫拉將埃及交給羅馬以來，這裡始終不是以元老院和公民為主權者的羅馬帝國領地，而是羅馬皇帝的私有土地。會如此設計是因為埃及的特殊風氣。如果在「神子」克麗奧佩脫拉女王之後，改由凡人元老院和羅馬公民來統治，對於習慣於「神」統治的埃及人來說未免刺激太大，過度刺激則不利於領轄與統治。因此，以神君凱撒的養子，亦即成為「神子」的奧古斯都為主權者，較適於統治埃及，元老院也認可了。

由於上述的特殊因素，埃及成為皇帝的私有土地，也因此不能從其他羅馬領地中派遣羅馬軍團。埃及沒有行省總督，而是在長官帶領下常駐一個軍團，這個人數已經足以因應平常維護治安的任務。然而在西元一七二年發生暴動時，這個兵力卻不足以應付。

馬庫斯在多瑙河邊接到消息後，想要設法把問題一次解決。他命令在帕提亞戰役中立功，戰役後轉任敘利亞行省總督的亞威荻烏斯·加西阿斯帶領其下的兩個軍團前往埃及。可是，問題在於埃及的特殊背景。能在埃及擔任要職的，都是由皇帝任命的官吏。元老院議員如果沒有皇帝許可，連入境都不准。在羅馬社會中，對於出身次於元老院階級的「騎士階層（經濟界）」來說，「埃及長官」是官場生涯的頂點。亞威荻烏斯·加西阿斯是行省總督，也就是說，他擁有元老院的席位。

派遣加西阿斯是最佳的措施，可是要在不觸犯法律的情況下派遣，方法只有一個，就是把他從敘利亞行省總督調升到帝國東方全區總司令。這個地位，與帕提亞戰役時的盧西厄皇帝同等。儘管只限於帝國東方，但擁有僅次於皇帝的地位。

羅馬人是「法律民族」。當決定政策時，無論如何都會追求法律的正當性。如果不能保障正當性時，就會創立新法律進行保障。不過為了這次的司令官派遣與升階創立新法時，應該不必取得元老院認可，只要以既有法律擴大解釋就可以了。

加西阿斯獲派為東方全區總司令後，順利的完成任務。埃及的暴動不但迅速鎮壓，而且是以原住民不會帶著恨意的方式解決。在埃及居民間，不管是希臘人、猶太人，甚至於埃及原住民，對於加西阿斯的評價都極佳。在暴動鎮壓完畢，加西阿斯回到敘利亞之後，馬庫斯皇帝沒有更動加西阿斯的地位，這點在三年後造成了災難。

西元一七二年在東方的另一件事情，發生在亞美尼亞境內。羅馬與帕提亞向來亟欲拉攏亞美尼亞王國，十年前帕提亞戰役的成功，使得亞美尼亞王位由出身於帕提亞王室，但親羅馬之人頂替。問題在於，宮廷中隨時有親帕提亞派系存在，這些人打算趁著羅馬集中兵力在多瑙河前線時發動政變。幸好這件事情，在實際發動之前就已經解決。這件事件能和平解決，全仰賴駐地在亞美尼亞國界邊的卡帕杜西亞行省總督馬爾提蘇．安尼斯的外交手腕。在羅馬軍中，不乏這種文武全才的男人。史學家加西阿斯·迪奧是這樣評斷他的：

「馬爾提蘇並非只是個擅長以軍事力量壓倒敵人的男子。確實，以快攻和出人意料的作戰制敵機先，這種武將真正的能力，是他的力量基礎。不過他不用戰鬥就阻止敵人動作的功夫也很優秀。

他能看穿對方想要什麼，以真摯的言語做約定。自己過著樸素的生活，送禮時卻能讓豪奢的東方人訝異得瞠目咋舌。最重要的是，他往往能讓對方不對羅馬絕望，而對羅馬抱持期望。

列席這種場合的人，絕對想不到言語和態度溫和有人情味的這名武將，會是那個在戰場上叱吒激勵士兵的人。他的言詞和態度充滿魅力，能讓面對他的東方人即使爆發對羅馬的不滿時，也能冷靜下來。他知道何時該對誰輕聲細語，何時該送給誰豪華的禮物。即使在面對溫和的他時，對方也忘不了他在戰場上積極、精力旺盛又充滿創意的行動。因此每個人都認為，與其得罪這個男人，不如拉攏他做伙伴來得有利。」

第二年，西元一七三年。經過上述過程，東方的局勢雖然沉穩下來，在西方的日耳曼戰役依舊繼續進行中。

羅馬元老院決議贈與馬庫斯代表戰勝日耳曼民族的「日耳曼尼可斯」稱號。在握有金、銀

刻有「已征服日耳曼」的銅幣

幣鑄造權的馬庫斯皇帝命令下，當時發行了刻有「已征服日耳曼」(Germania subacta) 的貨幣。因此，如果要根據確實的史料敘述歷史的話，西元一七二年的日耳曼戰役是在羅馬方面成功下完結的。不過，不管史料多麼確實不可動搖，還是應該要觀察藏在史料背後的內情。

也就是說，盲目信任是自我毀滅的前奏。如果不想自尋絕路，就應該進行追蹤調查。而且也需要能以這些做參考，推測其背景的彆扭個性。照個性彆扭的筆者來看，元老院的決議，是過去羅馬史上偶爾會見到諂媚皇帝的行為。至於發行紀念貨幣，是知道一切實情的馬庫斯下令，用以鼓舞民心。

因為如果真的像史料所示，西元一七二年的戰役是在成功下結束的，第二年西元一七三年就沒有改變作戰的必要了，然而羅馬卻改變戰略。從之前的全面作戰，改成各個擊破。

朱利斯·凱撒早已看穿蠻族的特性。而之後的歷任皇帝也承繼了這個看法，認為他們不擅於統一與團結。所以羅馬的對外政策，也一貫以聞名於後世的 "divide et imperi" (分離並支配) 進行。西元一七二年時，雖然讓日耳曼各部族形成了共同戰線，但日耳曼人也並非在一個共通領導人之下團結一致對抗羅馬。

在這種情況下，羅馬應該採取的戰略是首先各個擊破，之後才發展成全面戰鬥。那為什麼他們反過來進行呢？

羅馬的軍隊在廣大的平原上會戰時，能發揮無比的力量，是因為這種方式下的戰鬥能夠利用戰術、戰略。和敵軍面對面決戰，才能發揮嚴格軍紀與日常訓練的成果。相反地，他們不擅長的就是與沒有一貫戰略，因此無法預估行動的異族戰鬥。在這種情況下有效的手段，是凱撒採用過的戰略。首先逼得對方集結一處，然後再精彩地大勝一場。如此一來，敵方驚異之餘，連未曾參戰的人員都會在勝利者面前低頭。這是在一場會戰下達成目標，減少敵我雙方犧牲的合理手段。戰略目標中包含減少敵方犧牲，是因為考量到戰勝後的統治。不過就連朱利斯·凱撒，在推演到亞雷西亞戰之前，也是徹底地進行各個擊破。

儘管如此，能在一年後發現戰略錯誤，對羅馬和馬庫斯來說都是幸運的了。在西元一七三年的戰役中，羅馬首先將戰場限定在雷根斯堡到布達佩斯間的多瑙河北岸一帶。攻擊的對象和去年相同，依舊是夸荻族和瑪爾科曼尼族。不同的是，並非直接攻擊這兩大部族，而是直接攻擊納入這兩大部族旗下的中小部族。瑪爾科曼尼和夸荻能夠如此跋扈，是因為這兩個部族下有中小部族支撐。那麼羅馬的戰略，無疑地是只要一一擊破這些中小部族，大部族就「大」不起來了。等到對方失去力量後，再一口氣將其打倒。筆者會說「無疑地」，是因為既沒有一貫記述的戰記留下，也沒有記述戰略的史書傳世，所以後人只好靠想像力彌補。不過從前後的狀況推測，西元一七三年的羅馬軍戰略應該是如此，而且戰略也成功了。

這年的羅馬軍團，沒有採用傳統的軍團長帶著六千人，之下編制重裝步兵「軍團兵」、輕裝步兵「輔助兵」，機動部隊「騎兵」的做法。而是採用各個軍團依照目的，把所需兵種分到各隊，每個隊伍個別負責某個中小部族的方式。在西元一七三年，由皇帝擔任議長的參謀本部，應該一整年都會進行這個作戰吧。

由於缺乏紀錄，也無法從圓柱上取得資訊，我們無法得知這項新戰略的成果。不過我們可以得知一段史學家留下的故事。率領騎兵隊作戰的瓦雷流斯．馬庫西米亞努斯在單打獨鬥後，打倒了那利斯帖族的酋長。如果酋長或首領遭打倒，這些異族馬上就成了一片散沙。而那利斯帖族又是瑪爾科曼尼旗下的一個部族，他們脫離戰線，也就減弱了瑪爾科曼尼的勢力。馬庫斯皇帝還特別聚集全軍，公開表揚騎兵團長馬庫西米亞努斯的軍功。

馬庫斯．瓦雷流斯．馬庫西米亞努斯這時大約四十歲左右。他出身於旁諾尼亞行省，是行省民，因此是屬於在羅馬軍團中苦熬出頭的人物。由於在帕提亞戰役中建功，所以到了日耳曼戰役時由其負責騎兵團的指揮。他的「第一烏爾庇亞騎兵團」駐地，位於軍團基地維也納和布達佩斯中間的阿拉波那。這個地方是現代匈牙利的捷爾，當然也面對著多瑙河。

這個人物，就是電影「神鬼戰士」主角的原型。在電影中因為馬庫西米亞努斯不容易發音，所以改名為馬庫希穆斯。不過，這個人後來成為鬥劍士的部份純屬虛構。雖然是虛構的，不過對於解析為何產生這種故事也有所幫助。關於他日後的故事，將在之後的康莫德斯皇帝一章說明。

我們能得知的西元一七三年戰果只有這一段故事，不過各個擊破戰術應該很成功。因為瑪爾科曼尼族、夸荻族，還有尚未與羅馬軍衝突的亞茲蓋斯族也來向馬庫斯皇帝求和。由於與夸荻族曾有和談不到一年就遭毀約的經驗，馬庫斯無法相信與外族的約定，因此一度拒絕和談。不過後來還是接受，締結和平條約。

和談的第一個條件是交換雙方俘虜。第二條則是在多瑙河北岸一帶設置五羅馬里(milia)的無人地帶。milia是後來"mile"的語源，所以翻譯為羅馬里。條約中規定的距離略短於七．五公里。早在一百五十年前臺伯留帝的時代起，萊茵河流域已經是西岸由羅馬管理，東岸維持五羅馬里無人地帶的狀況。不論是萊茵河或多瑙河，無人地帶指的是無

帝政羅馬時期的科隆（想像復原圖，右側為萊茵河）

蠻族人，在各個重點處其實都蓋有羅馬軍的監視塔。如果對岸是像科隆這樣的都市，那就不是監視塔，而是個要塞了。不管是哪種建築，目的都是要及早掌握異族的動態。多瑙河流域的無人地帶，目的應該也是相同的。

和談的第三個條件，是羅馬與帝國外異族和談或簽署友好條約時一定會加上的條款，就是讓他們參與在羅馬領土內召開的市場。馬庫斯皇帝也認可了這條條款。不過，由於他覺得異族已經不足以信任，因此在條文中明確註明，羅馬方面有決定當開市時異族可出入的城鎮，或是只允許何時進入。

儘管如此，日耳曼人進入羅馬境內的市場，還是能夠獲得利益。在羅馬統治力量無法到達的中歐深處，同樣挖掘出了羅馬貨幣。不過，這不是羅馬人進口寶石、絲綢或香料的印度、中國、錫蘭等地可見的高額貨幣，絕大多數都是低面額的通貨，可以推測到羅馬人想跟日耳曼人買的東西等級。儘管如此，和談還是成立了。

羅馬人大概認為只是暫時和談吧。不過羅馬人的確有在這個時期和談的必要。因為第二年，西元一七四年時，羅馬軍又要面對其他的敵人。他們這次要面對的是亞茲蓋斯族。這時的亞茲蓋斯族，住在由布達佩斯附近往南轉向的多瑙河，以及圖拉真皇帝行省化的達其亞之間。他們是受到由北方南下的薩爾馬提亞族推擠，才與羅馬軍起衝突的。羅馬人把西元一七四年的戰役稱為「薩爾馬提亞戰役」，其實直接對付的是亞茲蓋斯族。對於身在卡爾倫托姆軍團基地的馬庫斯皇帝來說，實在沒有一天不心煩的。而這時他已經五十出頭。

附帶一提，羅馬公民有向皇帝控訴的權利，因此羅馬皇帝的工作也類似最高法院的法官。史學家加西阿斯・迪奧是如此描寫這時期的馬庫斯・奧理略的：

「一從戰役方面的各種工作脫身，皇帝馬上會把空出的時間用於處理司法相關問題。在這種時候，按例一定要和在羅馬法庭上一樣準備水鐘。馬庫斯皇帝不同的地方在於，他要部下多準備些水鐘的用水。因為皇帝的工作，不是一場審判所下的判決而已。他採用的方式，是一邊以水鐘計時，一邊口述要在法庭上宣讀的皇帝判決。這是為了要讓在距離羅馬千里外軍團基地中寫的判決書，和在首都羅馬法庭上宣判時沒有兩樣。而且他不僅顧慮到所需時間，在內容方面也充分地發揮。在檢討之前的審判時，不僅檢方的證詞，連辯方的證詞也沒有任何輕忽。因此往往為了一個判決花上十一、二天的時間。而且他還常常處理到深夜。

皇帝的工作態度何止是勤奮而已。由於他確信自己的判決，一定要讓任何人，包括被告在內，都覺得公正無可批評，所以對於任何一個細節都絕不輕忽。由於皇帝的這種個性，使他連每個遣詞用語都注意，甚至有光修辭就用掉一天的經驗。期待公正的責任感，以及不得受人批評的完美主義，使得他能夠承受如此嚴酷的工作。

在肉體方面，皇帝離強壯一詞也遠得很。據說剛來到多瑙河前線時，他受不了這個地方的寒冷。當他出現在士兵排隊等著他的場面時，不只一次連一句話都不說就離開。他的食量很小，而且不到天黑後不吃飯。白天什麼都不吃，只喝用水溶解的帖里亞克藥。而且這些藥品也並非大量攝取，可能是怕成為習慣吧。由於胃與胸有發痛的老毛病，所以他要喝藥來減輕痛楚。據說只要喝下藥，胃痛還有其他身體不適的症狀都可以忍耐。」

加西阿斯．迪奧是小亞細亞出身的希臘人，他的作品也以希臘文寫成。不過其中「帖里亞克」這種藥，換成拉丁文拼音一樣是“theriac”。這是羅馬時代最有名的醫學家，馬庫斯皇帝的御醫迦雷努斯特別為皇帝調配的藥品。這個藥品的成份中，包含鴉片在內。

據說馬庫斯曾經停止服用這帖藥方，理由是會嗜睡。不過他發現不服藥的話，連入睡都有問題，所以重新開始服用。御醫迦雷努斯也很細心地照顧，不讓皇帝犯毒癮。他細心調配含有少量鴉片的藥品，讓皇帝服用後能減輕痛苦以便入睡。何止是「日耳曼戰役」，連馬庫斯．奧理略其人都充滿了悲壯感。

同樣在基地中生活，朱利斯．凱撒的日子可就跟他差遠了。高盧戰役時的凱撒營區，一到沒有戰鬥的冬季，凱撒就會招待周邊部族的酋長與仕紳，觀賞由官兵表演的希臘悲劇。一想到當時是未開化民族的高盧人，竟然要看古代文化菁華的希臘悲劇，就讓筆者感到好笑。不知道高盧人是因為軍事力量遭壓制，才勉為其難跟著看戲，還是對於未知的事物，或是說所謂文化的氣息感到莫名的興趣，在一臉滿足的凱撒身邊跟著觀賞？

在《高盧戰記》中，絲毫沒有悲壯的感覺，全書中充滿了作者兼主角凱撒無比的自信。他確信自己做的事情對於羅馬共同體 (res publica) 有益，而且只有自己可以做到。是一種一不小心就可能發展成優越感的強烈自信心。朱利斯・凱撒和馬庫斯・奧理略，是唯二留下完整著作的羅馬最高權位者。也因此不禁讓人比較，這兩部作品的差異在何處。是作者個性的差異呢？還是時代的差異？

如果凱撒不是生於西元前一世紀，而是西元二世紀的話，日耳曼戰役的情勢也會不同吧。後世的孟德斯鳩評論凱撒說，凱撒無論率領何等軍隊都會成為勝利者，無論生在何等國家都會成為領導人。如果有凱撒領導，西元二世紀後半的羅馬軍，是否同樣能壓倒日耳曼民族呢？又或者說，即使凱撒再生，也沒辦法改變這時多瑙河前線的局勢？

西元前一世紀與西元二世紀還有個地方不同。在凱撒時代，即使是總司令，也禁止帶妻小前往戰場。雖說法律沒有明文規定，但沒有任何將軍帶妻小同行。而在西元一世紀時這種現象已經不稀奇，到了西元二世紀幾乎成為常態。

西元一七三年到一七四年之間的冬天，可能是擔憂丈夫的健康吧，皇后法烏斯提娜造訪了多瑙河畔的營區。同行的還有女兒蘆琪拉，她的夫婿龐培目前是旁諾尼亞行省總督，一直是皇帝的左右手。兩名女性就這樣留在丈夫身邊。留在馬庫斯身邊的皇后，後來被士兵送上「基地之母」的稱號，這點方才已經說明過了。和五年不見的皇后重新開始生活的地方，並非馬庫斯之前待的卡爾倫托姆軍團基地，而是往多瑙河下游移動後到達的西爾謬姆。從卡爾倫托姆移動到西爾謬姆，是因為戰線已經從「近旁諾尼亞」轉移到「遠旁諾尼亞」。以現代來說，就是從匈牙利和奧地利轉移到南斯拉夫。西爾謬姆雖然不是軍團的常駐基地，不過比起東方八十公里外的貝爾格萊德來說，從這裡向北二十公里就能到達多瑙河，反而更為接近前線。第二年，西元一七四年展開羅馬人稱為「薩爾馬提亞戰役」的戰役中，參謀本部就設在此處。兒子康莫德斯為了學業，已經回到首都，不過妻子和女兒都留在西爾謬姆基地，所以我們也可說這是一家團圓的景象。這是純屬男性專用的凱撒時代基地看不到的景象。而以基地的設施和規模而言，帝政時期的基地已經完善到可以接受女子和小孩生活。

前線基地

由「軍團基地」(castra) 體系成立的帝政時期防衛政策，是將防線上的每個據點羅馬都市化。因此，以羅馬時代為背景的好萊塢電影根本不能當參考。電影裡的軍團基地，跟西部片的騎兵隊基地沒有兩樣。而羅馬帝國就連行省民擔任的輔助兵駐地，都會有更大規模、恆久性的設備。在羅馬時代，基地設施會這麼差的，只有轉戰高盧各地，不得已在高盧過冬那年的凱撒冬季營區。進入帝國時代以後的羅馬軍基地，就連輔助部隊的基地都會有醫院、劇場和羅馬式浴場。

如果是軍團基地的話，規模和設備會更加充實。馬庫斯皇帝常駐過的卡爾倫托姆，和附近的維也納與布達佩斯一樣，是由第二任皇帝臺伯留所創設。和這兩個都市不同的是，後代的維也納和布達佩斯正好建設在羅馬時代的都市上。而卡爾倫托姆和現代奧地利的佩特洛那城相差一公里多。在進行挖掘考古後，發現第十四軍團駐軍地卡爾倫托姆，雖是軍團基地，但由下列要素所構成。

由堅固護牆圍繞，長五百公尺，寬四百公尺（正確數字較此略少）的軍營，除了面向河流的一面以外，另外三面由軍團相關人員居住區「卡那巴耶」環繞。營區與「卡那巴耶」形成卡爾倫托姆的一大支柱。由這個區域沿著兩邊排滿墓園的道路，可以通往原住民以及退伍軍團兵與家人居住的區域（地方自治體），這是卡爾倫托姆的另一個支柱。以這兩根支柱為頂端的圓形，扣掉多瑙河流域，所以其實是半圓形的整個區域，就是卡爾倫托姆軍團基地了。因此，「卡那巴耶」、「地方自治體」兩個區域，個別擁有居民平日聚集用的廣場。兩個區域中有兩個羅馬式的大規模浴場。而在「卡那巴耶」、「地方自治體」各有一個“Colosseum”形式的圓形競技場。僅有的一個軍醫院，規模較第IX冊第二章「重建」一節中介紹的占田基地軍醫院還要大，設置在軍營附近的卡那巴耶區。通商用的市場則設立在地方自治體裡面。也就是說，在防線上的每個戰略要地設置的軍團基地，並非裡裡外外都是軍人的地區，而是個包括一般民眾生活區域的居民共同體。

也正因為如此，這些軍團基地才會成為後世的都市基礎。古代希臘人追求的是「真」與

「美」，而古代羅馬人追求的則是「美」與「舒適」。追求舒適的成果，造就了大道、港口、上下水道等基礎建設。等到後世重新體認其重要性時，也隨時能將其復興。因為羅馬人選擇建設地點時，連適當的地勢都考量在內。順帶一提，羅馬時代的卡爾倫托姆，其重要程度可從圓形競技場的規模看出。卡爾倫托姆的競技場，雖不及威羅納的"Arena"來得大，但要比龐貝城大得多。威羅納和龐貝雖是小都市，但位於本國義大利境內，而卡爾倫托姆只是個邊境防衛據點而已。

西爾謬姆不是軍團基地，所以應該沒有建著護牆的軍營，也沒有在附近發展的「卡那巴耶」吧。不過這個地方平時是第四弗拉維亞軍團駐地貝爾格萊德的補給基地，因此應該建有一切羅馬人認為都市必備的設施。在多瑙河畔的都市遺蹟中一定會有的火炕，也應該都整頓好了。即使是女性，只要有心忍受嚴苛的氣候與社交生活的貧乏，應該也能生活得很好。不過西元一七四年時，西爾謬姆是個離多瑙河僅二十公里的前線基地。而且無論都市化得多好，畢竟生活條件無法與首都羅馬比。在這種環境中，法烏斯提娜還能成為「基地之母」，我們可說馬庫斯・奧理略真的是遇到了賢妻。順帶一提，這一年法烏斯提娜把最小的四歲女兒留在羅馬趕往前線時，才四十四歲。

由於缺乏一貫的戰記資料，我們還是無法得知西元一七四年的「薩爾馬提亞戰役」是如何進行的。圓柱上的浮雕也沒有留下有條理的故事敘述。不過從片段留下的故事中可以想像，儘管一再激烈戰鬥，戰役的主導權始終掌握在羅馬軍手中。也就是說，戰役是在羅馬軍的優勢下進行的。死命作戰的亞茲蓋斯族最後只好前來求和，馬庫斯也接受其要求，締結了和約。

不過對這個部族來說，戰爭還沒結束。現在他們必須回頭向北，與侵入了大半個亞茲蓋斯族居住區的薩爾馬提亞族對抗。

蠻族的骨牌效應

似乎到了這個時期，馬庫斯皇帝才發現蠻族問題不是照著以往的方法，擊退對方就可以解決的了。他心中浮現的解決方案，是要模仿圖拉真皇帝將達其亞行省化。也就是說，不是擊退蠻族，而是擊倒之後將其納編。如此一來，他們居住地方的北端將化為前線，成為防波堤阻擋由北方南下中的蠻族。這項方案，早在七十年前就由圖拉真皇帝以達其亞行省化來執行。

如果馬庫斯打算這樣做，西元一七五年是個好機會。這時羅馬已經與瑪爾科曼尼和夸荻締結和約。雖然又加入了亞茲蓋斯族，不過應該重視的「敵人」，還是瑪爾科曼尼和夸荻兩大族。馬庫斯皇帝想要行省化的，是這兩個部族所居住的多瑙河中游北岸一帶。這個區域約在今日的維也納以西到布達佩斯北方，古時候叫做波荷米亞地方。如果這個構想實現的話，現代的捷克將完全被納入羅馬帝國版圖。整個計畫規模不會輸給圖拉真皇帝的達其亞行省化。

而且這個構想在戰略上也相當有效。光從地圖上來看，新構想中的行省與達其亞行省都往多瑙河北岸大為突出，似乎不利於防衛。不過如果考量到城牆的構築法，假設採用同樣的兵力做防衛，比起一整條防線來說，在每個戰略要地布置橋頭堡的方式，能防衛的範圍會更廣。

馬庫斯．奧理略是個比其他皇帝都要遠離軍事氣質，喜好哲學與思索的皇帝。在埋首解決眼前的問題五年後，理解到躲在問題背後逐漸現形的真正問題所在。也許他最後得到的結論是，只有靠軍事力量擴大帝國版圖才能解決問題。

不過，瑪爾科曼尼族與夸荻族雖然前來求和，但並未要求行省化。由於北方異族南下，壓迫到生活環境，因而向羅馬請求賜予土地並就此定居的，是比他們還要弱小，人

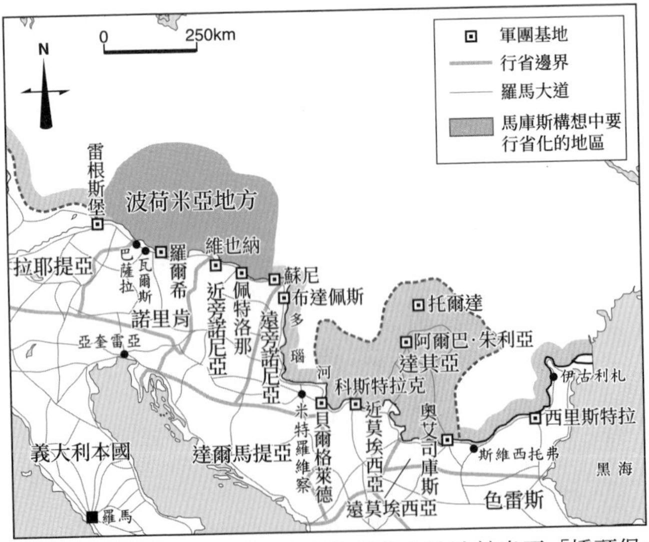

多瑙河防線（加上了馬庫斯．奧理略構想中的波荷米亞「橋頭堡」）

口也較少的中小部族。瑪爾科曼尼族與夸荻族雖然同樣對北方異族南遷的骨牌效應具有危機意識，但他們畢竟是能讓羅馬軍苦戰一、兩年的大族。因此較為現實的評估，他們應該會拒絕行省化。

如此一來，只剩下以軍事力量逼迫一途，並且在軍事力量壓迫後將其行省化。然而這項措施，需要強大的軍事力量與優秀的總司令官兩樣必備條件。從圖拉真皇帝的達其亞戰役至今，已經過了七十年。羅馬的軍事力量依舊健在，至於總司令官……。

既然馬庫斯如此擁有洞察力，想必不會認為自己扮演得了圖拉真第二。如此一來，只有將希望放在目前已經公認為馬庫斯左右手的龐培，以及騎兵團長馬庫西米亞努斯等行省出身但充滿羅馬精神的人身上。除了將蘆琪拉再嫁給龐培以外，他還將其他的女兒嫁給這個階層的司令官。五個活到成年的女兒中，共有三個人與行省出身，在軍團中熬出頭的武將結婚。而且為了讓這些軍方出身的人能累積政壇經驗，還以皇帝推薦的方式，讓他們當選執政官。不過，他們只是軍團長階層的司令官，不是總司令。總司令的職位，是皇帝必須親自承擔的職責。

在這個時期中執筆的《沉思錄》中，無論如何努力，也找不到任何關於將整個波荷米亞地方行省化的計畫。馬庫斯・奧理略完全不提政務，在書中只寫著自己的思潮。研究人員也表示，儘管在戰役中的前線起筆，但完全不提任何有關戰役的內容，是《沉思錄》的一大特色。這是為什麼？

也許是因為馬庫斯認為，為了職責而進行的戰役，與他的內心無關。而他在這本內容簡直可以易名為「我與內心的對話」的《沉思錄》裡面，只打算寫下有關自己內心的問題。

問題在於，不管他有多喜愛哲學思索，也成不了狄奧根尼斯。犬儒派哲學家狄奧根尼斯只怕是生活方式最為徹頭徹尾的犬儒派（亦即嘲諷人生的派別）了。這是亞歷山大大帝在東征途中，前來拜訪這位穿著破布衣裳、住在水缸裡的哲學家的故事。當亞歷山大大帝問他，是否希望大帝為他做些什麼時，狄奧根尼斯回答說：「你可不可以站開點，你站在這我就曬不到太陽了。」

不管要穿破布衣裳還是住在水缸裡，都是狄奧根尼斯的自由。不管他做什麼，都不會影響到其他人的人生。然而，馬庫斯卻是個皇帝。帝國境內的民眾安全，以及安全受保障後才得以維持的生活，全都肩負在他身上。

哈德良皇帝也傾慕希臘文化，喜好美少年。可是儘管讓同行的詩人佛洛爾斯揶揄道「我才不想當皇帝，在不列顛人之間遊走，在邊陲之地徘徊，忍受斯克提亞的刺骨寒風」，哈德良依舊進行了全帝國的視察旅行。並且藉由視察旅行，重新整頓了羅馬帝國。在哈德良的心中，哲學與政務並不分離。這兩方面的思想都屬於哈德良皇帝的個性。

可是對馬庫斯．奧理略來說，只怕這兩方面是分開的。或者說，他本人私下希望能分開。儘管沒有直接提到戰役，在《沉思錄》中還是有不少令人聯想到戰場的記述。

「你可曾見過遭到切割，遠離身體散落一地的手腳和頭顱嗎？」

「蜘蛛捕捉蒼蠅維生。有人靠捕捉野兔，有人靠捕捉沙丁魚維生。又有人獵取山豬，有人獵取熊。而有人則獵殺薩爾馬提亞人。襲擊獵物時所感受到的衝動，不管是人或動物，不都是同樣的殺意嗎？」

「亞歷山大、龐培和凱撒，在許多場會戰中讓敵人潰逃，攻陷許多城市。有些城市甚至從基礎遭到破壞。數以千計的騎兵步兵成了犧牲。就連他們也在某個晴天下，退出了舞臺。亞歷山大大帝和替他照顧馬的馬夫，死後同樣成了一把灰燼。」

寫下這種文章的人，在位期間內從頭到尾都在進行殺人的戰爭，不禁令人感到同情。不過，雖然《沉思錄》中絲毫未提及戰略或是戰役的過程，如果沒有作者的戰場經驗，這本書還是無法問世的。

「當人們想要徹底思索時，往往會躲到遠離人群的地方，像是田園、海濱、山中。以前也常常夢想著這種生活，然而這是個愚昧的解決方法。如果真的感到有必要面對內心，人隨時隨地都可以逃到自己的心中。」

「你現在置身充滿苦惱的地方，是全天下最適於修習哲學的環境。」

《沉思錄》全書以希臘文寫作。羅馬時代的社會菁英都是希臘文與拉丁文雙語人才。或許他認為皇帝的職責要以拉丁文書寫，而哲學思索則是希臘文也不一定。雖說馬庫斯也能像西塞羅一樣，以拉丁文敘述哲學思索，畢竟語言會有所謂語感，或是形式的問題。也許羅馬人馬庫斯認為，哲學思索還是應該以希臘文敘述。

不過，雖然《沉思錄》中完全找不到紀錄，從之後的局勢演變來看，馬庫斯這時無疑地是想把波荷米亞地方行省化。然而他卻因為一場不幸的事件，必須將行省化工作延後。這是因為敘利亞行省總督亞威荻烏斯．加西阿斯起兵稱帝了。

謀反

這場兵變的起因，是因為一次資訊的誤傳。加西阿斯接獲消息指出馬庫斯皇帝病死之後，認為與其由馬庫斯的十三歲兒子康莫德斯，還不如由自己繼任皇帝來得適合。因此他旋即宣布登基為帝，並獲得駐軍敘利亞行省的三個軍團支持。沒有先確認情報真假就倉促行事，是他個人的過失。不過由於馬庫斯的健康狀況，加上他五十四歲的年紀，接獲病逝的消息也不是什麼令人震驚的事情了。

不到一個月，大家就發現這是一場誤會。問題是加西阿斯已經付諸行動了。敘利亞總督無法後退，只好硬著頭皮往前衝，也就是在帝國東方持續鞏固自己的勢力。既然已經弄清楚皇帝還在世，那加西阿斯的行為就是對馬庫斯的叛變。

西元一七五年，正是馬庫斯計畫以前一年和談的亞茲蓋斯族為前鋒，與薩爾馬提亞族全面對決的年份。馬庫斯正在多瑙河南岸坐鎮戰線時，收到卡帕杜西亞行省總督派來的使者急報敘利亞行省總督叛亂的消息。馬爾提蘇・安尼斯是帝國東方唯一沒有贊同加西阿斯兵變的總督。

馬庫斯馬上展開了行動。敘利亞行省總督加西阿斯在帕提亞戰役時的盛大軍功，連帝國西方的軍團兵都聽說過。馬庫斯第一個要考量的，就是不讓西方的軍團兵為這件事情動搖。因此他把所有能召集的官兵通通集合，當面向他們這樣說：

「目前已經判明，我最信賴的朋友之一，對我展開叛亂的行為。如果因此產生的危機只針對我一個人的話，我很樂意由軍團和元老院來決定選擇我或是加西阿斯。如果加西阿斯獲選的話，我也能以安穩的心情，在不訴諸戰鬥的情況下把帝國讓給他吧。因為這是對於國家與公民弊害較少的解決方法。

問題是，東方的現況十分急迫，使我判斷如此議論下去，對國家與公民都不利。因此我的結論是，由我本人來面對就像在這前線一樣的危險，對於國家與公民才有好處。我已經到了風燭殘年了，身體不是很好，連用餐都會感到疼痛，熟睡已經不知是多久前的事了。儘管如此，我仍然抱持著在獲得你們的支持後，以不動搖的決意處置現狀的心意。」

這場表白十分的真摯，多瑙河前線的官兵們也直視著深受病痛之苦，卻不願離開前線的皇帝。支持馬庫斯的聲音不但響遍多瑙河前線，也成了帝國西方共同的聲音。駐軍帝國西方的軍團中，不用說支持加西阿斯了，就連意志動搖的軍團都沒有。

面對危機設法解決時，最為安全有效的處理方式，是依照重要程度決定順序，再按照順序一一解決。不過，往往有很多時候無法決定優先順序，這時只好同時進行許多方案。在這種情況下，最重要的有兩件事情，一是實行的速度，二是實行時毫不猶豫。平日的馬庫斯個性喜好思索，不跟朋友商量就不能下任何決斷。可是在西元一七五年春天時，他卻是個當機立斷的人。在此列舉他當時下的決斷：

一、確認獲得所有駐軍帝國西方的軍事力量支持。這點剛剛談過。

二、要求羅馬元老院斷定亞威荻烏斯．加西阿斯為「國家公敵」，並發出宣言。

馬庫斯在發給元老院要求決議的書信中這樣寫著：

「我相信天下沒有無半點善心的人存在，也認為古代的德行依舊存留現世。即使明知加西阿斯背離了我們的期待，我心中還是不會浮現侮辱他個人，或是羞辱對方的言詞。」

給元老院的書信內容，風格與面對士兵時進行的演講一樣。馬庫斯・奧理略這個人，如果不是正直到底的人，就是個能冷靜計算效果，修辭工夫一流的好手。

這種訴諸真情的做法，在面對士兵時成功了，而元老院也全票通過判定加西阿斯為「國家公敵」並發出宣言。儘管只是一時輕舉妄動，敘利亞行省總督加西阿斯犯下的罪行實在太明確。

三、將為了求學而回到羅馬的兒子康莫德斯叫回多瑙河前線的基地。

馬庫斯想確立萬一自己出事以後，由兒子繼承他的地位。儘管在帝政時期，羅馬人還是不認為皇位世襲，亦即父死子繼是極為正當的事情。如果想要採用世襲，就有必要正式宣布，一般是以收為養子明確其繼承人地位，或者是行皇太子禮。

康莫德斯在五月底離開首都，六月初就到達多瑙河畔的父母身邊。在馬庫斯的十四名小孩裡，只有一個男孩和五個女孩活到成年，因此康莫德斯現在是獨生子。他出生於西元一六一年八月三十一日，這時才十三歲，是個連成年禮都沒行過的少年。

傳說中，七月七日是羅馬建國國王羅幕路斯升天的日子。因此馬庫斯選擇這天在多瑙河畔舉行向諸神奉上犧牲的典禮，為康莫德斯行成年禮。羅馬時代的成年禮，拉丁文稱作 "toga virilis"，我們可直譯為「壯年男子的托加長袍」。因為在行過這個禮之後，原本未成年時只能穿短衣，之後個人在正式場合能穿著托加長袍出席。而康莫德斯在成年禮後，馬上又進行下一個儀式。如果以後世的英國來說的話，就叫做威爾斯王子，在羅馬時代則叫做「普林丘普斯・尤威托提斯」（皇太子、備位第一公民）。要由皇帝頒贈這項稱號，才有資格成為「皇太子」。雖說康莫德斯已經行了成年禮，不過這時還差兩個月才滿十四歲。很明顯地是提前行成年禮並進行皇太子宣言。

接下來這項，雖然筆者說明時放在最後，不過馬庫斯知道加西阿斯叛亂後所著手的對策幾乎是同時進行的。因此現在要說明的，和一、二、三項一樣，是立即著手的對策之一，那就是與進入交戰狀態的薩爾馬提亞族和談。馬庫斯已經告訴軍團與元老院，東方的叛亂要由他本人去平定。對於下定決心親自東征的他來說，心中最擔憂的就是多瑙河防衛問題。

開戰才兩三個月，士兵們已經對馬庫斯歡呼具有勝利者意味的「皇帝」，可見西元一七五年的薩爾馬提亞戰役是在羅馬的優勢下展開。損傷慘重的薩爾馬提亞，也當然迫不及待地接受羅馬提出的和談。雖說是和談，不過對羅馬來說只是停戰而已。羅馬在不需任何讓步的情形下，順利締結和約。

不只是薩爾馬提亞，在這之前羅馬已經與多瑙河北岸的瑪爾科曼尼、夸荻、亞茲蓋斯等部族締結和約，馬庫斯可在不需擔憂腹背受敵的狀況下前往東方。只不過在對付北岸的異族時，羅馬軍一路占了優勢。對總司令馬庫斯來說，被迫中斷這項戰略前往東方，心中只怕有無限遺憾。當馬庫斯前往東方平定叛亂時，日耳曼民族的酋長向他表示願意提供兵力，而馬庫斯則一反平日的態度，以冷淡的口氣拒絕了。

「在羅馬人之間發生的問題，不是羅馬人以外的人可插手的。」

不過在馬庫斯前往東方前，問題已經解決了。敘利亞行省總督加西阿斯被屬下的某位百夫長殺死，首級已經送到馬庫斯身邊。

對加西阿斯來說，這場皇帝夢只維持了三個月。馬庫斯連驗屍都沒考慮過，直接下命將首級入葬。

大眾認為馬庫斯沒有必要東行了，不過馬庫斯還是決意親自走一趟。因為發生叛亂的東方局勢，不會因為一個人的死就完全解除，馬庫斯有必要重整協助加西阿斯叛亂的東方防衛組織。將一切事務交代給龐培後，馬庫斯帶著兒子康莫德斯與皇后法烏斯提娜前往東方。這時前鋒部隊為了與卡帕杜西亞的兩個軍團會合，已先行往東方出發了。

一行人順著多瑙河坐船往下游走一小段路，進入巴爾幹半島後棄舟登陸，沿著色雷斯、馬其頓採陸路前進，由拜占庭（今日的伊斯坦堡）渡海前往亞洲。

隨侍皇帝的武將，有沛提那克斯、馬庫西米亞努斯、昆提流斯兄弟等。光看名字就知道，站在帝國防線最前端的老手幾乎有三分之一陪在皇帝身邊。其中馬庫西米亞努斯出身旁諾尼亞，昆提流斯兄弟出身小亞細亞，只有沛提那克斯出身本國義大利，不過此人的父母是熱內亞的解放奴隸。帝政時代的特色之一，是無論出身地或階級，依照實力登用人才。這些人正好是個模範。

可是為什麼與這些武將相同，甚至更受優待的加西阿斯要起兵造反呢？為什麼一聽到馬庫斯病逝的消息，精神就緊繃到連確認的餘裕都沒有了呢？

加西阿斯將軍

蓋烏斯．亞威荻烏斯．加西阿斯，出生於離敘利亞行省省都安提阿東北方約一百公里處的丘洛斯。在現代這個地方只是國界邊緣的小城鎮，土耳其語叫做琦利斯。在古代這裡位於銜接省都與軍團基地的幹線道路邊，是前往邊境擔綱防衛的士兵與東方貿易商絡繹不絕的熱鬧地方。他的父親名叫蓋烏斯．亞威荻烏斯．海利歐多爾斯。從海利歐多爾斯這個家名來判斷，他們是希臘裔的敘利亞人。加西阿斯出生年份推估約在西元一三〇年左右，比馬庫斯皇帝年輕約十歲。

做父親的海利歐多爾斯是個教育良好的知識份子，受到喜好知識份子的哈德良皇帝重用，長年擔任皇帝祕書官。之後在安東尼奧．派阿斯帝任內升任為埃及長官，意即以行省出身的人而言，他升到了行政官僚的最高階。做兒子的加西阿斯就在父親官邸的所在地亞歷山大度過少年時期。之後為了受高等教育，被父親送到帝國的首都羅馬。

加西阿斯身為高官子嗣，家風又重視教育，與當時還是皇位繼承人的馬庫斯同樣在荷羅狄亞斯．阿提克斯與科爾涅留斯．佛倫多門下求學。也就是說，在學校裡他是馬庫斯的「學弟」。

西元一七五年，當阿提克斯知道叛變的消息後，寫了一封信給他這個過去的學生。信裡面只寫了這樣一句話：「你瘋了嗎！」佛倫多則早在九年前就過世了，不用看到過去愛徒瘋狂的舉動。

與終身從政的父親不同，做兒子的選擇從軍的路。從海利歐多爾斯這個一聽就知道是希臘人的家名，改為羅馬式的姓氏加西阿斯，想必也在這時期吧。雖說羅馬是個雙語國家，但就連皇帝發到帝國東方的布告都要改成希臘文發布，只有軍中是由拉丁文統一的。

亞威荻烏斯・加西阿斯的軍人名聲，從西元一六二年到一六五年的帕提亞戰役起大為響亮。尤其在戰役後半段渡過幼發拉底河攻進帕提亞時，幾乎可以說是他一個人的舞臺。當時加西阿斯年約三十五歲，至於他有多活躍，從佛倫多寄給愛徒的信件就可以窺見。軍團長加西阿斯命令旗下的大隊長帶著戰勝報告前往首都羅馬，同時要這名大隊長順道去探訪年事已高的老師，因為這個大隊長也是佛倫多過去的學生。在此要介紹的，是佛倫多寫給加西阿斯的信件內容。

「你的大隊長尤鈕斯・馬庫希穆斯，帶著你用月桂葉裝飾的戰勝報告到達了羅馬。在結束公務之後也到我這裡來訪問，而且他說這是你的命令。我感受到你對我的心意，覺得十分快慰。

他毫不厭倦地，一一向我訴說你在戰役中遭遇到不分日夜的辛勞、你所考量實施的種種戰術戰略，以及你執行時所付出的憂勞與犧牲。
說實在的，他到訪的那天，我身子不大舒服，因此才躲到羅馬近郊的別墅來靜養。而當尤鈕斯來訪時，剛開始還在意我的身體。不過似乎聊著你的話題後，他把這件事情給忘了，一直聊到深夜才肯放過我。不過，我聽著這些話一點都不感到厭煩。你所計畫、執行的遠征；你所考量的，讓人覺得古代武將也不過如此，能成功一統士兵的種種軍規；在戰場上要如何激起士兵的鬥志；你決定要在何時何地戰鬥時的確切眼光與勇氣。當尤鈕斯向我訴說這些事情時，我可感到他對你的深深愛情，看到他對你心醉的模樣。我想，這個年輕武將，值得身為長官的你給予愛情與協力。給予傾心於自己的年輕人獲得榮耀的機會，也會讓你更加地光榮。」

亞威荻烏斯．加西阿斯是個在五賢君時代不知為何變得稀有的少數才華洋溢武將。由於在帕提亞戰役中建功，才三十出頭就從一個軍團的軍團長晉升為統率三個軍團的敘利亞行省總督。在戰役結束的次年，又獲選為執政官。五年後，西元一七二年時，為了鎮壓埃及的暴動，馬庫斯皇帝任命他擔任帝國東方全區總司令。當然，加西阿斯也回報了皇帝對他的深深期待。筆者覺得好奇，於是去調查醉心於加西阿斯的尤鈕斯．馬庫希穆斯是否附和加西阿斯一起造反。發現這時他已經調職到西方的軍團去了。西元一七五年時，他與老長官的叛變毫無關係。不知他接到這個消息時，是什麼樣的心情。

當馬庫斯知道加西阿斯叛變之後，第一件事情就是確認西方軍團的支持，這個判斷十分正確。受士兵歡迎的司令官，最重要的條件是要能打勝仗，同時也是以精彩的方式贏得豐厚戰果的武將。加西阿斯將軍不只在任職的帝國東方，在帝國西方的軍團兵之間，也是頗負眾望的優秀武將。

既然贏得了如此盛名，為什麼加西阿斯還要如此輕舉妄動呢？

如果馬庫斯皇帝的死訊不是誤傳，而是事實的話。在大多數人眼中來看，由皇帝的兒子康莫德斯繼位是最自然的。我們將時間限定在五賢君時代來看好了。涅爾瓦、圖拉真、哈德良、安東尼奧・派阿斯四位皇帝都沒有親生兒子，然而馬庫斯有親生兒子，儘管才十三歲，還沒完成成年禮。十幾歲的皇帝，身邊需要攝政大臣，而最可能替年幼的皇帝擔任攝政大臣的，是在多瑙河前線擔任馬庫斯左右手、蘆琪拉的丈夫、康莫德斯的姊夫龐培。

龐培和加西阿斯一樣是出身敘利亞的武將。和加西阿斯這個帝國高官子嗣不同的是，他屬於軍中熬出頭的類型。在受過的教育方面，也與和馬庫斯同窗的加西阿斯不能相比。而最大的不同，亦即對加西阿斯來說最難以忍受的，在於武將的資質。

龐培同樣是優秀且受士兵喜愛，對於最高司令官皇帝也忠誠無比的典型羅馬武將。問題是他指揮下的作戰，雖然能獲勝，卻不是以令敵人都咋舌的精彩方式獲勝。我們甚至能說，在多瑙河前線的戰鬥會拖延這麼久，是因為受了馬庫斯與龐培的個性與資質影響。加西阿斯與這兩人類型完全相反，想必他心中有著自己何必在凡庸的龐培底下忍耐的想法。筆者認為，這應該是還沒確認情報是否正確就急於起兵的真正原因。對於才華洋溢的人來說，讓凡庸的人站在自己之上是無可忍受的，更何況這個人還與自己同鄉。當西元一七五年起兵稱帝時，加西阿斯年約四十五。對男人來說，正值黃金時期。

不過加西阿斯也不光是因為聽信誤報而起兵，他心中還有對於馬庫斯皇帝不滿的地方。在此要介紹的，是在《皇帝傳》中所登載，他起兵後寫給女婿的信件。

「可悲的羅馬帝國啊。受著滿腦子只想維持自己既有資產的人，還有只想成為新資產家的人所苦。可悲的馬庫斯啊。他雖然擁有偉大的德行，獲得寬容領導者的名聲，卻讓貪婪的人橫行帝國中。

消失到哪去了？我們的祖先傳下來的律己生活方式。我了解規律會隨著時代演變漸漸寬鬆，可是現在連追求的心都喪失了。

傾慕哲學的馬庫斯．奧理略，熱心於探求人類的善良原理、善良靈魂、正直與公正。對於何謂國家、如何使國家發揮良好功能的問題卻不熱心。可嘆的是國家如同祖先所示下的，需要劍與法律。

難道我們必須稱呼滿腦子如何幫自己發財的帝國高官“proconsul”（元老院選出的行省總

督）、“propraetor”（皇帝任命的行省總督），對他們付出敬意嗎？你可知道嗎？我們的哲學家深深信賴的禁衛軍軍團長官之一，在就任的三天前還是個窮人，一就任馬上成了富翁。怎麼辦到的？我真想問他。要怎麼做才能在不剽竊帝國國庫，也不剝削行省民的情形下發財。

我們羅馬帝國的公民，無論是高官或是平民，現在都是擁有相當資產的人。可是人們卻經常嘆息國庫資金不足。要脫離這個散漫的慘狀，只有請諸神以真正的優良資質與能力來協助人們。吾等加西阿斯，願成為取回羅馬威嚴的先兵。」

收拾殘局

既然叛變的首謀者已經死亡，一般會認為事後處理不需要由皇帝特別跑這一趟。儘管如此，馬庫斯還是來到東方，因為不只是軍團兵，連派駐行省的官僚中，都有不少人支持加西阿斯。此外，帝國東方兩大城市，埃及的亞歷山大與敘利亞的安提阿居民，對於支配者羅馬人加西阿斯有親近感。加西阿斯少年時期在亞歷山大度過。他的父親施行的善政，到現在還受人傳誦。而且最重要的是，三年前迅速夷平埃及原住民暴動的功蹟，受到正面的評價。

在敘利亞的安提阿，民眾也把加西阿斯當成自己人看待。一來加西阿斯和他們一樣，是希臘裔敘利亞人。二來他成為行省總督，入主安提阿官邸九年下來累積了政績。而在這段期間內，由於加西阿斯在帕提亞戰役期間內縱橫沙場，使得帕提亞的武將沒有人有勇氣向他挑戰。幼發拉底河的對岸，就好像被貓盯上的老鼠一樣安安靜靜的。儘管是在加西阿斯死後做收尾工作，對馬庫斯來說也不是簡單的事情。不過馬庫斯．奧理略後來卻以加西阿斯知道的話一定會大為批評的方法做事後處理。

讓軍團先行後，皇帝與皇后、皇太子一行人到達小亞細亞，並轉向東行。首先以安琦拉（今日的土耳其首都安卡拉）為目的地。計畫中是由安琦拉轉向南行，渡過地中海進入敘利亞。然而在穿越陶盧斯山脈就能到達地中海岸的地方，法烏斯提娜皇后卻病倒了。這次旅途從秋季開始，而這時候已經是冬季了。可能即使沿著當時的高速公路，全線石板路面的羅馬大道乘馬車旅行，對四十五歲的女性來說依舊過於勞累。皇后沒有苦於久病不起，隨即逝世了。婚姻生活長達三十年，雖然只有六名小孩活到成年，但一生中生產過兩次雙胞胎，共育有十四名兒女。

羅馬元老院接獲皇后逝世的消息後，還未受到馬庫斯皇帝的請求，就全票通過決議將皇后神格化。而丈夫馬庫斯則將妻子逝世時待的荷拉拉鎮改名為「法烏斯提娜堡」，下令在此興建紀念亡妻的神殿。不知他是以什麼樣的心情看著火葬時的火焰。火葬後，骨灰將入葬於臺伯河畔的「哈德良靈廟」。當他目送骨灰罈離去後，重新踏上往東方的旅程。儘管兒子康莫德斯還在身邊，《沉思錄》中那個「無上從順、無上情深，最重要的，她是個毫不矯飾的女子」，已經不能陪伴他旅行了。

皇帝一行人由小亞細亞進入敘利亞，之後沿地中海東岸南下往埃及前行，途中沒有進入安提阿。這是為了暫時避免進入加西阿斯派的根據地，敘利亞行省省都。而當時的紀錄則表示，這是以忽視的方式來懲罰安提阿人。到了埃及後，只有把帶頭響應加西阿斯叛亂的長官史坦提亞努士召回本國後處以流放刑。長官的部下全數釋放，對於擁戴加西阿斯稱帝的亞歷山大居民也沒有做任何處罰。馬庫斯停留在埃及的時間，可二分為皇帝的工作與哲學家的樂趣。皇帝的工作，是接見包括帕提亞在內的中東君王、王公與族長，互相確認和平。沒有工作的日子，則前往與雅典並列為羅馬帝國最高學府，同時也是研究機構的"Museion"，在此聽學者講課，並出席學者主辦的「座談會」。不過馬庫斯・奧理略沒有像哈德良皇帝一樣，與學者們打起舌戰一一駁倒對方。這兩個人的差異不在學識而在氣質。

之後，一行人由海路離開亞歷山大，前往敘利亞。這次的目的地是安提阿。到達安提阿總督官邸之後，在此公布敘利亞相關人員的懲處。

加西阿斯的妻子已經過世，育有兩個兒子和一個女兒。長子在父親遭部下百夫長殺害時同時被殺，次子處以流放刑，女兒和女婿則交由加西阿斯的伯父看管，這個伯父具有元老院議員身份。至於這類事件中常有的抄家沒收財產，則完全沒執行。當馬庫斯向元老院報告這些寬容的處分時，也獲得元老院多數通過。

整個處理過程中幾乎沒流血。只有附和加西阿斯的城市之一拜占庭，由於不聽從先行軍團的勸告開城，因此引發攻城戰鬥。這是整場政變中唯一以武力鎮壓的例子。不過，馬庫斯皇帝能貫徹寬容的態度，也多虧了卡帕杜西亞行省總督安尼斯在事發後迅速的處置。

在此先整理一下加西阿斯叛亂的過程。

西元一七五年四月，接獲馬庫斯皇帝病逝的報告後，亞威荻烏斯．加西阿斯起兵稱帝。同時，他向卡帕杜西亞行省總督馬爾提蘇．安尼斯尋求支持。安尼斯不但拒絕，並且向身在多瑙河畔的馬庫斯送出加西阿斯起兵的報告。之後的三個月裡，安尼斯一直拒絕加西阿斯的邀請。

該年七月，軍團的某位百夫長知道馬庫斯皇帝病逝的消息是誤報後意志動搖，殺死了加西阿斯。安尼斯接獲消息後，立即離開卡帕杜西亞進入敘利亞。首先將敘利亞行省的三個軍團、巴勒斯坦的兩個駐軍軍團，以及位於約旦基地的一個軍團全數納入自己的指揮下。他扛出的理由是，面臨假想敵帕提亞的重要前線，不能沒有司令官。

當收編部隊之後，安尼斯才前往安提阿的總督官邸。到達官邸之後，他馬上把相關的證據文書全數燒毀。叛變的首謀者已經死亡，如今要避免整肅對象波及相關人員最末端的方法，亦即避免傷害更深的方法，就是把所有能成為證據的紀錄與信件全數燒毀。他在馬庫斯離開多瑙河畔往東方出發之前，就把這些事情辦完了。

亞威荻烏斯．加西阿斯是為了憂國的意識而起兵，而同樣身為武將的馬爾提蘇．安尼斯也同樣愛著這個國家。馬庫斯．奧理略也能理解安尼斯的想法，因此順著他的作風進行處分。所以這次起兵造反的事後處分，才會史無前例的寬容。

將敘利亞交給新任命的總督安尼斯之後，馬庫斯接下來只要回到首都就好。皇帝一行人這次的返鄉行程，也順便成了觀光旅行。首先他們到達以壯闊美景聞名的小亞細亞西岸都市愛菲索斯。之後在斯敏諾，與著名哲學家亞理士提狄斯重逢。後來從斯敏諾走海路前往雅典。

馬庫斯．奧理略直到四十七歲為止，還沒離開過本國義大利。年近五十歲時首次親眼見到的行省風景，也都是多瑙河防線連綿的北方地區。要到了五十五、六歲，才親自踏上帝國東方與南方的土地。這次旅行中，是他第一次，也是最後一次造訪埃及、敘利亞與小亞細亞。想必在從小亞細亞往希臘的船上，他能感受到愛琴海這個多島海域的風土。因為只有在一個島還沒離開眼角，另一個島又出現在面前的愛琴海旅行過後，人才能感受到什麼是希臘文明，以及希臘文明是如何形成的。亦即感受到氣候與地勢如何影響文化與文明的形成。

如果說義大利的羅馬，是帝國的政治、經濟與軍事中心，那麼希臘的雅典，就是帝國知性的故鄉了。哲學在雅典開出了最燦爛的花朵。斯多葛學派的創始人哲農，在馬庫斯造訪雅典的五百年前，就在這裡開始了「哲學家生意」。當時的講壇位於雅典的“stoàpoikìle”（壁畫迴廊），所以日後這個學派才被稱為「斯多葛派」。想必對於傾慕斯多葛派的馬庫斯來說，這次造訪雅典有如朝聖一樣。而且在雅典迎接皇帝的，正是荷羅狄亞斯．阿提克斯。他是當時名聲最高的學者、聲譽最盛的文化人之一，也是最聞名的富豪之一。而且他在公民的義務，亦即公職方面，連執政官都擔任過了，可說是個集社會羨慕於一身的希臘人。他身為學者，卻又能為公共建設捐出大筆經費，避開眾人嫉妒，是個善於處世的能人。而且對馬庫斯來說，他是和已故的佛倫多並列的恩師。

對馬庫斯來說，能成為荷羅狄亞斯·阿提克斯的客人住在雅典，真是一件舒適的事情。雖說每天接受不過度華麗，但又關心到每個細節的款待，但馬庫斯並未在雅典新建任何文化設施。這是因為馬庫斯沒有必要這麼做，哈德良皇帝重建文化中心雅典至今半個世紀，一切仍在完美的狀態下。

馬庫斯做的是將雅典特有的哲學學府重新分為四個學科，並將在此授課的教授薪資正式修改為固定薪資制度。四個學科分別為柏拉圖哲學、亞里斯多德哲學、斯多葛哲學，以及其他哲學學科。教授所擁有的年薪，與帝國事務官的年薪相等。由於馬庫斯少年時曾模仿哲學家的生活，直接睡在地板上，可能他認為哲學家不需要高薪吧。

話說回來，同樣醉心於希臘文化的兩個著名羅馬皇帝，所關心的對象如此不同，也是一件有趣的事情。哈德良的注意力主要放在造型藝術方面，而馬庫斯·奧理略只關心哲學方面。兩個人注重的地方不同，前者注重在「美」，而後者關心的在於「真」。雖說美與真都是希臘文化的最終目標。

這一年，亦即西元一七六年秋天，皇帝一行人回到了首都羅馬。對五十五歲的馬庫斯來說，這是七年來第一次返鄉。十一月二十七日，為了慶祝戰勝日耳曼諸部族，以皇帝和皇太子兩人為主角，舉辦了壯麗的凱旋儀式，使得首都的民眾為之狂熱。

確立世襲

第二年一到，西元一七七年一月一日，這一天是十五歲的康莫德斯第一次擔任執政官的日子。在新任執政官的就職演說結束後，馬庫斯向著列席的元老院議員發表了關於帝國今後發展影響極大的一件政策。他決定任命他的兒子為共同統治的伙伴。

十五年前馬庫斯登基時，也曾宣布與盧西厄兩人共同稱帝。現在他打算把盧西厄當時的地位，同樣交給康莫德斯。也就是說，他把皇帝所享的權力與兒子共有。

“Imperium Proconsulare Maius”，是羅馬全軍最高司令官才能行使的總指揮權。

“tribunica potestas”，是保護一般公民權益的官職。

接受士兵歡呼「皇帝」稱號的資格。

康莫德斯沒能獲得的，只有位居國家宗教最高負責人的「最高神祇官」。這是因為羅馬傳統上，這項職位只能由一個人擔任，所以無法共享。然而在其他的權力方面，父子兩人享有相同的待遇。而且這項共同統治體制，是在康莫德斯第一次擔任除皇帝以外，全羅馬最有權威的官職執政官的同時開始的。過去登基年齡的最低紀錄，是尼祿的十六歲十個月。康莫德斯現在打破了尼祿的紀錄，才十五歲又四個月就成了「共同皇帝」。

馬庫斯．奧理略一生如此堅持要行正道，因此這項政策理當不是受父子私情所影響。在兒子康莫德斯就任執政官的同時，他也讓女婿昆提流斯擔任執政官。除了昆提流斯之外的四個女婿，這時已經都有了執政官經驗。而五個女婿中，確知其中至少三人為行省出身，五個人都是老練的武將。馬庫斯期待當自己百年以後，年輕的皇帝能在姊夫的扶助下治國。而且順利的話，可以避免為爭奪帝位引發內戰。一個國家的內戰，就好比人體流血一般。在加西阿斯叛亂的事件中，想必馬庫斯學到必須不擇手段避免內戰發生。元老院也沒對皇帝的決斷表示異議就通過了，想必元老院議員們心中也深深刻畫著內亂的弊害。

當這些事情處理完畢後，馬庫斯因疲勞過度病倒了，由御醫迦雷努斯跟在他身邊照顧他。

由於上述因素影響，西元一七七年，馬庫斯過著來往於首都與羅馬近郊別墅間的安靜生活。不過，雖說這時已經有兩名皇帝，實質上的皇帝還是只有馬庫斯而已。不管身在何處，政務都會跟上門來。這些政務絕大多數都是一般政務，不過其中有一個判決內容引人深思。這個判決的內容，是關於應如何處罰狂人犯下的罪才適當。而這次的判決後來成了羅馬法的判例。在此要重新強調，羅馬皇帝同時也是「最高法院院長」。不過皇帝下的判決，不一定會直接在法庭上宣讀。大多數的情況是由在法庭擔任主審官的「首都警察長官」，對依照法律判決感到猶豫時，請示皇帝的意見。或是皇帝不在首都時，由皇帝以書信回答，之後才由長官照皇帝的意思重新下判決。因此，下面這封馬庫斯的信件，收信人是在法庭坐在主審法官席上的首都警察長官。

「在精讀你所送來的搜查與詢問結果後，我覺得被告艾流士．普里斯克斯對於自我言行連最低限度的抑制力都沒有。當他殺害母親時，對於行為的善惡也沒有判別能力。此外，也不像是偽裝成瘋狂。在這種情況下，我們無法論罪，因為瘋狂本身就是諸神給人的一種懲罰。

不過，即使判決為無罪，也不等於釋放。今後有必要將其保護於嚴密的監視下。而且視情況而定，考慮是否有必要加上鋳鐐。這不是為了懲罰他，而是為了保護這個人周邊的其他人。我們下判決的人，必須要充分考量到可能發生的不幸意外。

而且在狂人間有時會發生的現象之一，是他的腦子也有恢復理性的時候。你不得輕忽監視的另一個理由，就在於判斷他殺害母親時，是否身處於理性明晰的時候。如果真是如此，那這名被告就不得以精神耗弱為由成為無罪判決的對象。

話雖如此，依據你的報告指出，被告在犯下兇行之前，已經隔離於家中一角，置身家人及朋友的保護與監視之下。我想你應該從這個角度重新詢問，這項問題應該與精神病患的被告無罪判決分開處置。亦即調查犯行是否肇因於這些人的怠慢，如果發現證據證明這項事實的話，那就必須以執行義務不力的罪名處罰這些人。在此重複，我們司法者必須銘記在心的，不僅在於如何處罰犯下重罪的狂人，而在於防止其他多數人成為這種犯罪的犧牲者。」

在同一年，高盧行省的里昂執行了馬庫斯．奧理略在位期間第二次的基督教徒死刑。首先來談談事情為何發生在高盧的里昂。這是因為當馬庫斯皇帝為了收拾加西阿斯叛變後的局面前往東方時，有一支日耳曼部族趁機突破萊茵河防線入侵，使得高盧人心不安。由於多年來享受和平，異族入侵對他們來說好像被人當頭淋了一桶冷水。儘管如此，高盧人還是不惜一切努力協助萊茵河防線的後勤業務，因而對於期望墮落頹廢的羅馬帝國滅亡，等待神國降臨的基督教徒的反感才會爆發。另外，基督教徒形成專屬於自己的封閉性社區，不願從事羅馬帝國公務與兵役的態度，也是激起反感的主要原因。除此以外，到高盧來傳教的人，絕大多數都來自遠離高盧的東方，這形成一種大眾心理的溫床。後世以兩個希臘文組成一個字，稱為「克塞諾弗比亞」，意為厭惡外國人；外國人恐懼症；排斥外國人。

自從〈圖拉真法〉立法以來，依據法律規定，基督教徒在明記告發人的告發之下，將成為逮捕與審問的對象。如果接受改宗勸告則無罪釋放，相反地若拒絕則將處以死刑。他們的罪名是拒絕接受羅馬宗教罪。以羅馬人的立場來說，羅馬人的宗教屬於多神教，是統合多民族國家羅馬帝國的要素之一。因此這項罪名名正言順。羅馬的為政者在處理基督教徒問題時，也不是以宗教的眼光來看待，而是以反社會行為來制裁基督教徒。因此，即使從基督教徒的眼中來看他們是殉教，但對於其他多數羅馬人來說，這是一種犯罪。處刑時也與其他罪犯相同，亦即鞭笞之後斬首。

然而在西元一七七年的里昂，在判處死刑的五個人裡面，只有一個人因經判明為羅馬公民而處以斬首刑，其他四人則被拉到圓形競技場公開處刑。這是由於許多社會背景所產生的偶然結局。

馬庫斯皇帝並沒有牽涉里昂的基督教徒處刑，以里昂為省都的「高盧．盧古都南西斯」行省總督也沒有關連。下達死刑判決的，是名叫「高盧部族長自治協議會」的組織，這是由高盧行省民組成的自治機構。早在朱利斯．凱撒征服高盧前，這個高盧部族長的會議就存在。當高盧成為羅馬的行省後，自治會還能存在是因如果羅馬認可某個程度的自治，對統治高盧會更有利。後來的皇帝也繼承凱撒的這個想法。因此，儘管漸漸偏離了當初的目的，高盧的仕紳會議依舊存在。當總督想要找人代為出面行事，多半會委由他們代理，其中一項工作，就是為圓形競技場舉辦的鬥劍士決鬥做節目製作。

問題是，在馬庫斯．奧理略在位期間裡，由於鬥劍士也被送到前線去作戰，因此演出費用暴漲。馬庫斯皇帝甚至發過布告表示，鬥劍士決鬥的目的是觀賞個別鬥劍士的精湛技巧，不在於看到某一方死亡。也就是說，這時候的鬥劍士嚴重缺貨。既然缺貨，價格自然也上揚。在帝國的首都羅馬還承受得起，行省的省都可受不了這種經濟變動。這使得苦於對策的「製片」提案要由死囚代替，並獲得議會通過。

魯哥多奴姆（里昂）建設於隆河與塞納河匯流之處，市內的圓形競技場隔著塞納河與市中心相對。四名基督教徒就在這裡與野獸爭鬥之後，或說連打鬥都稱不上，被猛獸吞食。這是將基督教徒拉到圓形競技場處死的首例。羅馬的圓形競技場從頭到尾都沒有成為基督教徒殉教的場所，這是因為由皇帝擔任節目製作的首都，可以花費高昂的演出費用請來職業鬥劍士。

到了西元一七八年，直到前半年為止，馬庫斯的生活依舊同樣平靜。唯一比較顯眼的事情，就是好不容易滿十七歲的兒子康莫德斯與克莉絲庇娜完婚罷了。

馬庫斯挑選女婿時，不問其出身地與階級，挑選充滿實力的武將。而在幫兒子挑媳婦時，卻選擇了代代出身元老院的家庭。克莉絲庇娜的祖父名叫布魯提烏斯·普雷增斯，他受到哈德良皇帝重用，在安東尼奧·派阿斯皇帝時代也是名重臣。想必這是希望藉由迎娶元老院有力家族的女兒做將來的皇后，使得康莫德斯成為皇帝後還能與元老院維持良好關係。

馬庫斯已經五十七歲了。以他這把年紀，加上隨時有問題的健康狀況，想必不願意再度前往多瑙河流域。不過，自從圖拉真皇帝以來，羅馬首度要執行新設立兩個行省的大規模計畫。然而為了這個計畫而送到前線的武將，卻連預備階段的擊倒異族都沒能達成。史學家加西阿斯·迪奧在著作中也這樣表示：

「昆提流斯兄弟缺乏終結戰役所需要的某種特質。儘管這兩兄弟在勇氣、審慎、經驗方面都沒有任何缺失。」

馬庫斯·奧理略決定再度親自前往戰場。他認為光是身在戰場附近，就能為羅馬的官兵帶來好的影響。他決定於該年的八月二日離開首都羅馬。

「第二次日耳曼戰役」

羅馬似乎終於下定決心，要對長期威脅北方前線的日耳曼諸部族展開明確且大膽的軍事行動。異族侵略多瑙河前線的現象，早在十一年前的西元一六七年就已經表面化。雖說西元一七五年到一七七年的三年裡，由於加西阿斯叛亂，不得不中斷戰役。然而除了這三年以外，羅馬可說是浪費了八年的光陰。既然盡早達成目標是戰爭行為唯一的「善行」，那麼持續戰鬥卻不能終結戰爭狀態，我們也只能批評這八年是白費了。而且這責任，也只好歸咎於馬庫斯皇帝身上。

最高負責人應考慮的戰略政策，是在多瑙河問題表面化時，盡速理解問題的本質何在，並考量有哪些方案可以解決問題，並且思索以當時羅馬的實力而言哪些方案可能實現，之後才全力投入，盡早把事態解決。拖延到解決事態所需的時間，就是一種罪惡。剛開始只要小規模的措施就可能應付的問題，拖延得愈久，所需要的鮮血與軍事費用就愈多，而且更為嚴重的是衍生於其後的弊端。這項事態使得不論是否為當事人，都失去了自信心。人們一旦失去餘裕，會變得與其設法努力復建，不如犧牲別人來出氣。在里昂圓形競技場上觀看基督教徒死刑並拍手喝采的人，就是其中一個例子。羅馬皇帝是軍方的最高司令官，同時也是羅馬帝國的最高負責人。最高負責人的工作，就是要考量到民心動態，並藉此決定政策。在萬事亨通的時代裡，領導人或許可有可無，然而在迫於解決問題的時代中，領袖是不可或缺的。

我們接下來看看，預定於西元一七九年春季展開的羅馬軍攻勢有多全力投入。首先，兩名皇帝都身在戰線上，這就足以讓我們想像了。再加上那年的兩名執政官也都參戰。也就是說，首都羅馬交給警察長官與管區為首都的法務官，最高官員全都在前線報到。而直接指揮部隊的總督等指揮官，都是今後二十年內在最前線擔任帝國防衛的菁英。

兩名皇帝到達前線，自然有助於提升士氣。士兵們光是看到皇帝的臉就精神百倍了，而馬庫斯皇帝到達前線，也對將官的活動帶來良好的效果。這話怎麼說？我們來看看馬庫斯自己寫下的說明吧：

「指揮官們都是軍事方面的老手。正因他們是老練的專業人士，所以知道如何才能將自己的能力發揮到極致。不過，戰爭是集團行動，也因此不能凡事都照他們的個別期望行動。我必須要留心的，就是以國家利益為最優先，並以此為基準決定在哪個領域活用哪個人。這時應當留意的是，身為最高司令官的我，應該為託付特別領域的人物整頓好能充分發揮個人能力的條件。」

這段話的要點，簡單來說就是「調整」一詞。不過重點在於並非在細部做調整，馬庫斯·奧理略是以皇帝的權威，而不是以最高司令官的能力來行使這項業務。在權威方面，他也的確足夠了，畢竟皇帝治國至今已經十七年，高齡五十七歲。

而在這個時期，似乎羅馬人也開始體認到這些異族已經不能以北方蠻族一詞統稱。在紀錄中也開始把「蠻族」分為「近蠻族」與「遠蠻族」。所謂「近蠻族」是住在羅馬防線附近地區的人，因此雖然偶爾會與羅馬兵戎相見，但相互間也有通商及其他交往的部族。瑪爾科曼尼、夸荻與亞茲蓋斯族就屬於這一型。相對地，「遠蠻族」則是住在更北方的人。與羅馬之間沒有外交關係，而羅馬人至這個時期才開始聽說他們的部族名稱，比方說薩爾馬提亞、倫巴底、汪達爾、哥德、法蘭克、薩克森等等。這些「遠蠻族」向西南方移動才是「近蠻族」侵略羅馬領土的真正原因。

馬庫斯．奧理略的政策中，打算將「近蠻族」合併入羅馬帝國，將其行省化。並在與「遠蠻族」有直接接觸時，將帝國的防線化為要塞。

這項政策本身並不壞。羅馬立國以來，擴大支配範圍的歷史可說是為了強化防衛力量的產物。朱利斯．凱撒將北義大利編入本國內，是為了強化盧比孔河以南的義大利半島防衛體系。同樣由凱撒進行的高盧行省化，也是為了強化包括北義大利在內的義大利本國。由凱撒起始，克勞狄斯皇帝完成的不列顛征服戰，則是為了高盧的安泰。龐培將敘利亞行省化，則是為了增強對大國帕提亞的抵抗力。

說實在的，羅馬人並非從一開始就為了創建大帝國而四處征服，而是在考慮到防衛強化政策後採取軍事行動，自然地逐漸形成大帝國。因此為了強化國防而將外族行省化，對於羅馬人來說是一項傳統的政策。圖拉真皇帝將達其亞行省化，就是最近的一個例子。

所以這時的第一項問題在於是否有充分的軍事力量推動這項政策。馬庫斯時代的軍事力量還充足，只要避免誤用人才造成浪費，羅馬軍還是具有壓倒性的威力。

第二項問題在於最高負責人皇帝是否具有推動政策所需的強韌意志力。而西元一七八年的馬庫斯．奧理略，也具備這項條件。

既然條件都充足了，西元一七九年的羅馬軍攻勢，當然也就連戰連勝。最高司令官的堅定意志感染到每個士兵身上，使得他們有一股不達目標絕不罷手的衝勁。

當皇帝在卡爾倫托姆軍團基地坐鎮時，由多瑙河流域的各個戰場上陸續傳來了勝利報告。

瑪爾科曼尼、夸荻與亞茲蓋斯族只有被羅馬軍蹂躪的份。

在正式名稱叫做"expeditio Germania secunda"的「第二次日耳曼戰役」裡，幾乎每個指揮官都在沙場上立威。其中表現最為突出的，是率領騎兵團作戰的瓦雷流斯·馬庫西米亞努斯。這名出身旁諾尼亞的武將完全活用了騎兵的機動力，擾亂敵軍陣營，使敵軍沒有時間重整陣容。他的活動範圍甚至達到多瑙河以北一百二十公里處。馬庫斯的政策中，計畫將現代的捷克一帶全數化為行省。因此馬庫西米亞努斯可說是幾乎跑遍了整個戰場。皇帝為了回報他的軍功，任命他為以布達佩斯為基地的第二亞荻托利庫斯軍團軍團長，把面臨敵軍的最前線交給他。不過，軍團長按例必須要由具備法務官或執政官經驗的人擔任，亦即資格條件為元老院議員。馬庫西米亞努斯出身行省又在軍團中磨練，實在沒有這項資格。而馬庫斯毫不猶豫的當場任命他為元老院議員，並請求羅馬元老院事後承認。

不過，羅馬方面也並非沒有犧牲。這年的執政官之一朱利斯·威勒斯在作戰中陣亡。既然司令官之一陣亡，可見其指揮的士兵死傷有多慘重。不過，戰況依舊壓倒性地對羅馬有利。既然已經能見到戰爭的結局，不僅是將領，連士兵都會變得強悍。

馬庫斯決定在卡爾倫托姆西方五十公里的維德波納（今日的維也納）基地過冬。這裡同樣是軍團基地，距離前線基地卡爾倫托姆不遠，而相形之下較為寧靜，不過氣候與多瑙河畔的其他前線基地一樣嚴酷。隨著皇帝的移動，作戰本部也跟著遷移。西元一七九年到一八〇年間的維也納，為了替第二年春天開始的「第二次日耳曼戰役」第二年度做準備，充滿了人來人往車馬絡繹的聲浪。

駕崩

在面臨地中海的南國義大利，戰鬥季節通常由三月開始。不過在北國的多瑙河畔，開戰時期通常要晚一點。馬庫斯皇帝也正好在這個時期病倒。這時是即將重新開始戰鬥的西元一八〇年三月初。

馬庫斯·奧理略可說是抱病活下來的。即使御醫沒表示意見，他也知道這次不管是醫藥、治療或休養都沒效果了。

他將兒子康莫德斯以及重要的將領叫到病房中。馬庫斯皇帝向以總督或軍團長身份執行「第二次日耳曼戰役」的將軍們，請求兩件事情。

第一，是請求他們協助康莫德斯，為維護帝國安全盡力，絕對不能引發內亂。

第二個請求是繼續執行日耳曼戰役。他表示大概在這一年的秋天，行省化的第一個階段，軍事力量壓制應該就能結束。

馬庫斯．奧理略

說完遺言之後，皇帝就開始拒絕醫藥、食品，甚至於飲水。對於羅馬的男子而言，在半生半死的狀況下苟延殘喘是一種恥辱。而且對馬庫斯而言，從容就死是身為斯多葛信徒自己結束人生應有的方式。

士兵們知道皇帝的病況之後，每個人都一樣的消沉悲傷。他們不僅是因為最高司令官的生命逐漸消逝而傷心，在這漫長的歲月中，他們已經看習慣了忍著病痛站在前線的皇帝。而這時馬庫斯的生命已經到了盡頭，士兵們看待這件事情，有如看著與自己同一隊的同袍戰友過世一樣，打從心裡感到苦惱與悲傷，將領們的心情也是一樣。

在拒絕一切飲食醫藥的四天後，馬庫斯．奧理略皇帝於三月十七日逝世。

再過一個月他就要滿五十九歲了，在位期間達十九年。對於這個性向不適於軍事的人來說，這是充滿戰爭的十九年。

皇帝的骨灰，將入葬於臺伯河畔的「靈廟」裡。遺體則在軍團基地中的廣場上，在整隊肅立無言的官兵面前火葬。

寫下「摯愛的羅馬，培育幼少的我的柴利歐丘」的人，在遙遠北方的多瑙河畔，於夾雜細雪的雨中結束人生。馬庫斯·奧理略成了第一個在前線逝世的羅馬皇帝。

隨著皇帝逝世，產生了皇位繼承的問題。不過做兒子的康莫德斯已經是共同皇帝，即使他這時才十八歲又五個月大，既然只是並列繼位，也就不會引起任何問題。康莫德斯只要以唯一的皇帝身份，接下最高神祇官的職位就可以。

在遺言方面，第一部份要求協助年輕的皇帝，致力維持帝國安全，不得引發內亂，帝國的將領們完全守住了。至於第二部份要求持續進行日耳曼戰役，則被完全打破。

馬庫斯逝世那年，加西阿斯·迪奧年約二十五歲，不久後移居羅馬。他在後來著作的史書中，這樣形容馬庫斯·奧理略：

「以這個人真摯的生活方式，以及其貫徹終生的強烈責任感，不禁令人認為他應該遇上更幸運太平的在位期間，然而實際上卻完全相反。第一點在於他本身健康狀況就不佳。

第二點在於在位期間一再遭遇到各種難題。

不過，正因為如此，我才會對他獻上更深的敬意，充滿讚揚他的思念。他身為皇帝所面對的問題，都是新的，而且困難的問題。儘管如此，馬庫斯・奥理略還是有如拖著病痛的身子活到五十九歲一般，成功地延長了羅馬帝國的生命。」

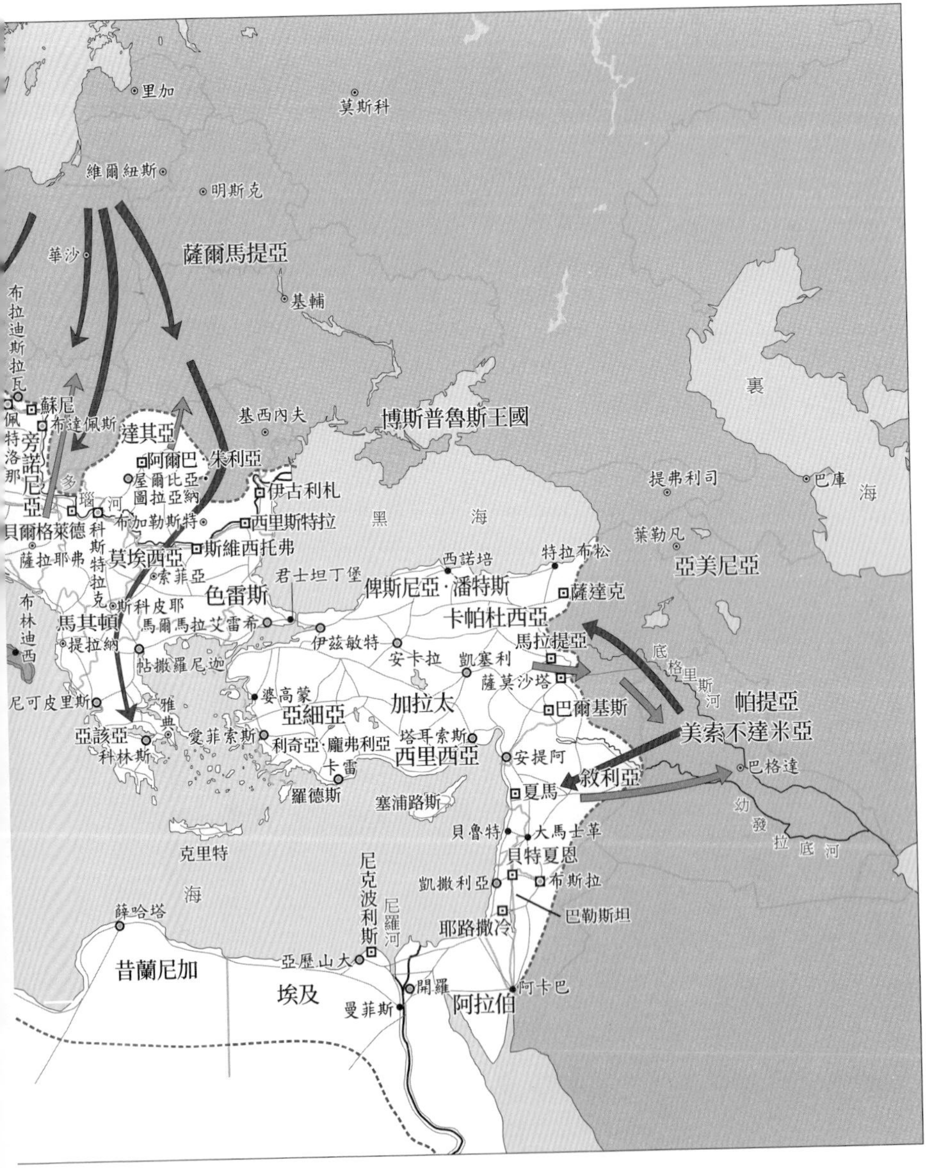

里加
莫斯科
維爾紐斯
明斯克
華沙
薩爾馬提亞
基輔
布拉迪斯拉瓦
蘇尼
布達佩斯
佩特洛那
旁諾尼亞
達其亞
阿爾巴·朱利亞
屋爾比亞
圖拉亞納
多瑙河
貝爾格萊德
布加勒斯特
科斯特拉克
薩拉耶弗
莫埃西亞
索菲亞
斯維西托弗
西里斯特拉
伊古利札
基西內夫
博斯普魯斯王國
黑海
裏海
提弗利司
巴庫
葉勒凡
亞美尼亞
特拉布松
西諾培
薩達克
俾斯尼亞·潘特斯
卡帕杜西亞
君士坦丁堡
色雷斯
斯科皮耶
馬其頓
馬爾馬拉艾雷希
布林迪西
提拉納
帖撒羅尼迦
伊茲敏特
安卡拉
凱塞利
馬拉提亞
薩莫沙塔
底格里斯河
帕提亞
巴爾基斯
美索不達米亞
加拉太
婆高蒙
亞細亞
尼可皮里斯
雅典
亞該亞
科林斯
愛菲索斯
利奇亞·龐弗利亞
塔耳索斯
西里西亞
安提阿
巴格達
卡雷
羅德斯
敘利亞
夏馬
幼發拉底河
塞浦路斯
克里特
海
貝魯特
大馬士革
貝特夏恩
凱撒利亞
布斯拉
巴勒斯坦
尼克波利斯
尼羅河
耶路撒冷
薛哈塔
昔蘭尼加
亞歷山大
開羅
阿卡巴
埃及
曼菲斯
阿拉伯

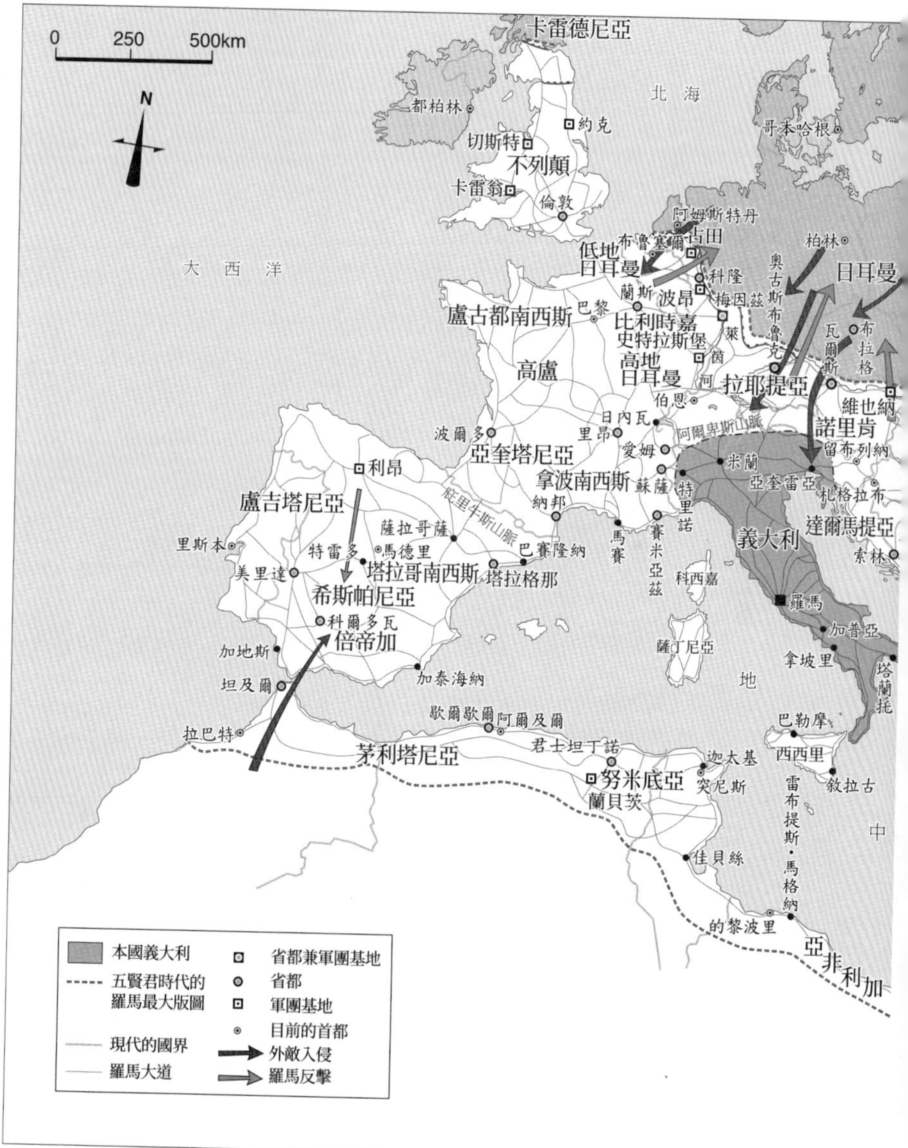

馬庫斯．奧理略時代的蠻族入侵與羅馬軍反擊

第二章

皇帝康莫德斯

在位期間：

西元一八〇年～一九二年

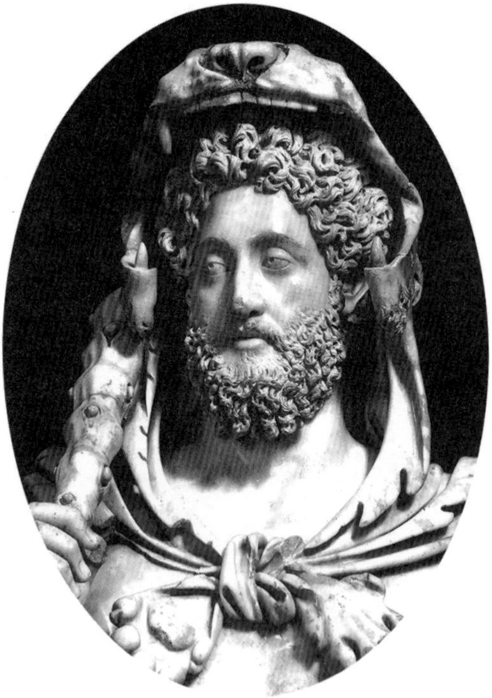

電影與歷史

馬庫斯．奧理略以記錄哲學思緒的著作《沉思錄》，留下了自己的「聲音」，又以帝政羅馬時期造型美術的最高傑作「騎馬像」，留下了自己的「形體」。至於他的兒子康莫德斯留給後代的「形體」，是頭披獅子皮，手拿棍棒模仿海克力士神的打扮，眼神呆滯的半身像。他自己沒有留下「聲音」，不過同一個時代的人替他留下了。這個人就是比康莫德斯年長六歲，在康莫德斯在位期間定居於羅馬的史學家加西阿斯．迪奧。加西阿斯．迪奧在著作中大肆批評康莫德斯的登基是「帝國的災難」。

既然壞條件這麼多，後世的史學家也勢必會受到影響。吉朋的《羅馬帝國衰亡史》以前三章統括了到馬庫斯．奧理略為止的羅馬歷史，之後便以康莫德斯為主開始起筆。也就是說，羅馬帝國的衰亡是從康莫德斯時代開始的，而這個想法直到兩百年後依舊沒有改變。

在羅馬史上被評斷為昏君的，有臺伯留、克勞狄斯、尼祿、圖密善等人。自從渥爾德倫開始為臺伯留辯護以來，對克勞狄斯與圖密善的個人評價也姑且暫時擱置，學界開始重新評估他們在統治者方面的成績。到吉朋的時代為止，人們只能依賴文獻去做歷史判斷。然而之後的世代由於有遺蹟、碑文、通貨等實證研究結果輔助，使得這些「昏君」能夠恢復名譽。就連大昏君尼祿，後人也認為他在金融、外交與大火災後的羅馬市區重整方面做得不錯。沒人拯救的昏君僅有卡利古拉，不過這個人在位期間只有短短四年。而另一位沒人救贖的康莫德斯，在位期間則長達十二年。

除此以外，後世在評斷康莫德斯皇帝時還有一樣特殊因素，那就是眾人質疑賢君馬庫斯・奧理略為何明知兒子不適於當皇帝，卻還是把國家交給了康莫德斯。眾人認為，馬庫斯是個為追求正確的人生指標而鑽研哲學的人，不可能為了寵愛兒子而做出這種不負責任的事情。到今日為止，有兩部電影就是探討康莫德斯其人，兩部電影也都以這個問題為主軸。

第一部電影是在西元一九六四年拍攝的“The Fall of the Roman Empire”。當年在臺灣上映時譯名為「羅馬帝國淪亡錄」，以電影而言這個標題未免過於隆重，不過可見當時吉朋的影響力依舊極強。導演為安索尼・曼，由雅雷克・金內飾演馬庫斯・奧理略，皇太子康莫德斯由克里斯多佛・普拉馬扮演，女兒蘆琪拉則由蘇菲亞・羅蘭扮演，而年老的皇帝私底下想要託付帝國的將軍，則由在「賓漢」中扮演反派的史蒂芬・博伊德扮演。

第二部在西元二〇〇〇年製作的電影則是“Gladiator”（「神鬼戰士」），這是由意為鬥劍士的拉丁文“gladiātor”轉成英文而來。導演是雷利史考特 (Ridley Scott)。老皇帝馬庫斯由李察・哈利斯扮演，瓦昆・菲尼克斯 (Joaquin Phoenix) 扮演康莫德斯，康莫德斯的姊姊蘆琪拉在劇中也是重要的人物，不過主角還是老皇帝馬庫斯想要寄託帝國的將軍馬庫希穆斯，由羅素克

洛 (Russell Crowe) 扮演。

兩部電影的劇情，都是馬庫斯．奧理略認為兒子康莫德斯不適任皇帝一職，想要以部下之一擔任繼承人，而康莫德斯發現之後，搶先把父親殺死。第一部電影中是御醫為了討好康莫德斯，自己動手害死皇帝。總之兩部電影中，馬庫斯都是以病逝以外的方法遭人除掉的。

電影與書籍不同的地方在於，劇中無法解說複雜的故事背景。影像可以瞬間傳達文章難以表現的事情，但在傳達的質與量方面，還是文章要比影像優越得多。不過，畢竟不是每個人都有這些感性與頭腦接收這些質量兼具的資訊。當然地，書籍的讀者也要比電影觀眾來得少。而筆者寫的也不是電影劇本，總希望能在書中維持記述複雜背景關係的可能性。

那麼，為什麼哲學家皇帝馬庫斯．奧理略明明知道兒子不適於擔任皇帝，卻又讓他當繼承人呢？關於這項疑問，在之前其實已經敘述過答案了。因為馬庫斯除此以外已經沒得選擇。

五賢君時代的特色，在於皇帝以選擇最佳人才收為養子的方式，指定繼承人來傳承皇位。涅爾瓦皇帝挑選了圖拉真，圖拉真皇帝選擇了哈德良，哈德良皇帝收養了安東尼奧．派阿斯，而安東尼奧．派阿斯皇帝則收馬庫斯．奧理略為養子。皇帝選擇自己眼中的最佳人才，是為了貫徹實力主義。而收養繼承人為養子，是為了給錄用的人選賦予正統性。光憑實力主義的話，其他具有實力的人可能不服氣，因此藉由收為養子，來封其他實力者的口。這個體系能發揮將近一個世紀的功能，是因為五賢君中有四個人沒有親生兒子。也因此幾位皇帝都像哈德良皇帝所說的「我沒辦法選擇兒子，不過有辦法選擇繼承人」。可是，馬庫斯．奧理略有親生兒子。

如果馬庫斯貫徹實力主義，沒有讓康莫德斯當繼承人，帝國會變成什麼樣子？答案很明顯地，帝國將會進入內亂狀況。不管如何施行善政，總會有人反對。如果天下百姓人人同樣滿意的話，那就不叫做統治了。因此，不管是為了公憤或私仇，遲早會出現對最高權位者不滿的人。如果在這種狀態下有適當人選的話，反對派就會擁立這個人選稱帝，內亂也就爆發了。如果某個人是前任皇帝的親生兒子，又沒當上皇帝，正是最適合擁立的對象。何況康莫德斯是父親登基那年出生，以現任皇帝的獨生子身份受培養至今。要是不讓他繼承皇位，康莫德斯本人想必不甘心，想要利用他的人也無疑地一定會出現。

馬庫斯．奧理略想要事前防範這種現象出現。此外，當他打算讓兒子成為共同皇帝，使皇位繼承更加順利時，康莫德斯還只是個十五歲的少年，他也沒犯下什麼讓人覺得不適任皇帝一職的錯誤。確實康莫德斯不像他的父親一樣好學，是個喜愛體育與武術的青年。不過這是與遠較常人好學的父親比較下的結果，畢竟周邊的人總會拿兒子和父親相比較。綜合來說，直到十九歲為止，康莫德斯沒有讓他的父親馬庫斯找到非得把帝國交給別人繼承的嚴重缺失。詳細情形容筆者稍後再敘述，總之要到他的父親過世兩年後，康莫德斯才遇到讓他個性劇變的一場陰謀。

姑且讓我們在此假設：馬庫斯看著自己將滿十九歲的兒子，覺得他不是能肩負帝國的人才，轉而想將下任皇帝交給自己屬下一名年約四十出頭的武將好了。然而這是不能如此構想，也不能付諸實行的事情。

現代人往往認為古代的皇帝可以為所欲為，不過羅馬帝國的皇帝可不是如此。在羅馬，皇帝不能忽視法律的存在，如果皇帝想要做什麼新的事業，就得在成立新的法律後才能實行。

不論共和時期或帝政時期，羅馬一國的主權，總是握在元老院與羅馬公民的手上。羅馬人通常會以 S.P.Q.R. 的縮寫來稱呼自己的國家，這個字的意思是「元老院以及羅馬公民」(Senatus Populus que Romanus)。在這其中既沒有代表「第一公民」(Princeps) 的 P，也沒有代表「皇帝」(Imperator) 的 I。羅馬皇帝是承受主權者，亦即羅馬公民權所有人以及元老院委託統治國家者。因此光由前任皇帝指名為繼承人還不夠，皇位繼承必須獲得元老院承認以及公民的贊同才能成立。元老院的議決，就和現代的首相就職必須要有國會多數通過一樣，至於公民是否認同的問題，則是在圓形競技場與大競技場判斷，這種機會有如當年的輿論調查。由於羅馬公民遍布於廣大的帝國各處，因此只好以身在首都羅馬的民眾意見為樣本。如果皇帝進場時觀眾席響起一片噓聲，就代表皇帝的支持率近來急速下跌。

馬庫斯．奧理略可說是最致力於公正與守法的皇帝。正因如此，共同皇帝康莫德斯登基已經受元老院同意，也在圓形競技場受公民歡迎過了，就不可能任意更動。康莫德斯要失去共同皇帝的位置，只有其本人死亡時才可能，不過康莫德斯身體可好得很。在這種狀況下，馬庫斯絕不能對想提拔的部下說：康莫德斯不適合當皇帝，所以下一任由你來繼位。從羅馬法的角度來說，這種言行是不該出現的，因為這種行為忽視了羅馬官方主權者元老院的決議與公民的民意支持。馬庫斯．奧理略絕對不可能做出這種事情。也就是說，從康莫德斯的角度而言，他沒有殺害父親馬庫斯的動機。畢竟他個人「共同皇帝」的地位，只要本人活著，不管有多少競爭對手都無所謂。而且這也是馬庫斯．奧理略所期望並實現的政策。

如此一來，電影「羅馬帝國淪亡錄」與「神鬼戰士」的故事都不能成立了。當然，電影劇情大可保持虛構，只不過一開始就這般脫離史實，接下來的故事也只好一路瞎掰下去。接下來我們來討論「神鬼戰士」與史實間的差異，還有這部電影的主角馬庫希穆斯以及其原型，實際存在的武將馬庫西米亞努斯之間的關係如何：

一、在羅馬時代的史書與編年史中，除了某一部史書以外，沒有任何史書提到馬庫斯．奧理略是他殺死亡的。唯一例外的是加西阿斯．迪奧的著作，然而這部著作中只提到有謠傳是御醫為了討康莫德斯歡心才毒殺老皇帝，而且這個謠言是在康莫德斯皇帝的施政失敗之後，亦即馬庫斯過世十年後才開始流傳，並非從馬庫斯過世時就開始傳言的。電影「羅馬帝國淪亡錄」採用了御醫毒殺的說法，畢竟電影可以盡情想像。馬庫斯在人生的最後幾年裡，體能狀況衰退是長年侍奉他的武將與家臣周知的事實。如果馬庫斯皇帝的墓碑也像在戰場陣亡的其他武將一樣刻上墓誌銘的話，那麼內容大概會是「將一切奉獻給祖國安全的人長眠於此」。他抱病奮鬥到五十九歲，最後以這種方式結束生命。在當代的史書中沒有任何一本提到康莫德斯與馬庫斯的死因有關。當然，以文獻史料為基礎的後代史書，也沒有任何一本認為康莫德斯謀害父親。

二、在「神鬼戰士」中，有一幕是皇帝在大帳中召見當天戰勝的有功武將馬庫希穆斯將軍談話。在談話最後，是由馬庫斯開口要由馬庫希穆斯代替康莫德斯成為皇帝。不過在這之前，馬庫斯皇帝曾經問將軍，現在想要什麼獎賞。於是馬庫希穆斯回答說，想要回到家人身邊。這是為了強調主角的人性，不過以馬庫斯．奧理略的立場來說，光聽到這句話，就足以判定這個人沒資格當皇帝。

在電影中，馬庫希穆斯所指揮的是騎兵與步兵混合編制的部隊，那麼他指揮的應該是軍團。一個軍團光是主要戰力軍團兵，就有六千人，加上輔助兵就有一萬到一萬兩千人。在作戰後想要與家人見面，這是人人都會有的想法。在羅馬軍中以士兵而言，軍團兵要二十年，輔助兵則要二十五年才能退伍。然而將官則沒有這種制度。雖說可以告老還鄉，但羅馬人的老年要從六十歲起算，而且常常因為沒有適當人選接任，有許多老將繼續留在前線。至於身為最高司令官的皇帝，無論任何理由都不得放棄其職務。

斯多葛學派哲學原本由希臘人所提倡，能在羅馬時代的菁英間流傳，是因為這個學派的哲學給予自認公認均為菁英的羅馬男子存在的理由。

羅馬人以他們能接受的法律形式，吸收了希臘哲理。因為一來哲學告訴他們，對於文化、宗教、風俗習慣都不同的諸多民族來說，這將成為統合一切的文明。二來哲學理念認為，能夠理解哲理的效用，並具有實行能力的人，其工作就是將哲理推廣到各個民族之間。羅馬的菁英認為，這項工作就落在自己身上。

Stoic（恬淡、禁慾）這個詞，是由施行斯多葛哲學時應有的態度而衍生出的形容詞。也因此羅馬的菁英們在執行公務時，其態度真是stoic。或者說，他們認為這時就該禁慾。除了事務官之外，所有國家要職都是無給職，並統稱為「榮譽職涯」。

然而，以希臘為濫觴的地中海文明，向來最重視「中道」。所謂中道，亦即「不偏不倚中正之道」。不過要是這東西真的存在，人類也不用過得這樣辛苦啦。只要想想人性是什麼，就知道這種偉大的「道」是不存在的。古希臘人選擇的，是在兩種相反的「道」之間取得平衡的生活型態。相對於重視公務的斯多葛派，伊比鳩魯派講究的，則是注重私務或內心，重視內在思慮的流派。因此，若照以往的翻譯稱為「享樂派」容易造成誤會，我們應該重新翻譯為「私生活重視派」才好。畢竟這個流派與斯多葛派最大的差異，在於認為私生活比公共生活重要。

羅馬的菁英中，有人堅持斯多葛派的生活方式，不過也有少數終生貫徹伊比鳩魯派的人存在。

前者的代表，是終生與朱利斯・凱撒作對的小加圖。不過貫徹禁慾的立場，在某一層面來說是勉強自己過人生，也難免會造成思想能力衰竭。對於小加圖這類的政治人物來說，這會連帶造成影響能力下跌，支持者隨即減少。

後者的代表，可以舉西塞羅的好友阿提克斯為例。阿提克斯是因為愛好希臘文化而獲得的外號。這個人不分任何黨派，與所有人都維持友好的關係，並過著終生與公務無關的日子。這應該是因為他十分富有，所以才能這樣做吧。要貫徹享樂主義的條件之一，就是具有與所有人維持相等的距離還能維生的財力。

羅馬人同樣屬於以中道為德行的地中海文明。羅馬人在斯多葛派與伊比鳩魯派之間取得平衡的方式，是將一天分成「工作」(negotium)與「閒暇」(otium)兩個段落。從黎明到正午為止是「工作」時段，工作結束後可以到公共浴場享受到晚餐為止的「閒暇」時間。一旦身為菁英，時間就難以如此二分。不過他們還是以心理狀態來一分為二。

後世的史學家認為，朱利斯・凱撒既屬於斯多葛派又屬於伊比鳩魯派。這是因為當他面對軍務與政事時，他個人十分禁慾，然而當他泡妞或是與西塞羅討論希臘詩歌時，他又十分享樂了。哈德良皇帝在視察帝國邊境的防衛措施時非常地禁慾，而當他欣賞希臘文化、溺愛美少年時又享樂得很了。就連馬庫斯・奧理略也認為公共生活與私生活是兩回事。馬庫斯皇帝處理公務時十分堅持斯多葛派立場，而他是以哲學思索來放鬆自己。筆者認為，這個禁慾的皇帝另一個放鬆自己的時候，應該是與妻子法烏斯提娜相處的時候吧。對羅馬的領導人來說，「工作」是為了因應時代的需求。那麼同樣地，「閒暇」也就是為了因應個人的需求了。所以每個人會有自己一套休閒的方式。

既然羅馬的領導者如此要求自己，當戰役就快要有結果時，絕對不准戰役推演中不可或缺的武將說出想要回家探親的話。這種不負責任的話，也對不起忍受一連串激烈戰鬥的士兵。馬庫斯·奧理略當然不可能指名這種人當下任皇帝，頂多對他大吼「你把任務當成什麼！」相信到了高唱個人主義的現代，這種現象還是不變。

三、在電影「神鬼戰士」中，康莫德斯把父親馬庫斯壓在胸前悶死。馬庫希穆斯接獲皇帝駕崩的噩耗後趕到元帥大帳內，看到康莫德斯站在馬庫斯的遺體前，向他伸出手。將軍親吻皇帝的手，是一種宣誓效忠的行為。然而馬庫希穆斯碰都沒碰這隻手，轉頭就離開帳篷。

很明顯地，這是屬下武將對最高司令官拒絕效忠的行為。馬庫希穆斯馬上就遭到逮捕，險些執行死刑。不過拒絕效忠屬於叛亂罪，並非康莫德斯忽視羅馬法，或者有任何擅權的行為。但是，殘殺馬庫希穆斯家人一事則是擅權行為，足以成為淪落為鬥劍士的馬庫希穆斯執意報仇的理由。羅馬人分辨暴君與賢君的方式，在這種情況下就是看處分當事人後會不會連累其家屬。當初馬庫斯·奧理略處分率領軍團叛變的敘利亞行省總督加西阿斯時，其家屬重者頂多流放國外，輕者只需在家反省而已。

至於馬庫希穆斯的原型馬庫西米亞努斯，這個實際存在的人物於西元一八六年曾當選執政官，這時已經是康莫德斯皇帝治國六年後了。在當時一般而言，邊境勤務的軍團長要當上執政官，是要受到皇帝推薦為候選人，利用皇帝推薦的優勢光榮當選。也就是說，在馬庫斯・奧理略逝世後的六年裡，馬庫西米亞努斯依舊是擔任前線勤務的司令官。那麼在馬庫斯皇帝剛逝世時，他就有親吻過新任皇帝康莫德斯的手。

四、我們可以理解這種認為賢君馬庫斯應該不會將後事交付給康莫德斯的心情。再加上以虛構為立足點的電影與小說麻煩的地方在於，沒有女主角故事就不容易成立。這時應需求而出的女主角，是馬庫斯皇帝的女兒、康莫德斯的姊姊蘆琪拉。問題是這個女人在父親過世兩年後，西元一八二年就死去了，所以西元一九二年康莫德斯遭暗殺時早已不在人世。也就是說，暗殺康莫德斯的事跟她一點關係都沒有。

五、在「羅馬帝國淪亡錄」與「神鬼戰士」中，康莫德斯皇帝都是在鬥劍士決鬥中遭殺害。在當時康莫德斯喜好與職業鬥劍士比賽，也是一件有名的事蹟。不過他遭到暗殺時，並非在鬥劍士比賽中。這是因為他精通十八般武藝，在比賽中大家拿他沒辦法。實際上他遭到暗殺時，是在皇宮內的浴室。

影像有文章無法比擬的優勢，而最能發揮優勢的就是戰鬥場面了。電影「神鬼戰士」中，一開頭的戰鬥場面由於時代考據做得不錯，整體顯得更為逼真。而這也讓筆者有許多感觸。首先，片中的日耳曼民族與羅馬軍都是背對森林，夾著中間好似開墾過的地帶對峙。而且布陣時是由異族從高處向下攻擊，羅馬軍在低處迎擊。這對羅馬軍來說是絕對不利的地形與戰鬥方式。

早在朱利斯．凱撒的時代就已知，異族的強處在於戰鬥初期利用人數優勢一舉進逼的衝擊力。而羅馬軍的強處在於利用輕裝步兵「輔助兵」、重裝步兵「軍團兵」，以及騎兵三項要素，如同棋盤上的旗子一樣遊走布陣，活用戰術戰略推展戰局。羅馬軍在開闊的戰場上推展會戰能夠所向無敵，常常以敵方數分之一的兵力獲勝，都是因為有訓練有素，能一絲不亂執行命令的士兵，以及擅長戰略戰術，能有效活用自軍兵力的司令官存在。

不過，要發展這般有利的局面，戰場的選擇就是最為重要的事情了。首要條件是取得廣闊的平原，萬不能讓敵軍搶到由高處往下攻擊的地勢。史上確實有不少例子，是遭到敵軍突襲，不得已停留原地應戰。可是電影上的場景不管怎麼看，都是雙方整好隊伍展開會戰。

在電影院第一次看到這場面時，筆者認為拍這部片子時，導演、編劇和歷史考證人員都沒搞懂羅馬軍的戰鬥方式。不過為了本書的寫作需求而買下DVD反覆觀看後，筆者的看法有些改變。筆者開始認為，說不定由馬庫斯．奧理略擔任最高司令官的「日耳曼戰役」，不論第一次或第二次，都是打這種程度的戰鬥。

在戰場及地勢上的選擇，固然是糟糕透頂，戰鬥的進行方式也是混戰一片。不是戰場的部份地區陷入混戰，而是整個戰場一片混亂。對羅馬軍來說，混戰是最不利於活用自軍實力的局勢。因為在混戰中，指揮官發下的命令無法徹底傳達。

如果說在戰場的某個區域陷入混戰或是肉搏戰，那也是迫不得已，因為一般的戰鬥就是如此。英文"gladiator"是由拉丁文"gladiātor"發展過來，而這個字的原意，是手持一種叫做"gladius"的雙刃加長短劍比賽的人。這種武器早在西元前七世紀已有少數雛型。西元二世紀時羅馬軍主要使用的形式，是改良自西班牙原住民使用的類型。由於這種武器適於步兵近戰使用，第二次布尼克戰役的主導人西比奧．亞非利加努斯將其引進羅馬軍中。中世紀的騎士使用的長劍適於「斬擊」，而古羅馬的"gladius"則是用於「突刺」的劍。既然羅馬會指定"gladius"作為軍團兵的主要武器，表示近戰也是羅馬軍團擅長的戰鬥法之一。

問題是，近戰與混戰是兩回事。近戰是以小隊、中隊，甚至大隊為單位進行戰鬥，而混戰則容易演變成與敵兵一對一對打。日耳曼人體格魁梧、臂力強健，連凱撒親自帶的軍團兵有時都會感到恐懼。羅馬的將軍擅長戰術的原因之一，就在於彌補自軍士兵在這方面的弱勢。以羅馬人的戰鬥風格來看，從一開始就從敵軍擅長的混戰開打，簡直是自找死路。

名將所指揮的戰鬥，自始至終都會像是名畫一樣地推演。這並非司令官想要自我滿足，而是思索如何將自軍的力量發揮到極限，亦即思考如何達成以最低限度犧牲獲勝的最大目標，戰鬥方式自然就會變得漂亮。而這種戰鬥中，常用到包圍並殲滅的手法，因為戰爭的最終目標在

描繪鬥劍士比賽的鑲嵌畫

於早日結束。

相對地，若是整個戰場陷入混戰，即使打倒敵軍獲得勝利，也只是擊退敵人而已，不會使敵軍潰散。也就是說，隨時要面對敵軍捲土重來的危險性。在羅馬軍中，如果指揮官陣亡，立刻會有副官接手指揮。然而異族的特徵在於，一旦酋長陣亡，部下立刻會逃散。問題在於，部族首長死亡不等於整個部族投降，而是像退潮一樣逃去。因此就算戰鬥獲勝，也無法獲得戰爭的勝利，這樣子是無法終結戰爭的。

不知是否製作者有此意圖，電影「神鬼戰士」開場時的戰鬥場面，說不定正好把事實拍了出來。因為馬庫斯．奧理略圓柱給人的感覺，也是沒有任何前因後果的一連串混戰。也說不定，這就是以壓制相當於現代捷克一地，並將其行省化為目的的「日耳曼戰役」，長年征戰卻無法結束的原因也未可知。

圖拉真皇帝要征服較此地兩倍大的達其亞地方時，花了兩年時間，分成兩次進行就辦到了。朱利斯．凱撒花了七年在高盧戰役上。不過包括將盧比孔河以北的北義大利編入義大利本國在內，凱撒的戰場面積在十倍以上。這就是為什麼有一句諺語說，歐洲是凱撒創造的。而且高盧戰役的第八年，全數是用於對征服而來的整個高盧地區做戰後處理。我們可說，朱利斯．凱撒以八年時間，把一整個行省化完畢的高盧送給了羅馬。到了後世的馬庫斯．奧理略，就算抽去因加西阿斯叛亂而中斷的期間不算，他與日耳曼民族作戰十年，直到十年後自己過世時都還不能結束戰爭。我們只好指責道，這是身為最高司令官兼最高行政負責人的馬庫斯在軍事方面欠缺才能所導致。而領導者無能，也勢必會導致他所率領的組織體力衰弱。

像筆者這樣從未屬於任何組織，也沒有指使其他人辦過事，在軍事方面更是外行的人，都能想到這麼多。在兩部電影中，都描寫過康莫德斯由羅馬趕往前線的場景。而實際上，他在西元一七八年起，就與父親馬庫斯一同待在多瑙河前線過。雖然只有十八歲到十九歲這不滿兩年的時間，不過他確實依照共同皇帝的職責，以最高司令官身份參加過第二次日耳曼戰役。

如果說，康莫德斯看著父親馬庫斯做最終決斷的羅馬軍戰略，又親眼見到羅馬軍戰鬥的樣子，覺得這種戰鬥不是辦法的話會如何？而且覺得這種作戰不是辦法是一回事，自問是否能夠換個更好的辦法，或者說自己同樣沒有能力改變局勢，又是另一回事了。如果說十八歲大的康莫德斯知道羅馬軍的戰略有問題，又認為自己和父親一樣沒有改變現狀的能力，那又會是什麼樣的一個情況？

戰役結束

隨著燃燒馬庫斯．奧理略皇帝遺體的火焰熄滅，“expeditio Germania secunda”（第二次日耳曼戰役）也消亡了。

這是因為繼承父親成為皇帝的康莫德斯宣布要結束戰役。各路將領，尤其長年擔任馬庫斯皇帝親信，與年輕皇帝的姊姊結婚而成為皇帝姊夫的寵培，似乎反對了一陣子。他們似乎表示再過一年，多者兩年，就能達成戰略目標，因此應該繼續進行戰役。因為如果在火葬結束兩天後的作戰會議上，新皇帝表示結束戰役的意願時，當場無人反對立即通過的話，康莫德斯快則四月，慢則六月會回到首都。然而他實際回到首都時，已經是十月下旬了。康莫德斯本人急著回到首都，可見在前線有人拖住他的腳步。

各路將軍知道新皇帝結束戰役的意志無法動搖之後，好像改換方式，建議一個妥協方法。亦即，如果繼續維持攻勢並設法和談，那麼戰勝國可以逼戰敗國接受和平條約內容。這時條約中一定會明文記載提供人質、戰敗賠款、軍事力量的實質解散、與其他部族之間若無羅馬方面許可即使自衛亦不得行使交戰權等等。「軍人」是戰爭的專家，如果開戰後不能作戰到最後，一開始他們就不會出兵。反而令人意外的是，「政客」由於不是戰爭的專家，往往受輿論影響開戰，又受不了輿論抨擊而草草休戰。也就是說，大多數的政客無法理解如果戰爭不打個徹底會造成最大的不良影響。在這方面來說，康莫德斯也是個「政客」，而且這個「政客」腦袋裡只有不論結局如何，迅速結束戰爭的想法。

面對這個年輕皇帝時，想必各路將軍要面臨矛盾。

他們在馬庫斯．奧理略臨終前，與他約好將繼續「日耳曼戰役」。同時又約定將協助康莫德斯治國，絕對不讓帝國發生內亂。

也就是說，如果違逆新皇帝的意向，繼續進行戰役的話，就違反了協助新皇帝的誓約。而對羅馬的男子來說，即使並非在誓約書上正式署名的口頭約定，也萬萬不能違約。

羅馬人是法治民族。而且他們認為，如果要以法律規範人類社會的話，首先要把法律照顧不到的地方也放在眼裡，才能成為一個法治民族。也就是說，他們認為考量到非合理的地方，才有辦法去追求合理的事物。羅馬人身為法治民族，又同時以稱為"Clientes"的人際關係，亦即以人情和裙帶關係為重，就是最好的證據。這種思想延伸到戰場上，就形成了要活用主要戰力，就需要輔助戰力協助，同時後勤補給也不可或缺的觀念。羅馬人認為，即使是口頭約定，也具有和白紙黑字的書面契約同等價值，因為雙方都是以「信義」為基礎。

羅馬人是個什麼都能神格化的民族。他們會追奉為神明的，不只是戰敗者信仰的神明或是已故的皇帝，他們連心目中認為無可替代的道德觀念也奉為神明。比方說，他們將社會各階層間的「融和」化為神明，而「信義」也同樣是羅馬的神明之一。

當馬庫斯．奧理略臨終前，既然不要求各路將領簽約宣誓，也就是希望武將們以信義為基礎立誓，而將軍們也都答應了。

馬庫斯是個熟知羅馬法的人，他當然知道兩項誓約的差異在哪裡。第一項要求協助康莫德斯的誓約，是他與每個將領間交換的、人與人之間的約定。而第二項要求持續戰役的約定，則是皇帝與部下間的誓約。簡單來說，馬庫斯知道第一項誓約，直到其中一方死後還持續有效，而第二項誓約只要皇帝換人後，是否維持效力，就看新皇帝的想法如何了。

羅馬軍的官兵必須對羅馬軍最高司令官，亦即皇帝宣誓效忠，而且這行為每年都要重複一次。在羅馬帝國時代，每年一月一日，各個軍團基地都會一齊舉行向皇帝宣誓效忠的儀式。

各路將軍對於新皇帝康莫德斯同樣負有宣誓效忠的義務，而這時康莫德斯又急欲結束戰役，將軍們若想要守住與已故的馬庫斯立下的第一項誓約，就只好拋棄第二項約定。

有些學者批評說，這些將領是當場向新的權力屈服，但筆者不這樣想。康莫德斯在位期間長達十二年，觀察這段期間內的各路武將行為舉止讓人覺得，馬庫斯剛逝世時的「戰略轉向」並非為了逢迎新的皇帝。而且馬庫斯．奧理略時代的作戰會議特色，在於皇帝與部下間可以自由活潑地議論，相信在他剛過世時，這項特色也還存在。不過從結論而言，將軍們還是拗不過康莫德斯。只可惜沒有任何史書記載這四個多月中，作戰會議是如何進行，會議上又有誰說了哪些話。

各路將軍實在說不動不懂什麼叫做「戰爭」，又沒有意願去了解的年輕「政客」。唯一能讓他們寬心的，是與異族草草和談後，康莫德斯就匆匆趕回首都，把多瑙河防衛工作交給將軍們處理。如果只是死守防線的話，還在他們的權限能處理的範圍內。不過，儘管只是死守「防線」，防衛環境卻要比以往更差。而且環境惡化的原因，在於與異族間的和談內容。

在羅馬大軍攻擊下，異族已經被逼到瀕臨崩潰的地步。既然這時羅馬想要和談，當然瑪爾科曼尼族、夸荻族也都搶著答應。不過由於他們長期與羅馬人打交道，已經有能力猜出羅馬為什麼要挑這個時期和談。在此列舉羅馬與瑪爾科曼尼族、夸荻族間個別簽訂的條約中，日耳曼族的義務條款：

一、立即遣返逃兵與俘虜。

二、每年提供小麥給羅馬方面，以代替進貢。

三、具有參加於羅馬境內召開的市集之權利。但每月僅只一次，而且地點僅限於羅馬方面核可之都市或鄉鎮。參加時必需受百夫長及其部下士兵之監督。

四、在過去於背後威脅「近蠻族」的「遠蠻族」中，許可其中一萬二千名移居達其亞行省內。各族不得與這些人發生爭鬥。

五、瑪爾科曼尼族、夸荻族各有提供一萬三千名士兵給羅馬方面之義務。

六、沿多瑙河北岸設立寬五羅馬里（約略少於七．五公里）之無人地帶。羅馬方面設置於此的要塞及哨塔將撤除。而蠻族方面即使為放牧目的，人與家畜亦不得進入此區。

以上就是條約的共通部份。確實這不是戰勝國該丟給戰敗國的和平條約內容。由於急於簽訂條約，在這條約裡沒有考慮到如何讓本國更加有利。這些內容與過去羅馬和異族暫時休戰時簽訂的協定無異。

此外，和平條約的第二條，連一次都沒實行就毀約了。這項條約只是用以代替戰敗賠款，給羅馬帝國面子而已。康莫德斯並不堅持要在條約中寫明所提供小麥的數量、提供的時期，以及持續提供多久時間。既然對方都不堅持了，戰敗國哪會認真的執行呢？

條約的第五條，是要求瑪爾科曼尼與夸荻各提供一萬三千，亦即共計兩萬六千名士兵給羅馬軍。現代的羅馬史研究人員多半抱持批評態度，認為這是給羅馬軍大量引進異族開了先例。

這點筆者還是不能同意。不管稱呼為異族也好、蠻族也好，將異民族引進羅馬軍的傳統，向上可回溯至戰勝迦太基名將漢尼拔的西比奧．亞非利加努斯時代。當時如果沒有將努米底亞騎兵納入編制，羅馬軍就不可能在札馬會戰取得勝利。後來的朱利斯．凱撒將軍也是毫不猶豫地將剛征服得來地方的男性居民編入軍中。即使在高盧戰役期間，凱撒軍的騎兵中還是有許多高盧人與日耳曼人。

在圖拉真圓柱上，刻滿了如同史書一樣的浮雕，這些浮雕同樣地證明了羅馬軍的多民族性。其中有穿著及踝長裙的東方弓兵、輕裝上馬的北非茅利塔尼亞騎兵、戰鬥時打赤膊的日耳曼步兵、全身穿著特有魚鱗盔甲的薩爾馬提亞族騎兵，再加上羅馬軍的主力軍團兵，以及作為輔助戰力的行省兵戰鬥的樣子。

而電影「神鬼戰士」主角的原型瓦雷流斯．馬庫西米亞努斯出身於旁諾尼亞，很明顯地是日耳曼人後裔。這個帶有濃厚日耳曼血統的武將，在和日耳曼人作戰時贏得了輝煌戰功，後來甚至當上了執政官。

問題不在於羅馬軍是否可以收編異民族，而是在於異民族進入編制後，是一直當外來份子，或者是滲入羅馬社會，成為一個把羅馬帝國當成大家族的羅馬公民。在前線基地來說，就是他們能否成為羅馬軍的一員，服從羅馬軍規，與同一民族的敵軍作戰。

西元二世紀末期的羅馬軍，還具有如此的規模與魅力。首先，以敘利亞出身的龐培為首，受託防衛多瑙河戰線的武將中，不乏異民族後裔出身的。不對，該說是他們比出身義大利本國的人還多。其次，住在基地附近的居民中，原本就以日耳曼後裔居多。其三，土地經過羅馬大軍蹂躪之後，不論是耕作或是放牧，產量勢必不易恢復原有的水準。也就是說，與羅馬人作戰後，異族男子失去了養家活口的能力。在這場和平談判之下，羅馬給了進入羅馬軍中服役的異族男子獲得收入的機會。簡而言之，羅馬藉由提供職業，亦即餬口機會的方式，把兩萬六千名隨時可能侵略羅馬領土的危險份子化成穩健派。

「六十年的和平」

我們不必等到吉朋著作《羅馬帝國衰亡史》，早在羅馬時代就有不少史學家將康莫德斯的評價列為最低，抨擊他的登基是帝國的災難。比康莫德斯年長六歲，屬於同一時代人物的史學家加西阿斯．迪奧，也早就開始批判及彈劾康莫德斯了。

其緣由之一，在於前任皇帝剛駕崩後便與蠻族和談。後來與皇帝關係惡化的元老院認為，這是一場屈辱的和談。

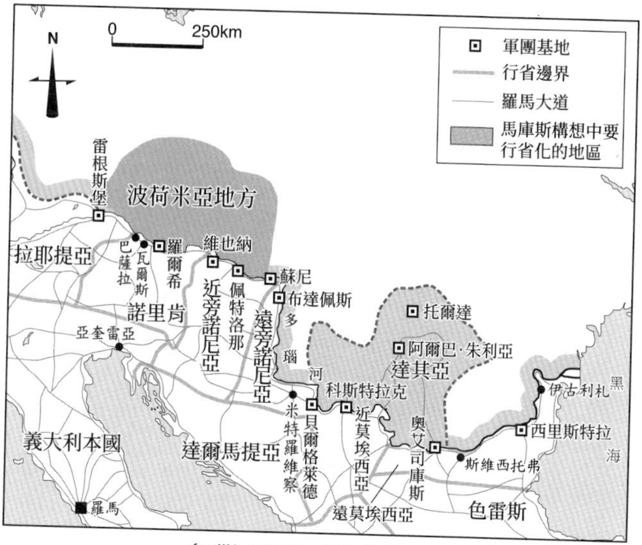

多瑙河防線（重新刊登）

康莫德斯評價不佳的原因之二，在於和談使得波荷米亞地方的行省化政策無法實現。

不過，康莫德斯真的判斷錯誤了嗎？

不可否認的，圖拉真皇帝將達其亞行省化，確實長年有益於多瑙河下游一帶的防衛工作。不過，將相當於現代羅馬尼亞的達其亞行省化之後，原本配置於多瑙河下游的軍團基地並沒有廢除。在今日南斯拉夫的（編按：南斯拉夫已於西元二〇〇二年解體）辛基多努姆（貝爾格萊德）與維米那契姆（科斯特拉克），今日保加利亞的奧艾司庫斯等三個地方各派駐一個軍團的體系依舊不變。各位讀者可以把達其亞地方，當成凸出於天險多瑙河北部的大型橋頭堡來看待。而羅馬帝國北方的「防線」還是以多瑙河為中心。

也就是說，這是讓北方異族入侵時，首先以達其亞進行防衛，當達其亞遭突破後再由多瑙河為戰線的雙重戰線作戰。在馬庫斯・奧理略時代，羅馬於多瑙河下游地區設置的兵力，在多瑙河南岸有三個軍團，達其亞行省內部則有兩個，總計為五個軍團。常駐的兵力，光是主要戰力軍團兵就有三萬人。如果加上輔助兵的話，總兵力接近六萬。雖然把達其亞納入羅馬版圖，在防衛方面依然持續投入這樣的人力與資金。

如果照馬庫斯・奧理略的構想，真的將相當於現代奧地利北部、捷克及斯洛伐克的波荷米亞地方全數化為行省（在他計畫中為兩個行省），那麼多瑙河中游地區，也必須像達其亞行省與多瑙河下游一樣，建構一個北方雙行省與多瑙河組成的雙重防衛體系。也就是說，沿著多瑙河設置的四個基地，分別為現代奧地利的維也納與卡爾倫托姆（佩特洛那）、現代匈牙利的蘇尼與布達佩斯依舊維持原狀。同時在新的兩個行省各派駐一個軍團。要將此區域同樣雙重防衛化的話，所需的人力財力，要由原本的四個軍團增加到六個軍團。也就是說，多瑙河中游區域要與下游區域一樣增強軍備。羅馬真的能承擔這個負荷嗎？在馬庫斯・奧理略時代，帝國防衛力量已經從二十八個軍團增加到三十個軍團，如今又要再增加兩個。

防衛是需要人力與資金的。固然當地居民也因此願意納稅，然而羅馬人觀念裡的安全保障，還包括城鎮營造、道路鋪設以及修築橋梁在內。在這些條件之上又有設置軍團基地的要求，如果不下定決心給國庫增加龐大負擔，實在無法開始動工。

羅馬時代的不列顛，相當於現代的英格蘭與威爾斯地方。這裡是錫礦產區，但除此以外是以農牧業為主要產業，在帝國中算是較為貧困的區域。羅馬人在不列顛派駐了三個軍團，也因此史書中記載不列顛的收支關係通常是赤字。儘管如此，為了維持高盧地方的安定，羅馬還是在此維持三個軍團的規模。第一個渡過多佛海峽的羅馬要人是朱利斯．凱撒。他在《高盧戰記》中表示，遠征不列顛的理由，在於不讓高盧的反羅馬份子有地方可逃。到了帝政時期以後，高盧地方十分安定，有如羅馬化的模範生一樣。儘管如此，不列顛的戰略地位還是一樣重要。這是因為從羅馬放棄征服的蘇格蘭（羅馬時代稱為卡雷德尼亞）地方，一直源源不斷出現從斯堪地那維亞半島渡過北海入侵的異族。為了防止這些人從卡雷德尼亞南下，羅馬修築了「哈德良長城」，並且在卡雷翁、約克、奇斯塔三個地方各派駐一個軍團。

邱吉爾曾說，大英帝國是從凱撒橫渡多佛海峽時肇始的。不過筆者倒是很同情在羅馬史研究依然世

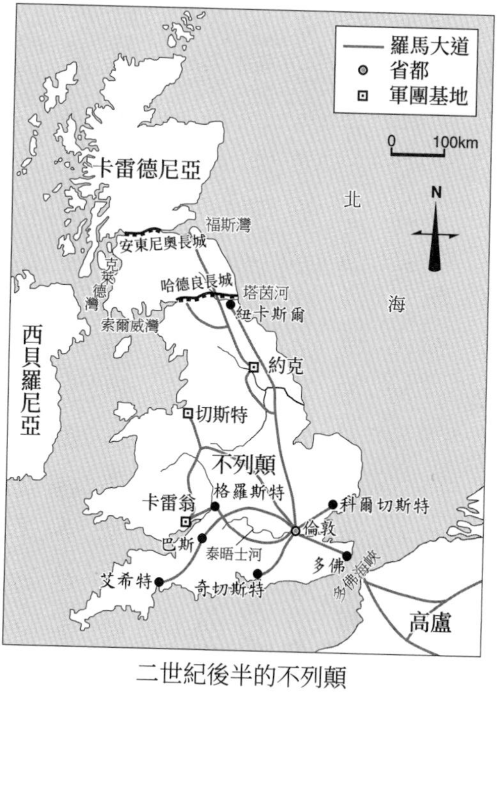

二世紀後半的不列顛

界頂尖的英國學者。對羅馬來說，不列顛的重要程度也頂多如此。《列傳》的作者普魯塔克斯曾說，羅馬強大的原因在於同化戰敗者。羅馬人在錄用戰敗者的人才方面，態度一直相當開放。然而從沒有任何元老院議員、行省總督，甚至軍團長出身於不列顛。一個地方如果沒有打好培育人才的基礎，是不可能出現大量人才的。

行省化以後的達其亞也沒有培育出足以肩負帝國的人才。如果整個波荷米亞地方行省化之後，想必狀況也會一樣。對羅馬來說，這些地方固然廣大，但不過是個橋頭堡而已。既然如此，要決定是否施行戰略時，不應該順從征服慾，而應該以冷靜的政策思考主導。筆者認為，在西元二世紀末期，康莫德斯的決斷對羅馬帝國而言是正確的。他決定結束征戰十年依舊沒獲得決定性戰果的日耳曼戰役，以不逼使對方絕望的溫厚條件與異族間締結和平條約，以及放棄波荷米亞地方的行省化計畫。

問題在於，即使是現代的政治家，有些政策也是一著手就會害得自己的支持率下跌。對羅馬皇帝而言，從進攻得來的地方撤退正是如此。

當年臺伯留皇帝廢棄開國皇帝奧古斯都的易北河國界計畫，把帝國的防線後撤到萊茵河邊，不知承受元老院多大的抨擊。而哈德良皇帝決定放棄圖拉真皇帝征服得來，直到底格里斯河邊的美索不達米亞地方，把羅馬帝國的防線撤回幼發拉底河。為了施行這項政策，甚至不得不除掉圖拉真皇帝留下的四名重臣。而且元老院對於四名伙伴遭整肅的事情懷恨在心，即使哈德良為了強化帝國的防衛力量，四處巡視帝國邊境，元老院對他的態度一直很冷淡。

直到西元十九世紀，考古學調查興盛之後，證明多瑙河邊的軍團基地幾乎全由臺伯留皇帝創設，他才在歷史上重新獲得評價。因為這時才發現，從易北河撤退之後，重新整頓多瑙河防線基礎的正是臺伯留皇帝。

哈德良皇帝到帝國各處視察旅行的意義與功績，要比臺伯留皇帝更早獲得眾人的理解。羅馬人自從帝國的防線遭突破之後，才理解到哈德良皇帝為何終生奉獻於強化防衛。馬庫斯．奧理略想必也要到了當上皇帝，親自面對異族入侵問題時，才知道這項問題有多難處理，也才理解到哈德良皇帝的政策。至少，比哈德良皇帝晚生百年的羅馬史學家加西阿斯．迪奧已經完全認同哈德良的功績。

不過在哈德良生前，由他指名為繼承人的安東尼奧．派阿斯，以及醉心於安東尼奧皇帝的馬庫斯青年時期，都不能理解哈德良的政治思想。畢竟這兩人都深信，只要在首都羅馬力行善政，就沒有必要前往行省或邊境的軍團基地視察。

明知施政會遭致民眾支持率暴跌，又加上元老院的冷淡反應，連看上施政能力而錄用的繼承人，都不能理解自己的政策。在這種情況下，臺伯留與哈德良還能鼓起氣力推動政策，是因為他們深信自己的政策有效。而同時，這兩個人也有強烈的自我中心意識。也就是說，他們都不畏懼惡評。二人相同的還有都是在到了四十、五十幾歲，不容易受輿論動搖的成熟年齡後，才推動自己的政策。

康莫德斯當時才十九歲，既沒有堅定的信念，也沒有強韌的精神。他急欲結束戰役以及放棄行省化，想必是因為厭棄了戰爭行為，以及厭煩了不方便的營區生活。不過，如果他願意守住父親的遺言，持續進行戰役的話，大可將戰役交給各路武將，自己一個人回到羅馬。羅馬皇帝是否參戰，全由個人自由意識決定，並非法律規定的義務。他會如此固執於結束戰役，可能是因為心中有些漠然的想法吧。總而言之，與敵對的瑪爾科曼尼及夸荻族和談以後，羅馬軍就此從多瑙河北岸七・五公里的中立地帶撤軍，維也納與布達佩斯就此回到單純的前線基地定位。這就是羅馬人口中「屈辱的和談」結果。

不管康莫德斯心裡想些什麼，如果我們觀察康莫德斯這時的決斷給羅馬帶來的成果，會令人大吃一驚。

吉朋極為讚賞哲學家皇帝馬庫斯，也因此極力批評康莫德斯。不過至今依舊聲名鼎盛的羅馬史作者，德國的史學家孟仁則認為，這時康莫德斯的決斷，帶來了「六十年的和平」。實際上，從西元一八〇年到二四〇年為止，對於羅馬來說，多瑙河沿岸的確沒有太大的衝突。這六十年裡得以維持和平，是因為許多要素以恰當的型態結合而成。

一、雖然羅馬人批評為「屈辱的和談」，但西元一八〇年締結的和平條約，使得羅馬人與最近開始稱為「近蠻族」的日耳曼部族間建立了良好的關係。

二、由於馬庫斯・奧理略時代持續了十年以上的戰爭，使得多瑙河北岸的日耳曼人也承受了不容易復原的打擊。雖然能以會談來成立和平是最為理想的狀態，但在人類社會中，唯有某一方面占優勢時，比較容易談判與妥協。

三、守護多瑙河防線的武將，深深景仰馬庫斯．奧理略皇帝，使得他們願意死守與皇帝間的誓約。就連日後成為旁諾尼亞行省總督的史學家加西阿斯．迪奧也對馬庫斯萬分稱讚。

四、馬庫斯．奧理略是個極為不幸的皇帝，在位期間幾乎全用來與帕提亞以及日耳曼人作戰。不過這十九年的戰爭期間，使得羅馬軍恢復了實戰能力。不只是軍事能力，人類的任何能力都是一旦不用就會日漸腐朽，只是軍事能力的這種傾向更為明顯罷了。在羅馬軍中，尤其以多瑙河防線為主，官兵大多數都成為一等一的老手，這使得異族也無法輕易對羅馬軍出手。以現代方式來形容，就是二十年的實戰經驗，在戰爭結束後的六十年內得以發揮嚇阻力。

康莫德斯其人

不過，筆者也只能替康莫德斯皇帝辯護到此。因為接下來的十一年裡面，亦即從他二十歲到三十一歲為止的期間，他完全沒做任何統治者該做的事情。

筆者真希望他在這十一年裡面，能夠花個幾年模仿哈德良皇帝。馬庫斯在登基之前從未離開義大利本國，甚至連義大利北部都沒去過。然而康莫德斯在少年時期便追隨父親前往小亞細亞、埃及與希臘，並且以共同皇帝身份待過多瑙河防線。如果光論本國以外的帝國行省經驗，顯然康莫德斯要比登基稱帝前的馬庫斯幸運許多。儘管如此，他卻沒發現帝國最高負責人到各個行省與邊境基地「露臉」的重要性，可見他當不了第二個哈德良皇帝。不過，就算他能發覺到其重要性，以當時的羅馬帝國環境而言，這種政策也難以執行。

如果要換個方式形容哈德良皇帝為什麼不受當時人民歡迎，我們可以說：明明每天都是萬里無雲的天氣，他卻為了不知何時會發生的洪水做準備，離開首都到帝國各處去加強水利工程。不管是鬥劍士比賽及四頭馬車賽時看著無人貴賓席的平民觀眾也好，或是在皇帝缺席的狀況下主持會議的元老院議員也好，都沒有認識到政策的重要性。

安東尼奧·派阿斯受同一個時代的人極力擁戴，是因為他在位期間徹底實施了與哈德良相反的政策。住在首都羅馬的元老院議員，就像史學家塔西圖斯或加西阿斯·迪奧會以寫史書的方式留下他們對皇帝的看法一樣，算是當時的「媒體」。而塞滿羅馬圓形競技場和大競技場觀眾席的平民，也就是當時的「輿論」。

康莫德斯還年輕，沒有什麼堅定的信念，個性又不是強韌到即使遭人批評為自我中心、不民主，也不會動搖。因此即使他選擇停留在首都，也不該受人譴責。就連現代的總統與首相，也在「露臉」時不是也會選擇電視或大型報社作為「媒體」嗎？因為這樣才能獲得媒體好感，也有助於提升支持率。此外，馬庫斯·奧理略由於防線遭突破，因此不得不趕往前線。他的兒子康莫德斯在位十二年裡，卻很不公平地，沒發生任何需要皇帝親自處理的事情。我們可以把集中在馬庫斯．奧理略時代的帕提亞軍侵略，以及北方異族的入侵，當成是安東尼奧．派阿斯時代和平了二十三年的反彈。不過康莫德斯時代裡，沒發生臺伯河潰堤、氣候異常造成的饑荒，以及東征帶回瘟疫等天災，就真的是運氣好了。

儘管締結「屈辱的和談」後回到首都羅馬，民眾迎接康莫德斯時的氣氛雖不是極為歡迎，倒也不算太差。畢竟民眾已經承受不起二十年征戰帶來的壓力，國庫也已經到了承擔能力的極限。固守防衛政策雖然要花費人力資金，一旦打起仗來耗費自然會更大。在康莫德斯任內，沒有施行什麼像樣的經濟政策，國家財政卻沒有崩潰，就是因為沒有打仗。

一旦再度恢復和平，由於羅馬帝國的經濟能力依舊充分，所以人們可以放心享受豐裕的生活。當羅馬全力投入的戰爭結束後，就連居住在安全地區，遠離國界戰場的人，心理也都會跟著平穩下來。心理上的餘裕，連帶的也會使得排斥社會中異質份子以及不同人種的心態平靜下來。比起之前的明主圖拉真與馬庫斯．奧理略的時代來說，儘管康莫德斯被列為昏君，他在位期間卻沒發生過迫害基督教徒的事件。就連在反基督教徒風氣如此鼎盛的里昂，也有一位基督教徒留下證言說，「最近可以安心生活了」。一來因為民心安定，二來康莫德斯和父親馬庫斯不同，他不認為基督教徒是羅馬社會中的危險份子。不過，他會有這種態度，並非因為理解基督教，只是因為他不關心這些事情。康莫德斯由於無法喜愛妻子克莉絲庇娜，因此身邊隨時會有情婦。據說情婦之一就是個基督教徒。

康莫德斯皇帝在位期間，是以這般順利和平的情勢起始。馬庫斯留給兒子康莫德斯一個忠貞且富有責任感的武將團，在內政方面也同樣留下了優秀的官僚集團。

即使康莫德斯不能體認視察帝國邊境，慰勞服邊境勤務士兵的重要性，或者就算有此體認也沒有勇氣實行都無所謂，他已經能以可有可無的帝國最高負責人皇帝身份開始治國。對於羅馬的平民來說，皇帝喜好競技勝過學問的個性算不得負面因素。當時的人們批評馬庫斯．奧理略偽善，然而熱衷競技的年輕皇帝自然與這項批評無緣。不幸的是，西元一八二年，康莫德斯登基稱帝才兩年而已，就發生了讓他性格劇變的事件。這是一項暗殺皇帝的陰謀，而且還是一樁家庭倫理悲劇，因為主謀者之一是皇帝的姊姊。

皇姊蘆琪拉

在哲學家皇帝馬庫斯．奧理略的十四個小孩裡，能活到成年的只有兒子康莫德斯與五名女兒。五名女兒中，向來由蘆琪拉扮演長女的角色。她出生於西元一五〇年，比起康莫德斯大了十一歲。

康莫德斯是在父親登基當年出生的，而蘆琪拉則是在父親馬庫斯由安東尼奧．派阿斯皇帝升格為實質上共同皇帝的三年後出生。也就是說，打一出生她就在宮廷中長大。到了十四歲那一年，她嫁給較自己年長二十歲的盧西厄．威勒斯。盧西厄當時是共同皇帝，因此蘆琪拉也就成了皇帝的妃子。而且不僅如此，做父親的馬庫斯為了慶祝女兒結婚，頒贈了「奧古斯塔」（皇后）稱號給蘆琪拉。當時所有人都認為，在馬庫斯．奧理略皇帝之後，繼位的應該是比馬庫斯年輕十歲的盧西厄。也就是說，盧西厄的妻子蘆琪拉已經保證能獲得下一任皇妃的位子，所以這時頒贈「皇后」稱號也是理所當然的待遇。

好景不常，結婚五年後盧西厄就過世了。盧西厄雖然有三名婚生子女，但其中兩名出生後不久就夭折了，只留下一名女兒。

蘆琪拉成為寡婦時還未滿十九歲。而在喪期未滿的半年後，又受父親馬庫斯命令，與其信任的部下龐培結婚。雖說父命難違，這場婚事卻嚴重傷害了蘆琪拉的自尊心。龐培雖是個優秀忠誠的武將，被視為馬庫斯的左右手，然而他出身行省，家世又卑微。蘆琪拉認為自己是皇帝的女兒，又是共同皇帝的妃子，憑什麼要嫁給出身卑微的行省總督。剛開始時做母親的法烏斯提娜也同意女兒的想法，只怕連哲學家皇帝也難以說服這兩個女人吧。最後是以蘆琪拉婚後繼續保有「皇后」的地位與稱號，這項問題才暫時獲得解決。儘管如此，蘆琪拉還是一直藐視做丈夫的龐培。而自從母親在小亞細亞過世後，「皇后」只剩下蘆琪拉一個人，亦即她成了羅馬帝國的第一夫人。後來與康莫德斯結婚的克莉絲庇娜雖是「共同皇帝」的妃子，但沒有獲頒「皇后」的地位與稱號。在電影「神鬼戰士」裡，有一幕是主角馬庫希穆斯向較自己年長的將軍同事龐培之妻蘆琪拉稱呼"Your Majesty"。聽到古羅馬人說英文不禁令筆者覺得好笑。這句話應該用拉丁文稱呼"Augusta"（皇后陛下）才是。

蘆琪拉

康莫德斯

克莉絲庇娜

想必自從父親馬庫斯過世，弟弟康莫德斯成為唯一的皇帝時起，蘆琪拉就開始覺得自己的地位有所動搖了。不過她還是唯一的「皇后」。可是過了兩年，西元一八二年時，宮廷開始流傳康莫德斯的妃子克莉絲庇娜懷孕的消息。這雖然可能只是個小道消息，但蘆琪拉聽到時可是大為震怒。

克莉絲庇娜雖然是元老院要員的女兒，畢竟地位比不過蘆琪拉。蘆琪拉的祖父是前前任皇帝安東尼奧·派阿斯，父親是上一任皇帝馬庫斯·奧理略。哈德良皇帝最初指定為次任皇帝的阿耶利斯·凱撒的遺孤，與馬庫斯同時成為安東尼奧·派阿斯的養子，後來更與馬庫斯成為共同皇帝的盧西厄·威勒斯，是她的第一任丈夫。在良家女子中，常常出現這種重視血統的傾向，這是因為她們除了血統以外，找不到自己存在的理由。而蘆琪拉也是這種典型的女子。對她來說，她絕對無法忍受不過是個元老院議員女兒的克莉絲庇娜成為皇后。就好像蘆琪拉的母親法烏斯提娜獲頒「皇后」稱號時一樣，一般而言，皇帝頒贈稱號會以第一次生產時為契機，萬一不滿二十歲的克莉絲庇娜真的生了小孩，只怕也會獲頒皇后稱號。那麼現在只是皇帝的幾個姊姊之一，身為皇帝部下妻子的自己，就算還讓人稱呼「皇后陛下」，也只是沒有意義與實權的假象罷了。三十二歲的蘆琪拉無法忍受這種情況發生，而她在激怒之下想到的辦法，就是殺掉唯一握有頒贈皇后稱號權力的皇帝。

馬庫斯．奧理略在臨終時，要求各路武將發誓協助康莫德斯治國。其實他應該要求女兒蘆琪拉發誓姊代母職協助康莫德斯才對。不過馬庫斯生前在《沉思錄》中寫下：他從恩師魯斯提克斯處學到家庭生活的重要。對於絕不外遇堅持一夫一妻，深信多子多孫多福氣，重視家庭生活的哲學家皇帝來說，只怕做夢都想不到姊姊會想要殺死弟弟。也許馬庫斯深愛的哲學會告訴他，身為人應該如何善良端正地活著，但不會告訴他在人類社會中，固然有人為了崇高的動機行動，但人類同時也是會受到下流動機驅使的生物。只有歷史會告訴後人這些事情。寫到這裡不禁回想起，馬庫斯．奧理略熱心於學習哲學與倫理，但不包括歷史。這名皇帝熱心於追求善良端正的生活，他的子女間卻發生人倫悲劇，真是令人同情。

陰謀

暗殺皇帝的計畫，可能是由蘆琪拉主導的緣故吧，內容實在是粗糙不堪。

既然要暗殺皇帝，當然先要決定好由誰接任。蘆琪拉的丈夫龐培本來是個妥當的人選，偏偏蘆琪拉又非常討厭丈夫。而且這個時期的龐培，由於康莫德斯將事情全交給他，自己回到首都，因此身為多瑙河防線的負責人，他似乎正停留在前線忙著強化防線及培育後進，沒有回到首都。假使他身在首都，只怕就算打死他，也不敢違背與先帝馬庫斯的誓約吧。似乎他自始至終與暗殺計畫沒關係。

結果，蘆琪拉選來在暗殺康莫德斯後接任皇位的人，是馬庫斯．屋米狄蘇．夸德拉圖斯。他是馬庫斯的妹妹、已故的安妮亞之子，和蘆琪拉是表兄妹。生年不詳，不過在西元一六七年曾經擔任過執政官，因此身為元老院議員，在暗殺計畫時應該年約四十五、六。然而，似乎他又是一個軍事方面經歷幾乎等於零，只懂得享受首都羅馬舒適生活的元老院議員。

我們無從得知蘆琪拉如何說服這個人加入計畫，搞不好是蘆琪拉以暗殺成功後與龐培離婚改嫁給他做條件也不一定。畢竟，蘆琪拉雖然面部線條銳利，但還是個美女。

暗殺執行人則是由身體健壯、擅長武術的克勞狄斯．龐培亞努斯．昆提亞努斯擔任。他是龐培的姪子，而且年輕又不動大腦。

在暗殺計畫中，實行地點的選擇也是差勁到底。他們打算在以希臘文稱為奧狄歐的音樂、戲劇場門口，等待康莫德斯看完戲劇離開時刺殺。身為皇帝當然不可能一個人進出，而且年輕的康莫德斯身邊總圍繞著許多同輩朋友。

在執行暗殺時，刺客還是成功地逼近了皇帝身邊。這個時期的康莫德斯認為自己受民眾喜愛，此時又剛看完戲劇要回皇宮，所以沒有對身邊的警備花太多心思。而刺客失敗的地方在於，他取出武器後做了多餘的事情，這時他喊了一句「以元老院的名義」。實際上，這時元老院應該與暗殺計畫沒什麼關係。只不過元老院與公民為羅馬的兩大主權者，在羅馬國內，「以元老院的名義」是打倒暴君時的常用語。因為在行兇之前就如此宣傳，沒等到使用武器，刺客就被眾人押下。

對於一個二十一歲的年輕人來說，光是知道有人想要自己的命，就夠震撼的了。然而在拷問之下得來的消息卻更令人震撼，暗殺的主謀者竟然是蘆琪拉。在五名姊妹中，她是最年長、最聰明、個性最堅強的人。當母親在世時，已經被稱為「皇后」，而且行為舉止也最符合這項稱號。對於康莫德斯來說，蘆琪拉還不只是五名姊妹之一而已。康莫德斯似乎喜好個性強悍的女子。在十四歲時喪母以後，比自己大十一歲的親生姊姊蘆琪拉是他最為信任的血親。

暗殺皇帝的刺客昆提亞努斯立即斬首，預備用來頂替康莫德斯的夸德拉圖斯也以同樣方法處死。伺候這兩人的兩名奴隸，也以加入暗殺陰謀的名義處死。

蘆琪拉被判流放卡布里島。不久後，不知以何種方法在島上遭到殺害。遺體也不許安葬於皇帝一族的墓園「哈德良靈廟」。

這次的暗殺陰謀，使得二十一歲的康莫德斯皇帝成了猜疑心的奴隸。原本與暴君兩字無緣

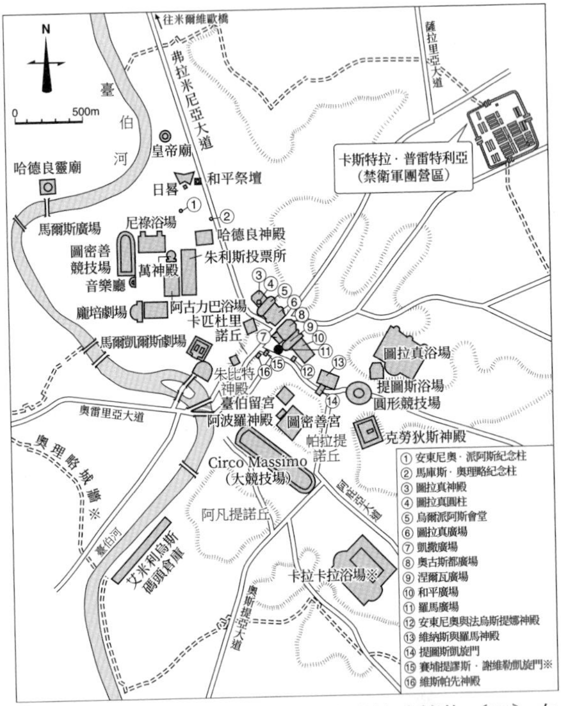

西元二世紀的羅馬市街（包括部份後世的建築物〔※〕在內）

的他，一夕成了暴君。

當進入帝政時代以後，羅馬創設了「禁衛軍團」。官兵合計約一萬人，營區設於稍微遠離市中心的「禁衛軍團基地」。兩千年後的現代，這裡成了羅馬大學的鄰居，不知為什麼，在現代還是個軍營。皇帝身邊的警衛工作，另外有警備隊負責，所以禁衛軍團的任務，在於首都羅馬與義大利本國的治安與防衛工作。由於任務性質的關係，當皇帝御駕親征時，禁衛軍團也要跟到前線去作戰。在馬庫斯・奧理略時代，禁衛軍團同樣在前線過日子。到了康莫德斯時代，則又搬回首都駐防。

禁衛軍團的「長官」，按例是由兩個人擔任。在先帝馬庫斯時代後期，有一位名叫帕提魯諾的武將開始擔任這項職務。這位希臘裔羅馬人是深受馬庫斯信賴的優秀武將，長年擔任馬庫斯皇帝的總參謀。當初與異族間的外交交涉也是由他一手承攬。後來馬庫斯皇帝任命帕提魯諾為禁衛軍團的長官，到皇帝駕崩後，他依舊擔任這項職務。在馬庫斯．奧理略臨終時，他也是一起宣誓協助康莫德斯保衛國家的武將之一。為了忠於這項誓約，在康莫德斯登基稱帝後，他依舊認真地執行勤務。

疑心生暗鬼的康莫德斯開始把注意力集中到帕提魯諾身上。他認定帕提魯諾明明知情卻沒做任何處置，這可說是欲加之罪，何患無詞，光是受到皇帝懷疑，帕提魯諾的命運就無可轉圜了。他首先遭到解任，不久後以意外死亡的方式遭到謀害。

受到猜疑的還不只帕提魯諾一個人。在西元一八二年到一八三年的一年中，光是以暗殺事件知情不報為由而遭到處罰的就有六個人。這些人全都是元老院議員，而且是具有「前執政官」尊稱的元老院要員。其中四名死刑，兩名流放國外。

除了上述六人以外，還有兩名元老院議員遭連坐處分，那就是在馬庫斯皇帝旗下以軍團長身份奮勇作戰的昆提流斯兄弟。做哥哥的當時與皇帝的女兒結婚，所以是康莫德斯的姊夫。派駐在敘利亞的弟弟千鈞一髮地逃亡成功了，做駙馬的哥哥很不幸的身在首都，遭逮捕後，未經審判就被處死了。

出羅馬城外，沿著古代的阿庇亞大道走一段路之後，可以見到一個壯麗的別墅遺蹟。這是昆提流斯一家的別墅，在古代時他們還特別出資修建高架橋，從高架水道引水到自家中使用。這個遺蹟直到現代，名稱都還叫做昆提流斯別墅。別墅的主人、當年的駙馬，曾經與康莫德斯一起擔任西元一七七年的執政官。昆提流斯兄弟參與暗殺的可能性實在不高，在當時連平民都謠傳說，是康莫德斯想要霸占這座別墅，才羅織罪名害死主人。

哈德良皇帝在生前曾經語帶諷刺的說，元老院是群滿腦子只想到自己的議員集團，不過一旦大禍臨頭，馬上會團結起來。在這一連串事件之後，元老院議員對康莫德斯皇帝的感情也大有改變，同時一般民眾對康莫德斯皇帝的觀感也開始不同。對平民來說，元老院議員是天生好命的上流階層人物。這些人要是被皇帝給處死、抄家了，平民也頂多感到有趣，沒什麼同情的餘地。如果要在現代找出實例來比擬羅馬帝國的皇帝與元老院的關係，那就好像美國總統與在野黨占多數時的參眾兩院。因此，皇帝與元老院不和才顯得自然。雙方關係良好的時代，頂多只有圖拉真、安東尼奧．派阿斯、馬庫斯．奧理略在位期間。因此每當有元老院議員失勢或遭整肅時，住在首都的平民已經習慣隔山觀虎鬥。

不過平民也有動感情的時候，就是發生血親間鬥爭時。羅馬人傳統上重視家庭，而且平民們也很本能地，認為無法治理家庭的人，當然不能將帝國整治好。偏偏在西元一八二年到一八三年的瘋狂整肅期間，康莫德斯已經殺害了親生姊姊，以及另一個姊姊的丈夫。

好在這場政治風暴，到了西元一八三年後半時已經煙消雲散。令人驚異的是，蘆琪拉的丈夫龐培沒有受到皇帝懷疑。可能是馬庫斯當年對這位敘利亞出身的武將全面的信任，也傳承到兒子康莫德斯身上了吧。在帕提魯諾死後，禁衛軍團長官只剩下佩雷寧斯一個人，此時是龐培建言皇帝要信任佩雷寧斯，而原本佩雷寧斯能當上禁衛軍團長官，也是由他的老長官龐培推薦的。

最初的五年

親生姊姊的暗殺計畫，使得才二十一歲的皇帝性格劇變。不過這些變化，這時還只有與皇帝親近的人看得出來。問題是，康莫德斯不是個普通的年輕人，而是皇帝。他對統治工作失去興趣，原本會是一個致命的問題，但在這段時期中，佩雷寧斯彌補了這項漏洞。

塞克司徒斯．提吉狄蘇．佩雷寧斯是出身於義大利本國，卻在前線度過大部份職涯的武將。這種出身的武將，在西元二世紀時已經漸漸成為少數了。他是龐培門下的菁英，不僅待過多瑙河前線，還曾經轉任到帝國各邊境去執行勤務，最後才受命擔任禁衛軍團長官。不過，這種經歷也有缺點。由於長年在邊境服勤的關係，他毫不掩飾自己對只懂得在首都過舒適生活的元老院議員有多反感。元老院也始終把佩雷寧斯當成政治暴發戶看待。這時的佩雷寧斯，推測

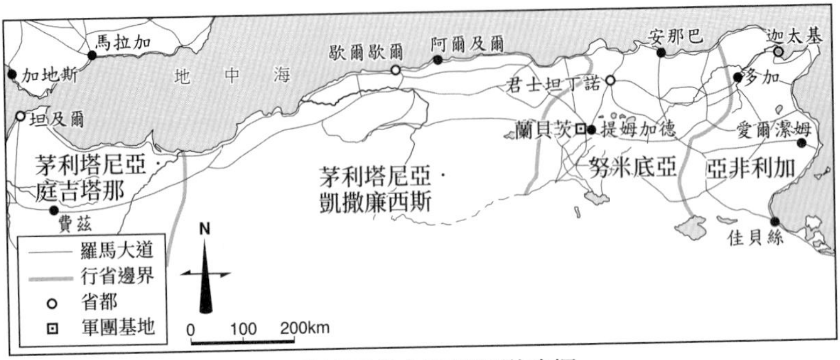

北非地區的主要羅馬道路網

年齡大約在五十上下。他代替了對統治工作失去興趣的康莫德斯，成為帝國的實質管理人。

雖說在馬庫斯．奧理略時代的二十年征戰之後，羅馬人還得以享受和平。不過已經不像安東尼奧．派阿斯時代一樣，可以什麼都不做，光是享受和平而已。帝國的「防線」已經陷入不維持備戰狀態，就會隨時遭突破的危險局面。

唯一安全受到保障的「防線」，只有在馬庫斯．奧理略時代中展開大規模實戰的幼發拉底河與多瑙河兩處。除此以外的地方，如果沒有一發現危機的徵兆就馬上處置，事情便會一發不可收拾。對這個時期的帝國來說，迅速因應的能力較以往更為重要，而佩雷寧斯的邊境經驗正好有助於此。

根據史書記載，西元一八三年與一八五年，羅馬推行了兩次北非茅利塔尼亞地方的防線強化政策。在現代，這裡相當於摩洛哥與阿爾及利亞兩個國家。在羅馬時代，這裡則分為以庭吉塔那（今日的坦及爾）為省都的「茅利塔尼亞．庭吉塔那行省」，和以凱撒利亞（今日的歇爾歇爾）為省都的

沙漠地區的防線——相對威脅程度較低的地方
(昔蘭尼加、亞非利加、茅利塔尼亞行省等地)

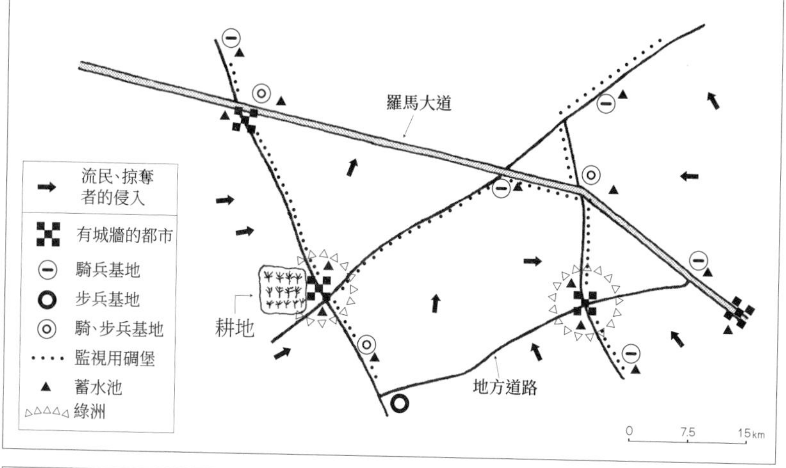

沙漠地區的防線——相對威脅程度較高的地方
(北非的部份地區及敘利亞行省等地的防線)

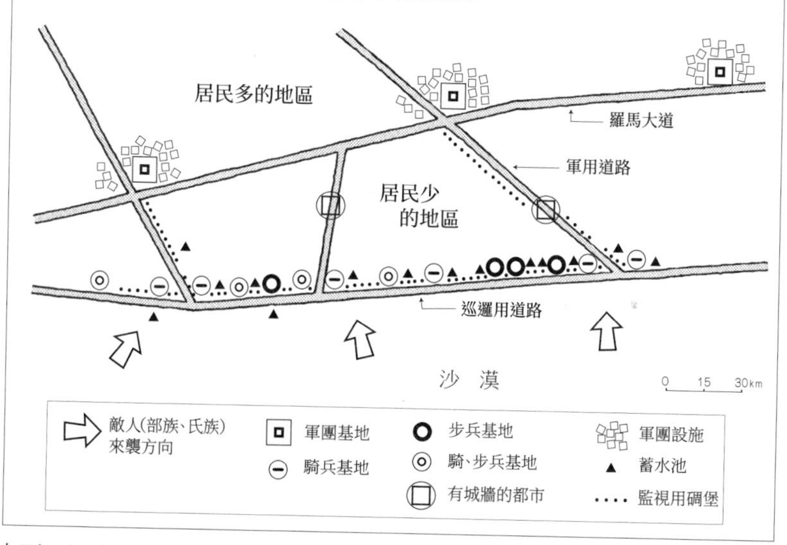

上下二圖均引用自 Edward N. Luttwak, *The Grand Strategy of the Roman Empire*

「茅利塔尼亞．凱撒廉西斯行省」。由這兩個行省往東，則連接著「努米底亞」、「亞非利加」、「昔蘭尼加」，以及「埃及」等羅馬行省。除了皇帝私有的埃及以外，五個行省的駐軍只有一個羅馬軍團。常駐於北非地帶的羅馬正規兵力，只有以努米底亞行省內的蘭巴艾西斯（今日的蘭貝茨）為基地的第三奧古斯塔軍團，軍團兵、輔助兵合計只有六千人。

以這樣的人數，還能守住這麼廣大的北非地區，是因為這裡的局勢與面臨帕提亞王國的中東地區不同。在北非地區，敵人是由沙漠另一端襲擊而來的原住民部族。也就是說，羅馬人認為其並非正規軍隊，只是一群強盜，防衛策略也只需做到這個程度即可。

不過羅馬人並未輕視防衛的重要性。雖說強盜頂多掠奪財物之後離去，但如果將其視為暫時性的災難，不提出任何防衛策略，感到痛苦的居民最後會拋棄家園，流入海岸附近較安全的大城市。無人耕作的土地不僅會荒廢，還會遭砂礫埋沒，使氣候產生變化。有植物才會帶來降雨，將雨水用來灌溉或儲用，才會引發下一次的降雨。人類定居，正是最佳的沙漠化防護對策。羅馬在這一帶的防衛目的，就是在保障居民的定居。不過也正因如此，有必要以不讓帝國其他邊境防衛產生負擔的形式，整頓好此地的防衛措施。

第一項措施，在於活用原住民出身的輔助兵。軍團基地只有蘭貝茨一處而已，在這裡受訓的輔助兵，事後將分發到修建於各個戰略要地的要塞執行守衛工作。要塞之間也修築了監視用碉堡，在此駐防的也是行省民出身的輔助兵。第二項措施，則是利用沒有服兵役的居民。羅馬人透過將每個綠洲聚落城池化來執行。持續施行這項措施的結果，使得行省民也能納入羅馬帝國防衛體制之內。第三項措施，則不限於北非等面臨沙漠的地帶，在其他邊境也已經採用多年。那就是集合軍團退伍的後備軍人，建設集體居住的城鎮。

在這些城鎮中，考古挖掘進度最為超前，也因此最為有名的，就是提姆加德了。這個城鎮是在圖拉真時代，由蘭貝茨基地駐軍，第三奧古斯塔軍團的士兵在基地附近修建，目的是讓士兵在退伍後有地方可以居住。羅馬人建設的都市、城鎮，往往像是把軍團基地擴張改建以後的樣子。提姆加德在古代叫做塔姆加迪，城鎮設計活像是把軍團基地整個搬過來。城鎮外型是每邊四百公尺長的正方形，中央由兩條十字交叉的大道切成四塊。雖說已知這是軍團兵設計的城鎮，看到照片時筆者還是不禁感到好笑。

這個城鎮雖然簡素，羅馬人心目中的城市功能還是很完善。既有神殿又有「廣場」，同時備有公共圖書館與劇場。城內的公共浴場大大小小共有十四個。而在這裡挖掘出的公共廁所更是典型的羅馬公廁，外型設計與建築史專書常列舉介紹的一樣。石板道路與上下水道也當然

提姆加德的遺蹟

不會省略。這個城鎮目前是個無人居住的遺蹟，周邊是一片沙漠。不過在古代有人居住時，周邊是一片耕地與果園。

在羅馬時代，起源和提姆加德一樣的城市不在少數。羅馬帝國在北非的防線，是由軍團基地、輔助部隊基地、要塞、監視碉堡、退伍兵城鎮，以及獲准成立地方自治單位的原住民城鎮為「點」，並以羅馬大道為「線」，由「點」與「線」交織而成。正因如此，強化北非防線也就代表著重新整頓「點」與「線」。如果怠忽這項工作，不僅北方地中海沿岸的都市立即遭受威脅，就連直布羅陀海峽對岸的西班牙安全也立即失去保障。

佩雷寧斯實質上代理皇帝處理帝國政務後，第二項面對的問題是西元一八四年發生的不列顛異族入侵問題。當年的不列顛，亦即後世的英格蘭，這個地方註定要承受住在當時稱為卡雷德尼亞，現今蘇格蘭地區的異族入侵問題。因為只要不斷由北海對岸的斯堪地那維亞半島「輸血」，不管羅馬軍如何努力擊倒敵人，卡雷德尼亞的人口還是一樣多。也因此不列顛的防線並非由「點與線」成立，而是漫長石牆砌成的「哈德良長城」，並在當地派遣三個軍團。西元一八四年羅馬收到的緊急報告指出，為迎擊卡雷德尼亞軍而出動的一個軍團遭受重大打擊撤退，指揮作戰的軍團長已經陣亡。

羅馬元老院收到消息後大為震驚，主張由萊茵河防線或伊比利半島派出一個以上的軍團支援。不過禁衛軍團長官佩雷寧斯駁回這項意見。他的理由是目前沒有兵力上的餘裕，也沒有這種時間。相對地，他以康莫德斯的名義，緊急命令正在萊茵河防線服役的烏爾派阿斯・馬爾凱爾斯趕往不列顛，遞補陣亡的軍團長職位。前線經驗豐富的佩雷寧斯知道，即使軍團戰敗，繼任的指揮官也可能扭轉情勢。實際上，馬爾凱爾斯率領下的軍團不需其他兩個軍團的支援，就達成了雪恥的目的。不過元老院直到接獲戰勝報告時才知道馬爾凱爾斯的人事異動，事前完全沒收到佩雷寧斯的報告。

不過元老院也沒有時間培養對佩雷寧斯的反感。第二年剛到，不列顛又發生了對羅馬帝國而言比異族入侵更加嚴重的問題。發生地點似是離「哈德良長城」距離最遠的卡雷翁軍團基地。駐軍在這個基地的軍團兵，在每年一月一日按例舉行的宣誓效忠典禮上，表示拒絕向現任皇帝康莫德斯效忠。相反地，他們推舉軍團長擔任皇帝。受士兵

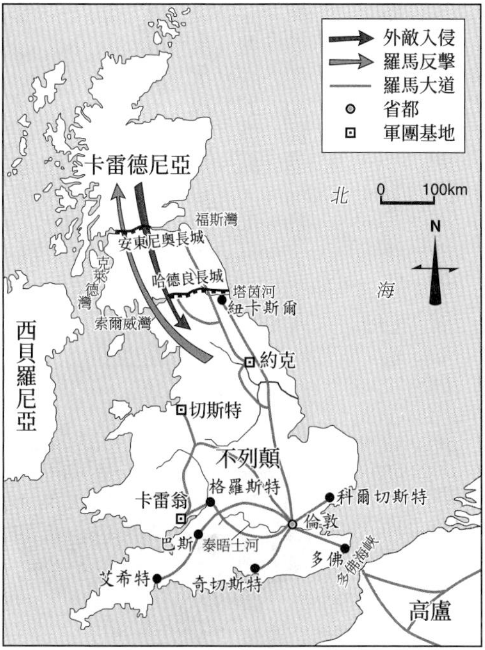

異族入侵不列顛

推舉的軍團長普里斯克斯雖然拒絕這項要求，但是士兵可沒有輕易作罷。

這是一件影響帝國防衛體制的事件。一旦士兵拒絕向最高司令官效忠，羅馬的防衛體系也就瀕臨崩潰。何況這時他們不但拒絕效忠，還提出了替代的人選。佩雷寧斯知道這次必須迅速提出對策，所以同樣沒有詢問元老院的意見。他派遣龐培門下的將軍，與自己同輩份的沛提那克斯緊急前往不列顛。

宣傳軍團融和的硬幣

我們無從得知沛提那克斯是如何說服士兵的。不管怎麼說，說服工作成功，軍團兵重新向康莫德斯宣示效忠。不過佩雷寧斯知道事態有多嚴重。為了避免不列顛軍團兵的不滿擴散到其他防線，他決定大為宣傳此次事件已經獲得解決。在羅馬帝國大肆宣傳的方式，就是發行刻有宣傳事項的金、銀、銅幣。事件解決後，羅馬發行了正面刻有康莫德斯皇帝側臉的兩種貨幣。一種在背面刻有"Concordia exercitum"，另一種則是"Fides exercitum"。這兩種貨幣都是宣傳士兵間的融和與對皇帝的忠誠心。

佩雷寧斯並非毫無根據的擔憂。這時從駐軍達其亞行省的士兵，以及多瑙河沿線的士兵之間已經傳出聲浪，懷疑皇帝已經忘記了在邊境吃苦耐勞的士兵。這是因為駐留前線的士兵，還沒忘記先帝馬庫斯・奧理略。如果康莫德斯心裡還有前線官兵存在的話，他應該學學哈德良皇帝。哈德良皇帝在世時，雖然沒發生戰爭，但依舊前往不列顛與多瑙河巡視，慰勞、鼓勵駐防前線的官兵。

士兵的薪水是以狄納利斯銀幣支付的。我們無從得知銀幣上呼籲團結與忠誠的宣傳口號是否真的奏效，至少不列顛軍團發生的事件沒有波及到其他防線。然而不知是否因為放心的關係，元老院對佩雷寧斯的不滿開始浮出檯面。這件事情使得剛滿二十四歲的康莫德斯感到不安。

無論在共和時期、帝政時期，羅馬元老院都是儲備擔任國家要職人選的地方，因此這個機構才能一直維持存續。這個機構並非像是字面一樣由一群功成名就的老人盤據，對現役的官員忠告、建議、雞蛋裡挑骨頭的地方。筆者經常在書中比喻元老院有如現代國家的議會一樣，是因為只要年滿三十歲，就有資格在羅馬元老院擁有席位。而且擔任國家要職的人選出自元老院，任期結束後人員也自然回到元老院議會裡。與近代國家議會不同的地方在於，元老院議員並非由選舉產生，而且任期為終身制。不過一旦遭判定為不適任，議員同樣會馬上失去席位。

羅馬元老院的議員，不僅在政治、軍事方面的能力與經驗屬於菁英階層，在學識教養方面同樣也是頂尖人物。在羅馬時代的哲學書、史書、編年史作者中，沒有元老院議員席位者寥寥無幾。元老院議員會成為羅馬時代的「媒體」，也是因為一旦隸屬元老院這個機構，就方便於接觸各類資訊，而且元老院本就是擅長以文字表現自身觀察、思考結果的人員聚集之處。在此姑且不論不管哪個組織，都會有魚目混珠的現象。

西元二世紀末期的羅馬元老院，還充分保留了上述傳統的特色。對國政抱持責任感的議員目前還占大多數。這些人雖然對佩雷寧斯輕視元老院的態度感到痛苦，但沒有把對政策的評價與對佩雷寧斯個人的觀感混為一談。只是反感這種個人感情，比較容易浮出表面而已。此外，佩雷寧斯實質上的統治已經過了五年。五年這個長度，對於評價功績而言嫌太短，而對於忘卻反感來說又嫌太長了。

康莫德斯自從遭親生姊姊謀殺未遂後，雖然個性轉為內向，但並非成天關在皇宮裡不跟任何人來往。年輕的皇帝依舊出現在圓形競技場及大競技場上與民眾碰面，到各地的皇帝私人別墅渡假時，依舊維持著騎馬、狩獵等娛樂活動。在這些時候，他身邊也由社會各個階層人物所圍繞。他並非不跟外人接觸，而是只跟契合個人興趣的人物接觸。康莫德斯最為熱衷的活動，還是勞動身體的武術與競技，有如一個反抗期的青年。

這種傾向，其實才是真正的封閉。儘管他的生活時間大部份都不在家中，然而所屬的世界卻更為狹隘。將人生奉獻給政務、學問與家庭的馬庫斯．奧理略待的世界，都還比他廣闊些。活在自己喜好的世界中，對老年人來說算是種人生的勳章。然而才二十出頭就把自己的世界劃出界限，就是一種心病了。惡魔的耳語最容易發揮效果的，就是有這種心病的。

就在這時候，皇帝寢室的專屬奴隸克雷安卓斯利用了元老院議員漸漸表露對於佩雷寧斯的反感。他生於奴隸階層，不知利用何等手段，當他進入皇宮工作不久，就脫離奴隸身份，晉升「解放奴隸」階層。從姓名推測，他是希臘人後裔。由於工作是寢室的專員，因此接觸寢室主人皇帝的機會多得是。

這個人誇大其詞地對康莫德斯敘述著元老院排斥佩雷寧斯的感情。康莫德斯即使身在首都時，也幾乎沒出席過元老院會議，因此無法自己親身確認這些消息。而且如果他本人會感到有確認的必要，就稱不上有心病了。他一聽到這些謠言馬上就相信，並且開始擔憂元老院對佩雷寧斯的反感，是否會轉向重用佩雷寧斯的自己頭上。後來，寢室專屬的解放奴隸又給康莫德斯加上最後一擊。謠傳禁衛軍團長官佩雷寧斯，打算利用自己旗下的一萬名官兵除掉康莫德斯。佩雷寧斯平日一派武將作風，即使到皇宮內進行政務報告時，也不像其他宮廷人物一樣對皇帝卑躬屈膝，作風有如置身馬庫斯．奧理略時代連百夫長都能自由表態的作戰會議。在發表意見試圖說服年輕皇帝時，也不對遣詞用字下工夫，康莫德斯認為這是佩雷寧斯輕視自己的表現。而曾經遭人謀殺過的皇帝，心想同樣的事情又要發生了。

而且他這次起疑的對象是禁衛軍團的領袖，在羅馬市中心外圍不遠處的營區內駐有一萬名部下。如果想要發起行動除掉這等人物，就有必要迅速地造成既成事實。

暗殺的執行人似乎是由皇帝警衛隊中選出。這一小團人悄悄離開帕拉提諾丘，趁著夜色襲擊佩雷寧斯宅院。除了佩雷寧斯本人外，他的妻子、妹妹，以及兩名小孩都當場遇難。

第二天，這件事情傳遍了整個羅馬，連元老院都為此大感震驚。康莫德斯還趁機宣布，為證明自己能事先發覺刺殺皇帝陰謀是多麼幸運的事情，今後他的官方姓名還要再附加上代表幸運者的「菲力克斯」一詞。

根據推測，史學家加西阿斯．迪奧大概是在這件事情不久前開始擁有元老院席位。雖然他是出身小亞細亞的希臘人，不過他的父親是曾任西里西亞、達爾馬提亞兩個行省總督的元老院議員。想必做兒子的加西阿斯．迪奧在滿三十歲時，就順利地當上在羅馬社會中屬於最高階層的元老院議員。雖說新任議員在議場只能敬陪末座，不過新人還未受元老院的權威主義影響，才能夠客觀地判斷議場的氣氛。他對佩雷寧斯的評價如下：

「雖然有野心，但是個清廉無法收買的男人。政策方面穩健不勉強，對元老院的態度雖然強硬強勢，但可說是賢能的公務員。他有充分的資格，不是以這樣的方式死去，而是獲得更好的結局。」

隨著佩雷寧斯的死，康莫德斯在位期間比較平穩的時代也結束了。代替佩雷寧斯為帝國掌舵的，是解放奴隸克雷安卓斯。

側近政治

雖說職業無貴賤之分，但人生卻有貴賤之分。

在奴隸中，不乏終生清廉的人。比方說與格拉古兄弟的弟弟同生共死的奴隸。當朱利斯·凱撒遭到布魯圖斯派暗殺時，連凱撒旗下的首席武將，在該年度與凱撒共同擔任執政官的馬庫斯·安東尼都感到害怕，不敢在現場停留。是三名奴隸在無人命令的情形下，穿越手持利刃的兇手徘徊的市中心，把棄置在暗殺現場的凱撒遺體運回自宅。當年的克勞狄斯皇帝因小兒痲痺後遺症，使得他終生跛足、說話結巴。是他的奴隸納爾奇索斯照料他的身邊雜務，甚至當皇帝遭毒殺時也一同殉難。即使在奴隸社會中，跨越階級的人際關係依然存在。

不過，這種人際關係也有其弊害。不管是奴隸或解放奴隸，他們都沒有足以規範人生的「過往」，因此他們只重視「現在」。當他們服侍的主人是身居最高權位的皇帝時，更使得他們沒有永久安全的保障。他們眼中唯一能保障未來的就是「現在」，如果眼光短淺一點的話就只有錢財可言。出身奴隸的人一旦站上可以影響社會高層的立場，第一個想到的就是如何斂財。克雷安卓斯同樣地也集中全力在斂財上。

克雷安卓斯以皇帝寢室侍從身份直接成為皇帝親信，並且半公開地開始買賣官職。羅馬人把沒有派駐軍團，亦即遠離防線的安全行省稱為「元老院行省」。要成為這種行省的總督，資格條件是有擔任執政官的經驗。對於羅馬人而言，成為行省總督，意味著站上了菁英的升官圖起點，而且這種地位容易獲得利益。因此只要是元老院議員，人人都希望自己能成為執政官。如果想把這種官職拿來出售，實在不用擔心客源。既然康莫德斯熱衷於競技，克雷安卓斯也就忙著大發利市。不只是元老院裡的良知派對這個現象感到憤慨，連守衛帝國邊境的官兵也開始感到厭膩。

在首都羅馬，除了皇帝康莫德斯以外，只有禁衛軍團長官有能力阻止克雷安卓斯的行為。可能是禁衛軍團長官真的有類似的動態，這個時期的長官經常遭到撤換。有的人在職期間只有五天，最短紀錄甚至只有六小時。

就在首都的這種氣息下，西元一八七年又爆發了第二次暗殺皇帝的陰謀。是真的有暗殺計畫呢？抑或是只知道設法維護自身地位的克雷安卓斯煽動康莫德斯的被害妄想造成的？真相到如今依舊不得而知。總而言之，被視為主謀的馬昧提努斯與布魯士兩人未經審判就遭處死。

這兩個人都是康莫德斯皇帝的姻親。馬昧提努斯與馬庫斯．奧理略的五女兒結婚。他不僅是優秀的武將，在西元一八二年還當選執政官。布魯士則是馬庫斯的小女兒的丈夫。這名武將出身北非，在西元一八一年擔任過執政官。連四年前的昆提流斯一起計算，哲學家皇帝的五個女婿中，有三人已經死在小舅子康莫德斯手上。馬庫斯重視的家庭主義，最終結果竟是這種下場。不過視為主謀的姊夫、妹婿雖然遭處死，做妻子的後來還有改嫁的紀錄。亦即在這次的事件中，康莫德斯沒對自己的姊妹下手。

如果有感情存在的話，人與人之間還是血親；如果沒有的話，那就形同陌路了。康莫德斯對自己的妻子可是毫不手軟。皇妃克莉絲庇娜與這次的暗殺計畫無關，只是康莫德斯有了新的情婦，因此嫌她礙事。皇妃以通姦的罪名被流放到卡布里島，不久後就遭到殺害了。

康莫德斯這時已經完全失控，只有一個人還有能力阻止他。那就是先帝馬庫斯的首席忠臣，同時也受到現任皇帝康莫德斯信賴的龐培。不過他在多瑙河前線培育完後進以後，雖然好像回到首都定居，但當西元一八五年舊部下之一佩雷寧斯遇害後就完全引退，不在首都露臉了。大概是他對康莫德斯的做法完全絕望了。不過他並未加入反康莫德斯的陣營，也沒有理睬各界對康莫德斯不滿的聲浪。他終生守著在馬庫斯．奧理略臨終時立下，協助康莫德斯的誓約。

死守先帝臨終前立下的誓約的，還不只龐培一個人。雖然先帝臨終時不在場，但多瑙河以外各個防線上的將領，都沒有人起兵準備推翻康莫德斯。這應該是馬庫斯．奧理略高貴的人格與強烈的責任感打動了他們。即使到了這個時代，羅馬的男子還是認為一旦立誓就應死守，這倒是令人感到驚異。儘管康莫德斯在位的十一年裡一再失策，由馬庫斯皇帝選拔重用的武將還是沒有起兵造反。

那麼在這段期間裡，自認公認均為皇帝權力監督機構的元老院又在做什麼呢？

雖說元老院議員有好有壞，但要是「魚目」、「明珠」能分得清楚那還好辦。實際上往往只有少數人是明確的「魚目」、「明珠」，其他大多數人是看情況選擇站在哪一邊。不知道是看到皇帝處死姊夫之後覺得害怕了，還是看到連禁衛軍團長官都連番撤換，覺得元老院已經無能為力。總之在西元一八七年以後，元老院裡的「魚目」派成了多數。而到了西元一九〇年，該年就任的執政官人數竟高達二十五人。原本每年只有兩人，至多不過四人的執政官，竟然成了二十五人。不管克雷安卓斯多積極推銷官位，如果元老院裡面沒有議員付錢，是不可能出現這種數量的。

既然事態如此，奴隸出身的克雷安卓斯自己出任禁衛軍團長官時，也當然沒有議員抗議了。不僅如此，元老院甚至投票通過頒贈 **"Pater Senatus"**（元老院之父）稱號給他，國政可說已經萎靡至極。共和主義者視為「羅馬帝國良心所在」的元老院竟是如此慘狀。佩雷寧斯生前輕視元老院的態度，在政治上固然是項錯誤，但他的心情倒是能讓人體會。而且就連康莫德斯也感染到這股輕視元老院的氣息。

儘管政治一片慘狀，帝國還是能發揮功能。這一方面固然因為守衛邊境「防線」的武將負有強烈責任感，不過最下層的公共機關還能維持以往的功能也令人值得讚嘆。這就好像中央政府胡攪時，鄉鎮公所和市政府在底下硬撐一樣。畢竟營運帝國就好像開火車一樣，不是一踩煞車就能馬上停下。而克雷安卓斯的天下也只能維持四年。

在羅馬的共和時期起，就有每個月配給貧民約三十公斤小麥的制度，以現代而言算是社會福利措施。將軍凱旋以及節慶時皇帝分發的獎金只能算是禮物，然而小麥配給可是公民的權利，這種權利只有羅馬公民權所有人可以享有。亦即享有羅馬公民權，又年滿十七歲的男子才可領用。假設一個家庭由夫婦與兩個未成年子女構成，那麼這個家庭每個月可領到三十公斤的小麥。光靠這點補助當然無法維生，只是國家保障最低限度的食物以免餓死而已。

從羅馬法最初是為了保障私有權而訂定便知，羅馬的自由市場一直發揮著功能。能免費領到的小麥品質不佳，因此品質好的小麥會出現在市場上。如果經濟能力許可，家長大可把免費領到的小麥拿給奴僕，自己出錢到自由市場買上等麵粉製成的麵包食用。

克雷安卓斯心裡只想著斂財，對這種事情，亦即對國政根本不關心。我們推測他可能是收受賄賂了吧，原本不該出現在市場，應當用於發放的劣質小麥，也出現在市場上了。結果當然使得免費發放的小麥數量劇減。

這下子可惹火了平民。既然這是擁有羅馬公民權就自然擁有的權利，那民眾當然也會感到憤怒。以女性為中心、男性為輔的抗議遊行，直逼康莫德斯停留的地方。

帕拉提諾皇宮位於山丘上。不過這時皇帝停留在阿庇亞大道旁的昆提流斯兄弟別墅裡。這一帶是阿庇亞大道的直線地帶，周邊是一片平原。壯麗的別墅雖然有高牆環繞，但當看到憤怒的民眾逼到圍牆前時，現年二十八歲的康莫德斯可慌張了。

皇帝警衛隊的士兵看到這場面後，也沒有人敢動。即使想向位於羅馬北部的禁衛軍團求助，偏偏別墅位於羅馬的南方，距離實在太遠。康莫德斯在恐懼之下，決定付出犧牲。他把克雷安卓斯從別墅的門口推出去，在他背後關上大門。

克雷安卓斯遭高聲叫罵的民眾拖到返回羅馬的路上，在此遭到殺害。他所存下的金錢被國庫沒收，但康莫德斯沒有將其用於重建小麥市場，而是在圓形競技場舉辦一場盛大的鬥劍士比賽。而且他不僅當主辦人，還自己下場與職業鬥劍士比試，藉此取悅觀眾。在這之前他只有在鬥劍士培育設施內的賽場，或者皇宮內的賽場測試自己的實力，還沒在觀眾前亮相過。從這時期起，「鬥劍士皇帝」成了他的外號。跟他的父親馬庫斯「哲學家皇帝」相較，真是難以言喻的對照。

「羅馬的海克力士」

康莫德斯在位期間，從西元一八〇年到一九二年為止，最初的五年是佩雷寧斯時代，其後的四年是克雷安卓斯時代，本來最後的三年該是由他親自執政的時代了，實際上卻並非如此。一個直到二十八歲為止不依不靠就站不住的人，一旦到了該用自己的雙腳站立時，當然站不起來。他在位的最後三年，是在下列三個人的影響下。

馬爾琦亞——不久前成為康莫德斯情婦的人。在西元一八二年皇姊蘆琪拉主導的暗殺事件中遭處死的夸德拉圖斯的奴隸。由於奴隸算是個人資產，因此由皇帝接收後成為皇帝的所有物。她雖是基督教徒，不過沒有吸收教徒的行為，因此沒遭人告發，維持個人信仰也不困難。此外，對治國沒興趣的康莫德斯，同樣也對基督教的弊害不感興趣。

艾克尼庫圖斯——代替克雷安卓斯成為寢室侍從的解放奴隸，出身希臘。馬爾琦亞成為皇帝情婦之前與之後，都與他維持夫婦關係。

艾密尼斯．列特——禁衛軍團長官。克雷安卓斯死後成為唯一的禁衛軍團長官。

既然是這種人選對皇帝發揮影響力，那麼皇帝身邊的人才不是遭排擠，就是自動請辭，總之是一個一個離去。就連負責寫公文送給行省總督與軍團長的人選都沒了。就算康莫德斯只要簽名就好，內文總要有人負責。連這種人選都沒有了以後，由皇帝送出的公文裡就只有一句"vale"。拉丁文裡的"vale"，具有再會、祝愉悅、請多保重等涵義，是書信結尾的常用語。當傳令在沿著大道周邊等距離設置的驛站換馬疾馳，氣喘吁吁地趕到目的地送出皇帝的公文後，收件人打開白色的草莎紙一看，上頭只有"vale"一個字。身在邊境值勤的軍團長拿到這種公文時，心裡真不知作何感想。而元老院也開始悔悟，發現自己是在幫康莫德斯搞壞國政。

皇帝這時已經肆無忌憚，成天熱衷於比劍和競技賽。的確，年近三十的康莫德斯身強體健，又習得和職業鬥劍士不分高下的武術。這使得他藐視體弱多病的父親馬庫斯，自稱親生父親是朱比特神，自己是海克力士再世，因此今後應稱呼為「羅馬的海克力士」。

也就在這時期，他命人製作頭披獅子皮，手持棍棒的雕像。後世因此產生康莫德斯親生父親並非馬庫斯．奧理略，而是皇后法烏斯提娜與鬥劍士外遇所生的傳說。到了現代，由雅雷克．金內扮演馬庫斯，年輕時代的克里斯多佛．普拉馬扮演康莫德斯的電影「羅馬帝國淪亡錄」中也採用這種說法。這些謠言也是康莫德斯自己種下的惡果。

扮演海克力士的康莫德斯

不過到了近期，康莫德斯的生父是鬥劍士的說法已經遭到否定。康莫德斯出生的前後幾年，法烏斯提娜皇后正值每年生產的時期，實在難以想像還有外遇的空間。而且古羅馬的鬥劍士雖然像是現代的拳擊冠軍一樣受歡迎，但在社會上的地位不高。即使想要應徵軍團兵，只要讓人知道以前當過鬥劍士，馬上就會給趕出營區。馬庫斯．奧理略急需擴編軍隊時，曾經聚集鬥劍士編成一支隊伍。然而這支隊伍是純由鬥劍士組成的，也沒能與正規軍團並肩作戰。直到西元二世紀末期，朱利斯．凱撒創制的〈地方自治法〉還能發揮功效。其中關於地方議會的項目裡，規定擁有選舉權，但沒有被選舉權，不能擔任地方議會議員的有：有犯罪前科者（不僅傷害罪，連偽證罪也包括在內）、軍團逃兵、軍團開除兵員、演員、賣春業者，以及鬥劍士。

就算康莫德斯再糊塗，也總該了解這些社會背景，照理來說不會四處吹噓自己的父親是鬥劍士。他自認為是「父親」的，是希臘羅馬宗教裡的最高天神朱比特（希臘文稱為宙斯）。不過這同樣是一種心理變態。也難怪眾人會認為直到現代評價依舊極高的賢君馬庫斯・奧理略，不可能會讓這種兒子繼承皇位。也在這種心態之下，後人創作了許多小說，以及兩部電影。從這點也可以證明，在羅馬皇帝之中，最為後人歡迎的還是馬庫斯・奧理略。只可嘆儘管有同樣的血統，對人生的態度卻未必能相同。人世間既然有龍兄鼠弟的現象，也難免有虎父犬子的情形發生。

史學家加西阿斯・迪奧在三十五到三十七歲時，正值康莫德斯皇帝人生最後的二十九到三十一歲這段期間。而且他與康莫德斯同樣住在首都，又是元老院議員。我們可說這是一個不可多得的最佳目擊證人。不過，參考這個人的著作時，也有些地方需要注意。

這個人的文筆表現能力固然優越，然而不知是否過度信任自己的文筆，常常有把實際舉行的演說換成自己說法記錄的現象。這個傾向尤其在只能依賴文獻敘述過去史實的時候特別明顯。就連朱利斯・凱撒以簡潔明快為特色的演講，到他筆下也成了緩慢冗長的演說。凱撒本人有留下著作，還可以用以考據，沒有其他文獻可供參考時，我們這些後世讀者就要留意了。會發生這種現象，可能是因為加西阿斯・迪奧是生於西元二世紀末三世紀初的知識份子，在他心中沒有強烈意識到語言文字才是勝過千軍萬馬的武器。如果凱撒能重生於現代的話，想必以他的精明，在議會的發言、支持者聚會的演說、電視辯論會以及各國首腦聚頭的高峰會議等時候，發言的方式會隨置身情況有所不同。這點是著作時心中只想著讀者的加西阿斯與他不同之處。

不過，著作時只考慮到讀者也有其好處，就是可以把所有已知的事物全部網羅進去。加西阿斯．迪奧筆下的《羅馬史》因此成了長篇巨著。其中最有價值的地方，在於他把自己的所見所聞與感想全數寫下。下列這段故事發生於西元一九二年時的圓形競技場，康莫德斯皇帝這時已經三十一歲。

「有一天在競技場上，我們元老院議員同樣在觀眾席最前排觀賞皇帝的武術。這天康莫德斯的對手，是巨大得令人難以相信是鳥類的鴕鳥。鴕鳥衝向康莫德斯，而康莫德斯一刀就把鴕鳥的頭斬下。之後他以驕傲的表情轉向元老院議員，把手上拿著的劍由左向右一揮。就好像在影射說，只要我有這個意思，你們的頭顱也是一樣馬上不保。這是一個恐怖的景象，同時也是滑稽至極的模樣。議員們不禁笑了出來。這場爆笑從元老院議員指定席的一角傳遍另一角。

加西阿斯．迪奧（他和凱撒一樣，在著作中以第三人稱稱呼自己）直覺到，這樣下去將會引發不好的結果。於是他從頭上的月桂冠摘下一片葉子，放在嘴裡咀嚼，並要其他議員也跟著做。

康莫德斯看到這景象，也只好承認當他威脅元老院議員時，議員回應的笑臉只是因為咀嚼月桂葉而動嘴，並非嘲笑皇帝。如此，能夠滿足他殘忍心思的藉口也就消失了。」

暗殺

暗殺康莫德斯的事件，就發生在上述故事的幾個月以後。於西元一九二年十二月三十一日晚上執行，並且獲得成功。

試圖殺害康莫德斯的，是他的情婦馬爾琦亞，以及皇帝寢室侍從艾克尼庫圖斯。暗殺執行人名叫納爾奇索斯，如果以現代的角度來解釋，他的工作是康莫德斯的摔角教師。他趁著康莫德斯在皇宮內的浴室洗澡時，抱住他的脖子將其勒死。康莫德斯享年三十一歲，在位期間十二年。

事後，外人完全無法得知行兇的動機。馬爾琦亞及艾克尼庫圖斯要依靠康莫德斯的權勢才得以作威作福，一旦康莫德斯死亡，他們將是最大受害者。而在史書中又找不到任何元老院居中穿針引線的痕跡，連一絲絲令人懷疑的事情都沒有。我們只好推測，這是康莫德斯皇帝身邊的人單獨引發的犯罪行為。如果事情真是如此，那麼我們可以想像他們和康莫德斯之間發生了什麼外人不得而知的事情。而這些事情逼得他們狗急跳牆。畢竟殺人的動機沒有客觀的標準存在，對某些人來說微不足道的事情，對另外的人來說有可能充分引發殺機。

總而言之，在殺害康莫德斯之後，這些人的行動倒是十分幹練。他們立刻以康莫德斯的名義召見禁衛軍團長官艾密尼斯．列特，等他到達以後才告訴他事件真相。列特的行動也很迅速，當天晚上就與元老院的重要議員商談，決定好繼任的皇帝人選。

在這段期間內，宮廷中也靜悄悄地執行著善後工作。原本棄置在浴室的屍體，被人用床單包裹後抬出皇宮外掩埋。當時沒有實行對大多數羅馬人而言屬於傳統的火葬。但由於這時僅進行土葬，四年後謝維勒皇帝將康莫德斯改葬「哈德良靈廟」時，才有辦法重新進行火葬。

馬爾琦亞、艾克尼庫圖斯以及納爾奇索斯三個人當天晚上就離開了皇宮，之後沒有人知道他們的消息。不知是否禁衛軍團長官列特將他們悄悄滅口了，或者是長官發給他們通行證，讓他們回到出身地希臘去，另找地方隱姓埋名過活。不管是哪一樣，總之這三個人從此自羅馬史上消失。

掌權的人光靠實力，在行使權力時不足以使受管理者認同，因此還需要擁有正統性。儘管康莫德斯是個昏庸無能的皇帝，但在正統性方面十分完善。他是由馬庫斯皇帝指名為繼承人，並累積了三年的共同皇帝經驗。登基稱帝時獲得元老院承認，也受到民眾歡迎。當康莫德斯遭暗殺後，很自然地又進入到全靠實力競爭的時代。而靠實力存活到最後的人，下一個階段要進行的，又是尋求正統性了。因為如果不這樣做，要行使辛苦獲得的權力時，又要面對很大的困難。正統性與實力之間的關係，就是這樣背道而馳又不可或缺。後世的人在不斷尋求折衷點的結果下，最後找到的答案是君主立憲制度。

如果貫徹實力主義的話，社會將陷入不安定的局面。以國家而言，就是內亂狀態。當西元一九二年在康莫德斯的死亡下結束後，對十二年來信守與馬庫斯·奧理略的誓約，一再忍受康莫德斯的昏庸統治而沒有起兵造反的將軍來說，代表他們與馬庫斯的誓約已經結束了。這時社會開始謠傳，自從七年前佩雷寧斯死後，躲在鄉間別墅隱居的老將軍龐培，已經答應從軍時的舊部下、剛剛登基的新任皇帝沛提那克斯邀請，決定前往首都露面。這也是軍人時代即將到來的徵兆。

順帶一提，元老院全場一致通過將前任皇帝康莫德斯處以「紀錄抹煞刑」(Damnatio memoriae)。繼尼祿皇帝、圖密善皇帝之後，這是第三個遭處這項刑責的皇帝。一旦在死後遭處這項刑責，當事人的肖像會遭破壞，業績紀錄碑文上的姓名也會遭抹去。不過比起前兩個皇帝，由於康莫德斯沒有興建、修復任何公共建築，因此也沒有可供抹煞的碑文。

第三章

內亂時期

西元一九三年～一九七年

沛提那克斯

荻狄烏斯・朱利亞努斯

科洛荻士・雅爾比諾

佩謝尼蘇・尼革爾

賽埔提謬斯・謝維勒

沛提那克斯
Pertinax

荻狄烏斯・朱利亞努斯
Didius Julianus

科洛荻士・雅爾比諾
Clodius Albinus

佩謝尼蘇・尼革爾
Pescennius Niger

賽埔提謬斯・謝維勒
Septimius Severus

將康莫德斯皇帝遭暗殺後爭奪皇位的五名人物並排之後可以發現，這些人都是馬庫斯・奧理略時代擔任帝國防衛工作的人。筆者不禁有種感嘆，談論這五個人的實力，當然不能忽略了他們各自率領的兵力。「軍隊」這種組織，不只在羅馬時代，無論在任何民族與時代裡，都是開放門戶給出身低下者，少數講求實力主義的組織。所謂亂世，是種缺乏社會秩序的時代。在這種時代中，是否出身代代屬於元老院的家門，或者與權貴有無姻親關係，也都不那麼重要了。和野生動物的世界一樣，這時重要的，在於有沒有力量與智能存活下去。

軍團基層出身

沛提那克斯最初並沒有稱帝的野心，也不是自己起身搶奪皇位的。他從五年前開始擔任首都羅馬長官，受到率先得知暗殺事件的禁衛軍團長官列特說服決定登基。由於與元老院要員商談後，元老院方面也認為這個人可以接受，所以列特才以元老院的全面支持為籌碼來說服沛提那克斯。沛提那克斯會接受這項請求，也是基於他個人的愛國心。

在事發時，沛提那克斯已經六十六歲，即使告老還鄉也不令人意外。他知道在康莫德斯遭暗殺後，如果不盡快讓中央政壇恢復正常，羅馬帝國會陷入有如尼祿皇帝自殺後的內亂局面。除了尼祿與康莫德斯之外，帝國還有一名年紀輕輕就遭暗殺的皇帝圖密善。當時是因為元老院推舉的涅爾瓦迅速繼位，才成功地盡早收拾殘局。涅爾瓦繼位時已經年逾古稀，一年後就指名由圖拉真擔任自己的繼承者。沛提那克斯認為，自己的責任，就像當年的涅爾瓦一樣。

康莫德斯逝世的第二天正是一月一日。在羅馬時代，這天是一年工作開始的日子，也是該年度第一次的元老院院會議期。西元一九三年一月一日，在壓倒性多數元老院議員贊成下，沛提那克斯正式登基成為新任皇帝。

這時已經年逾七十的老將軍龐培也出現在會場。他是馬庫斯．奧理略的首席親信，一生擔任馬庫斯軍事方面的助理，將人生奉獻給前線。向來貫徹尊重元老院態度的龐培出現在議場，對元老院議員來說是一種安全保障。沛提那克斯也向這位老長官提出擔任「共同皇帝」的請求，不過身為馬庫斯皇帝女婿的老將拒絕，表示應該選擇更年輕的人選。

沛提那克斯登基成為新任皇帝消息的傳令，立刻往帝國各處飛馳而去。每年一月一日，帝國各處的軍團基地都會舉行全體官兵向最高司令官，亦即皇帝宣誓效忠的儀式。不管傳輸公文的速度多快，以羅馬帝國之遼闊，傳到最遠處也要一個月以上。把皇帝已經換人的消息，盡速傳達給已經向康莫德斯皇帝宣誓效忠的軍團，並要求向新任皇帝效忠，也是避免戰亂的方針之一。

幸運的是，對拒絕效忠方面的擔憂都算白費。每個軍團基地都傳回向新任皇帝沛提那克斯效忠的消息。這是因為沛提那克斯過往的經歷博得官兵的好感。

普布留斯・海爾威蘇・沛提那克斯，西元一二六年出生於北義大利的熱內亞，父親是販賣毛織布料的解放奴隸。他比家世、教育過程完全相反的馬庫斯・奧理略小了五歲。

據說他從少年時期起就很聰明，知道想在羅馬帝國出人頭地，首先要設法取得羅馬公民權。而取得羅馬公民權的最短捷徑，就是從事醫療或教育工作。根據朱利斯・凱撒制定的法律，從事醫師或教職的人，無論民族、出身階級或膚色，任何人都能獲得羅馬公民權。想當醫師必須要有相當的經驗，所以這個解放奴隸的兒子選擇了教職工作。很快地，他就開了一間私塾。教室曾在廣場的一角，也曾在稱作「茵斯拉」的四、五樓公寓騎樓下。他似乎只接受過中等教育，就馬上開始擔任拉丁文中稱為"grammaticus"的中等教育教師，可說是膽量驚人。擔任教職的期間似乎長達五、六年，之後又覺得要在羅馬帝國出人頭地，還是只有從軍一條路。按規定，要有羅馬公民權才能應徵軍團兵。不過他之前已經藉由教職取得公民權，所以得以應徵。

在羅馬的軍團中，並非每個志願從軍並合格的人都是從士兵起步的。讓人事官員覺得值得期待的人員，不乏從領導三十人左右的小隊長起步的例子。以沛提那克斯來說，如果他前往萊茵河或多瑙河流域的軍團應徵，要當上小隊長應該沒問題。不過這個解放奴隸的小孩，卻有更精明的打算。

他避開以精銳聞名的西方軍團，前往多瑙河流域軍團兵口中直呼「東方的」（意為軟弱的），受人輕視的敘利亞軍團應徵。雖說在安東尼奧・派阿斯皇帝時代中，每個防線都能享受長期的和平，但西方軍團與異族之間還是時有小衝突。相對地，東方軍團與帕提亞王國間則是有如萬里晴空一樣地和平，足以使士兵變得軟弱。在敘利亞軍團中，志願從軍的當然多半是這個地方出身的希臘裔青年，或是賽姆 (Semite) 裔的東方人。這時跑來一個義大利本國出身的年輕人應徵，而且不但考試成績優秀，看來還頗有膽識。想必將領們也注意到這個年輕人的存在。沛提那克斯的軍團生活，一下子就從百夫長開始起跳。

不過，雖說是百夫長，這個名稱只是以往帶領百名士兵時留下的官名。從帝政時期開始，百夫長的部下只有八十名士兵。百夫長必須與士兵同吃同住，相當於近代軍隊的士官階層。不過在羅馬軍中，高階的百夫長擁有參加司令官召集的作戰會議資格。而且自從朱利斯．凱撒活用百夫長制度以來，羅馬有句諺語說：「百夫長是羅馬軍團的骨幹。」

沛提那克斯持續當百夫長過了一陣子。而且他從百夫長的四個階層中逐步攀升到最高層。在此，列舉百夫長的四個階層如下：

一、指揮八十名士兵的百夫長。

二、同樣指揮八十名士兵，但帶領所屬「大隊」六個「百夫隊」中的第一百夫隊，有出席作戰會議的資格。

三、十個大隊中第一大隊旗下的百夫長，率領一百六十名士兵，擁有出席作戰會議的資格。

四、最高階層的百夫長，一個軍團中只有一個。擔任第一大隊的第一百夫隊隊長，職稱就叫「首席百夫長」。

最高階層的百夫長地位雖是士官，軍中地位卻比一入伍就直接當上大隊長的元老院議員子弟還高。就好像比大學剛畢業的醫生還懂得手術過程的護理長一樣。

身處和平時代還能在幾年裡升上這個地位，可見沛提那克斯的才能不同凡響。而且這些人事變遷全在敘利亞行省內達成。依照當時的制度，百夫長以下的官兵少有值勤地的調動。

三十五歲那年起，沛提那克斯遇上了人生的轉機。剛登基的馬庫斯．奧理略最不希望發生的事情，亦即和平結束，戰亂的時期來到了。

不過，沛提那克斯沒有任何裙帶關係，儘管他升上了「首席百夫長」，並不等於大隊長的職缺就在前方等著他。如果成為一個大隊的指揮官，率領六個百夫隊，亦即四百八十名士兵的話，地位已經是軍官了。在達到這個地位前，沛提那克斯還要經歷一個階段。這個階段，是一個大隊的「長官」。其所管轄的大隊，除了軍事指揮方面由大隊長負責以外，其他所有事項全由他負責。從紮營地點選擇到設置、軍糧調度與分發等所有事項都由他負責，可說是一個大隊的後勤總管。當他擔任這項職務時，羅馬與帕提亞之間的戰爭爆發了。後來，從西方軍團調來支援作戰的官兵把沛提那克斯當成了寶。看來他的商人父親遺傳給他的彈性，在這種時候發揮了奇妙的功效。

沛提那克斯的工作成效，大受帕提亞戰役時的羅馬將軍賞識，甚至直接傳到身居羅馬的馬庫斯皇帝耳中，可見其表現真的相當優秀。羅馬軍相當重視後勤補給，補給方面的專家，與戰鬥方面的專才具有同樣價值。基於這段時期的功績，沛提那克斯得以晉升大隊長。

一旦晉升到負責指揮一個大隊的「大隊長」之後，駐地就會頻繁調動。沛提那克斯的駐地從守衛幼發拉底河的敘利亞行省，調動到多瑙河防線上的莫埃西亞行省。不久後，他又受命成為莫埃西亞駐軍騎兵隊的負責人。騎兵隊的基地與軍團基地設在不同位置，也就是說他成了獨立營區的總負責人。

之後，他的工作類型突然轉變，不過這在羅馬社會中是很常見的現象。他受任命為行省的「財務長官」。行省總督的職務，是政治、軍事、司法方面的負責人。相對地，財務長官要負責的就是一個行省的財務。其管轄的範圍，包括以公共建設為主的財政支出，以及行省稅等其他收入，地位有如一個行省的「財務部長」。後來他似乎在幾個行省擔任過這項職務。

之後，他受命成為艾米里亞大道的維修官。這條大道起自利米尼，途經比千都，最後到達米蘭。是從東南往西北，穿越北義大利的重要幹道。沛提那克斯的工作就是維修好這條幹道。

擔任完這項職務之後，沛提那克斯終於得以進入帝國的精銳部隊。他受命為萊茵河防線沿線上的基地之一，輔助部隊基地的基地長。由於統轄的不是羅馬公民，而是行省出身的士兵，所以這並非容易處理的任務。之後他又調動為達其亞行省的財務長官。任期結束後，轉任多瑙河防線上的分隊指揮官。

他可能是在這個時期於龐培將軍總指揮下參加作戰，負責殲滅入侵義大利本國、掠奪亞奎

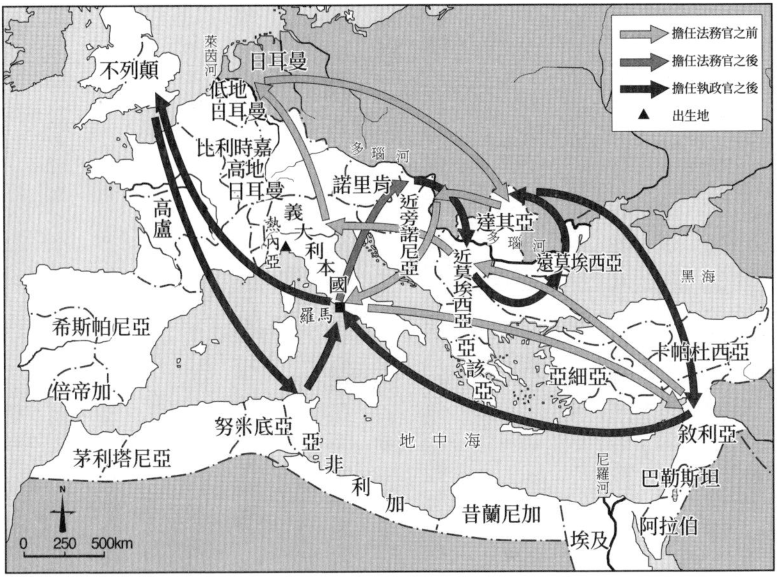

沛提那克斯的駐地變遷

雷亞的日耳曼部族。由於作戰建功，元老院的大門終於在他面前敞開。

沛提那克斯成為元老院議員之後，取得了法務官的職位。得到這項官位之後，他前往「近旁諾尼亞行省」的三個軍團基地之一布理吉提歐（今日匈牙利的蘇尼），擔任第一亞荻托利庫斯軍團的軍團長。當時多瑙河防線的實質最高司令官是龐培，沛提那克斯就在這個老長官底下，與日耳曼民族打了好幾年的仗。

幾年的軍功，使得沛提那克斯獲選為「備位執政官」。相對於一月一日就任的「正規執政官」，備位執政官一如字面所述，是備位的人員。不過按例，該年的最後兩個月會交由備位執政官擔任行政工作。但是這個官位，與其說是備位人員，不如說是為了增加具備執政官經驗的人數而設立的。因為要成為行省總督，首先要具備執政官經驗。由於這些社會背景影響，有不少人即使當選「備位執政官」之後，也沒有到首都就職。沛提那克斯也選擇停留在前線，即使當選後也沒有回到首都。

帝國馬上也運用起沛提那克斯的「前執政官」頭銜。他在五十歲時，由馬庫斯皇帝任命為「近莫埃西亞」行省總督。駐地在這個行省的省都辛基多努姆（今日的南斯拉夫首都貝爾格萊德）。沛提那克斯從此成為指揮兩個軍團，守衛最前線的將軍之一。任期結束後，他又成了「遠莫埃西亞」行省總督。多瑙河下游的這一帶，相當於今日的保加利亞。沛提那克斯成為這個地區的負責人之後，任務就是帶領兩個軍團死守防線。擔任完這項工作之後，他又被調派到達其亞擔任行省總督。達其亞行省突出於多瑙河北岸，是羅馬帝國北方的橋頭堡。這個地方比起其他防線而言，任務要更為危險困難與不便。

馬庫斯・奧理略皇帝逝世於西元一八〇年，在這不久前，應該是西元一七九年，或者一七八年左右，皇帝任命沛提那克斯到東方防線上最重要的敘利亞行省擔任行省總督。對於五十出頭的沛提那克斯來說，他是以總督身份回到自己入伍的地方。而且這時他已經是指揮三個軍團作戰的司令官了。當馬庫斯皇帝駕崩後，他依舊留在這個職位上。直到西元一八三年有人來接任後，才回到首都。

不過，享受舒適的首都生活還不到兩年，西元一八五年又發生了拒絕向康莫德斯皇帝效忠的事件。為了迅速掌握拒絕效忠、打算造反的士兵，沛提那克斯被派遣到不列顛行省。等到任務結束之後，他又前往北非行省負責福利政策。沛提那克斯前往北非行省的省都迦太基上任。這次的工作須與行省總督合作才有可能完成，不過他在兩年內就順利結束了任務，回到首都。回到首都之後，他當上了「首都長官」。這項工作有如首都羅馬的市長，不過在羅馬時代，首都長官還身兼首都警察的首長。沛提那克斯在西元一八七年起到一九二年為止，一直擔任這項職務。而且，在西元一九二年時，沛提那克斯以首都長官的身份，與康莫德斯皇帝一同擔任該年度的執政官。這次不是備位，而是正式的執政官。也就是說，他已經成為可以接替康莫德斯的人選。

接替康莫德斯的事情，不久後成真。該年的十二月三十一日，康莫德斯遭人暗殺。第二年的一月一日，沛提那克斯宣布登基稱帝。

沛提那克斯的經歷，可說是羅馬時代布衣卿相的實例，顯示了羅馬社會的流動性有多高。解放奴隸的兒子，最後竟然當上了皇帝。而且這是他認真地爬上每一個階層，不僅為自己，也為所屬的共同體奉獻的結果。

皇帝沛提那克斯

西元一九三年一月一日的元老院會議上，在獲得登基認可之後，該年六十六歲的沛提那克斯發表了簡短的演說。他公開表示，帝國的施政方針將學習馬庫斯・奧理略皇帝，這代表他將與元老院合作施行統治。並在演說中表示，未經正式審判，絕對不處罰元老院議員。這有如回到了五賢君時代一樣。元老院議員們心中鬆了口氣，嘴上也表示滿意。

沛提那克斯的軍事經驗豐富，而且知道就任政務的初期，和在戰場上一樣講求行動迅速。因此他提出許多政策，元老院也忙著審理、投票。在羅馬帝國的體制中，如果沒經過元老院投票通過，政策是不會成為法制的。皇帝雖然有發布臨時措施令的權力，不過既然講究與元老院合作統治，也就是不依賴光由內閣做決議的臨時措施令，而重視由議會議決通過的法案。

沛提那克斯提出的最優先政策，是國家財政健全化方案。這並不表示康莫德斯在位時豪奢無度。康莫德斯在位的十二年裡，由於沒有進行戰爭，因此令人意外的是財政方面尚稱健全。後世的史學家總想把不好的事情全推到康莫德斯頭上，就連馬庫斯・奧理略時代中曾發生的貨幣金屬量削減事件，也歸到康莫德斯任內。沛提那克斯這時候主張的國家財政健全化方針，是重新檢視各部會組織，藉以減少冗員冗費。這是因為像帝國這樣大的組織，光是放置不管就會自動膨脹。沛提那克斯在元老院會表示，由於重新檢視帝國各個機構，以及組織重編計畫案需要時間處理，因此正式發表預訂在四月二十一日羅馬建國紀念日時進行，目前還在作業中。

沛提那克斯迅速地執行較容易處理的其他措施，比方說為康莫德斯在位時遭處刑或坐冤獄的人恢復名譽，以及歸還遭沒收的家產。當然，他也沒忘記改善各個防線上的官兵待遇。此外，在羅馬時代，首都羅馬的居民可說是輿論調查時的採樣對象。沛提那克斯可沒忘記分發皇帝登基時該發放的獎金。每個住在首都羅馬的公民權所有人，都能獲得一百狄納利斯的「紅利」。

同時，沛提那克斯也表明皇位不會世襲。他有一個妻子，以及一對兒女。妻子沒有獲頒「皇后」稱號，兒子與女兒連住在皇宮都不准。他發行了刻有自己側臉的貨幣，不過上頭的文字寫的是「公民的自由」。似乎萬事都一帆風順。不過，實力的世界就好像野生動物的世界一樣，只要有一丁點疏忽，都可能會丟掉性命。他在這方面卻犯了極大的錯誤。

鑄有「公民的自由」字樣的貨幣

沛提那克斯能輕鬆登基稱帝，功勞最大的人員是禁衛軍團長官列特。而列特也在等待沛提那克斯回報。具體來說，列特在等新任皇帝調派他成為埃及長官。

禁衛軍團長官握有一萬名禁衛軍團指揮權，在首都羅馬可說權勢僅次於皇帝。然而，如果成為埃及長官，代替皇帝治理皇帝私有領地埃及行省的話，不但成了埃及的最高權勢者，而且還可大享斂財的樂趣。如果膽敢在首都收賄，下場就是受人控告，斬首示眾。就連在行省，行省民眾控告總督的行為也已經合法化。只有埃及屬於皇帝私有領地，情況與其他行省不同。因此，在埃及收受賄賂，只是損害皇帝私人的利益，並非損害以羅馬公民及元老院為主權者的帝國利益。換句話說，只要皇帝睜隻眼閉隻眼，就稱不上是犯罪。若從歷史文獻來求證的話，在羅馬帝國，有許多法庭紀錄記載了遭行省民控告的前任總督坐在被告席上，元老院議員分成辯護律師以及受行省民委任的控訴律師雙方，在法庭上唇槍舌劍激辯的過程。西元一世紀的史學家塔西圖斯、文人小普林尼，西元二世紀末、三世紀初的史學家加西阿斯．迪奧，都常常擔任這種審判的律師。也就是說，這種審判在羅馬帝國是常有的事情。可是在文獻資料中，沒有埃及行省民控訴埃及長官的紀錄。這是因為其他行省是以公民和元老院為主權者的帝國公共所有物。相對地，埃及則是皇帝私人的土地。

在羅馬帝國，政治軍事方面是由元老院階層擔綱；而騎士階層（經濟界）則主要負擔經濟與行政，這就是帝國社會的前兩大階層。騎士階層（經濟界）認為自身出人頭地的頂點就是埃及長官，其理由之一就是因為只要當上這個職務，馬上就能發財。列特在權勢方面已經不會輸給任何人，還會想要轉調埃及長官，理由也在此。

沛提那克斯當然也知道這些內情。想必他也打算過一陣子再實現列特的願望。問題在於沛提那克斯登基並未具備任何正統性。急於爭取政績建立正統性的想法，使得沛提那克斯失去彈性。新任皇帝集中精力於施行正當且必需的政策，迫使傳統上具有反皇帝氣息的元老院認同，所以把列特的期望暫時擺到一旁。如果剛登基不久，就把列特送到埃及，勢必會引起元老院反彈。想必沛提那克斯不願遭受元老院攻擊吧。不過，對國家而言，重新調整康莫德斯時代留下的局面是「大事」，報答登基的有功人員列特不過是「小事」。如果治國時怕「小事」遭受批評，最後會連「大事」都無法實現。想要大膽改革的人，必須要有暫時忽視「小事」的膽量。

列特在苦等將近三個月之後，決定煽動旗下的禁衛軍。他表示沛提那克斯是元老院的傀儡，批評他偏向元老院的政策。至於列特個人的期望，連一個字都沒提。連馬庫斯·奧理略登基時，都曾經發放過特別獎金給禁衛軍團士兵，然而沛提那克斯卻沒有。這也是他特別延後執行的政策之一。不過這時卻被拿出來攻擊，當成皇帝輕視禁衛軍團的證據。從突然掌權者應設法強化權力基礎的角度來看，沛提那克斯在這方面顯然疏忽了。

要當面以道理說服十個人，不是一件難事。如果對象增至百人，事情就困難了。人數一旦上千，說服工作就完全不可能實現。偏偏禁衛軍團是個上萬人的團體。這也就是煽動者(agitator)為何能夠在社會上橫行的原因。要掌握萬人以上的群眾，使煽動者無法跋扈，則需要別的要素。一般稱呼這種要素叫做領袖魅力(charisma)。不過如果失去時機，領袖魅力也無法發揮效用。

西元一九三年三月二十八日，受到列特煽動的禁衛軍士兵群起攻擊帕拉提諾丘上的皇宮。在眾人之前，警衛隊的士兵與皇宮傭人只有逃命的份。單獨留在皇宮內的沛提那克斯，被禁衛軍的某位隊長一劍刺死。在位期間只有八十七天，唯一慶幸的是妻子與兒女沒有跟著陪葬。

列特成功地排除沛提那克斯之後，看上了這時期剛從北非卸任回到首都的荻狄烏斯·朱利亞努斯。

一場政變的成功與否，全看能否盡早造成既成事實。不過雖然荻狄烏斯·朱利亞努斯答應繼位，這時卻出現了預料外的競爭者。新的競爭者是沛提那克斯的岳父，元老院議員弗勞維烏斯．蘇爾庇丘斯。局勢演變成由列特煽動起兵的禁衛軍來決定這兩人中由誰登基。

禁衛軍團奪走了原本該屬於元老院的主導權。我們可以從史學家加西阿斯．迪奧語帶嘲諷的證言看出當時元老院的氣氛如何。兩名皇帝候選人站在禁衛軍團營區外的圍牆下，排排站在圍牆上的禁衛軍士兵成了公證人，開啟了皇位的競標大會。這場競標會，就在蘇爾庇丘斯出價每名禁衛軍士兵發放五千狄納利斯，荻狄烏斯．朱利亞努斯出價每名禁衛軍士兵發放六千五百狄納利斯時分出勝負。元老院雖然為此感到憤慨，但最後只好承認標得皇位的荻狄烏斯．朱利亞努斯登基稱帝。

問題來了，守護邊境防線的官兵可不承認這件事。沛提那克斯登基時沒有動靜的軍團，一聽到荻狄烏斯．朱利亞努斯登基的消息，通通動員了起來。這並非他們對荻狄烏斯．朱利亞努斯個人有任何反感。朱利亞努斯並非那種只知道在首都過舒適生活、環境優渥、文風洗鍊，可是個性軟弱的元老院議員。以軍團兵的角度來說，朱利亞努斯和他們的長官，軍團長或是總督算是同類。不幸的是，在這情況下，對荻狄烏斯．朱利亞努斯來說同類反而成了負面的條件。

我們可說沛提那克斯的經歷，是在羅馬帝國中「布衣卿相」的典型。那麼朱利亞努斯的過去，就可說是生於元老院階層的人生涯發展的典型了。

荻狄烏斯．朱利亞努斯出生於西元一三三年，是哈德良時代的末期。出身地點為北義大利的美荻歐拉努，也就是後世的米蘭。朱利亞努斯家族是米蘭的仕紳兼富豪，代代都是元老院議員。

在十五歲左右舉行成年禮之後，他離開父母身邊到首都求學。不過，因為他是地方都市仕紳家庭的子弟，所以寄住的地方也很特別，是由馬庫斯·奧理略的母親照顧。

在羅馬社會中，這並不是稀有的事情。羅馬傳統中，地位高的人家，不只會讓行省或地方都市仕紳的子弟留學住宿，也會協助他們習慣首都生活，並與高階人士接觸。在皇宮中寄居的，則是同盟國的王侯子嗣了。由於這是羅馬的傳統，所以住宿的通常不只一個人。對於羅馬的上流階層來說，這種自家有如學生宿舍的現象是很普遍的。

少年時期的朱利亞努斯，就如此開始了首都留學生活。不過馬庫斯比他年長十二歲，這時已經開始了皇宮生活，因此朱利亞努斯並未與次任皇帝同住。但是馬庫斯向來孝順，也許他在妹妹出嫁後，經常回家探望獨居的母親也不一定。那麼少年時期的朱利亞努斯，也有可能見過馬庫斯本人。

在羅馬社會中，元老院的子弟理所當然會走上稱為「榮譽職涯」的公職路線。荻狄烏斯·朱利亞努斯也不例外。

首先他走上「榮譽職涯」的起點「會計監察官」。這項官職的值勤地點，一般在首都羅馬或是行省的軍團基地，但也經常有輪調各地的機會。

之後，他成為「按察官」，當時他在首都任職。這項勤務負責的範圍，從鬥劍士比賽與四頭馬車賽的賽程設計、食品市場管理到青樓取締管制等，是接觸社會最底層、有趣且深奧，但又相當累人的工作。

當這項工作結束後他已經三十歲，獲得進入元老院的資格。議員的子嗣只要品行沒有太大的問題，滿三十歲時通常會馬上取得元老院席位。他以議員資格參選「法務官」並當選。擔任法務官的經驗，在「榮譽職涯」中算是進入第二階段的資格。這時已經是馬庫斯・奧理略皇帝的時代了。

帶著「前法務官」的頭銜，他首先被派往北非，之後調派到小亞細亞。結束任期之後，又被調派到高盧地區六個行省之一的比利時嘉。該省省都為蘭斯，相當於現今法國北部一帶。在他的任期中，發生了日耳曼民族之一迦提族越過萊茵河入侵的事件。比利時嘉沒有常駐軍團，該省能支持到萊茵河沿岸基地派出的援軍到達，是因為朱利亞努斯組織、統率的民眾勇敢善戰。

這段期間的表現受到肯定，朱利亞努斯接下來受命成為第二十二普利米捷尼亞軍團的「軍團長」。駐地在萊茵河防線的重點莫根提亞奎姆，亦即今日德國的梅因茲。朱利亞努斯似乎在進入政務路線之前就從事過軍團大隊長職務，不過到這時他才成為一個軍團的負責人。連輔助兵算在內，有一萬兩千名部下。

結束這項工作之後，他獲選成為執政官。不是備位，而是正式的執政官。帶著「前執政官」的頭銜，他後來成為達爾馬提亞行省總督。這個行省雖然沒有派駐軍團，但是隔著亞德里

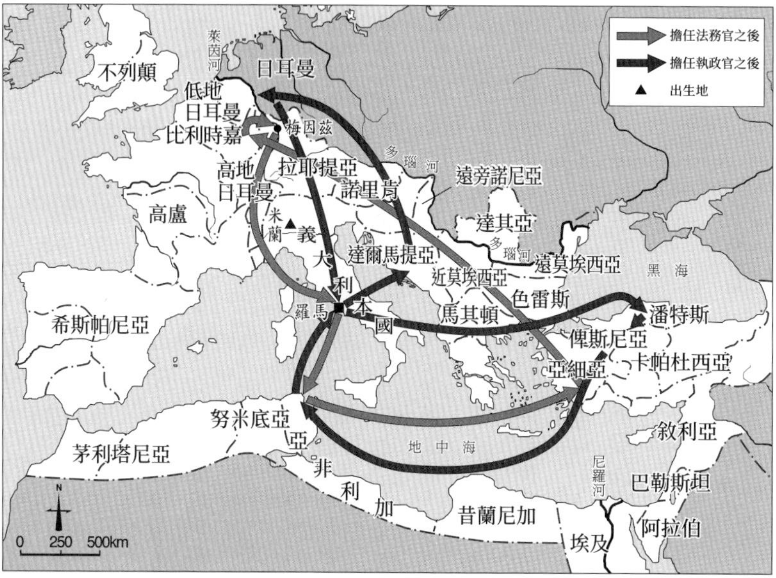

朱利亞努斯的駐地變遷

亞海與義大利本國相對，是個重要的行省。似乎他在任內表現良好，下一個職務，則是低地日耳曼行省的總督。

在羅馬時代，帝國重要防線之一萊茵河分為上游與下游兩區，上游稱為「高地日耳曼」（上日耳曼），下游則稱為「低地日耳曼」（下日耳曼）。而且行政劃分上，也依據軍事上的劃分法成立兩個行省。朱利亞努斯派駐的地方為萊茵河下游。在行省中各分派一個軍團駐軍於波昂與占田基地。朱利亞努斯到省都科隆上任後，也就成為指揮兩個軍團的司令官了。

之後，朱利亞努斯的工作地調回了義大利本國，這並非政府對他在軍事方面的能力評價不好。與沛提那克斯的案例相同地，羅馬帝國的人事遷調，往往是在軍事與民事之間來回調動。朱利亞努斯的新工作，是確保義大利本國的糧食來源。由於義大利本國的主食小麥需要仰賴埃及與北非進口，因此維持進口順暢的「糧食局長官」是項重責大任。

到了康莫德斯的時代，荻狄烏斯．朱利亞努斯的人生還是沒有太大變化。他受命成為小亞細亞北部的潘特斯行省總督，在這個面臨黑海的地方忙於行政工作。沒有派駐軍團的行省稱為「元老院行省」，總督任期多為一年。他在潘特斯待沒多久，又往西調職成為接鄰的俾斯尼亞行省總督。這兩個行省都是沒有派駐軍團的「元老院行省」，但不表示工作就輕鬆。小亞細亞的最東邊，是派有兩個軍團的卡帕杜西亞行省。這裡派駐兩個軍團的理由，是因為行省的邊緣為羅馬與亞美尼亞王國的國界。帕提亞王國與羅馬軍事衝突的時候，通常事情會牽涉到亞美尼亞的王位。一旦羅馬與帕提亞之間氣氛險惡，小亞細亞的這些行省馬上就成了後勤基地。

朱利亞努斯擔任過上述的重要職位。不過到了西元一九二年，年近六十歲之後，終於被調到較輕鬆的行省職務了。他被調任為相當於今日突尼西亞與利比亞合併的「亞非利加行省」總督。結束總督任期回到首都後，發生了沛提那克斯皇帝暗殺事件。荻狄烏斯．朱利亞努斯身為名門子弟，但終生認真從事「榮譽職涯」。而他的人生在六十歲這年大為改變。

皇位爭奪戰的起始

既然守衛帝國各「防線」的軍團有動作，那麼事態就不是光靠政變更換領袖就能解決的了。也就是說進入了軍團之間互相攻擊的內戰時期。

西元一九三年一月一日，繼前一日遭暗殺的康莫德斯之後，沛提那克斯登基稱帝，並受元老院承認。

同年三月二十八日，沛提那克斯遭暗殺。

同日，荻狄烏斯·朱利亞努斯登基稱帝，獲得元老院承認。

四月九日，「近旁諾尼亞行省」總督賽埔提謬斯·謝維勒受軍團兵推舉，起兵稱帝。

數日後，不列顛行省總督科洛荻士·雅爾比諾受其下的軍團兵推舉，表示將參加皇位爭奪戰。

在帝國的東方，敘利亞行省總督佩謝尼蘇·尼革爾在旗下的士兵歡呼中稱帝，並派遣使者火速趕至羅馬通知元老院。

上述起兵事件，發生順序是依據由首都傳來消息所需的時間。身在維也納的謝維勒取得「新聞」的速度，要比倫敦以及敘利亞的安提阿來得早。

為何沛提那克斯繼位時不動聲色的軍團，一聽到朱利亞努斯繼位的消息就開始有動作了呢？

解開這個謎題的關鍵有好幾個。

第一個在於軍團兵對禁衛軍的反感。

如果皇帝身在前線，禁衛軍團的士兵有陪伴皇帝同行，在前線參戰的義務。在馬庫斯·奧理略時代，禁衛軍團在戰役中與日耳曼諸部族為敵勇猛作戰。從指揮作戰的長官有數人陣亡的紀錄便可得知，他們經常投身最前線，就連軍團兵也對他們敬畏三分。

禁衛軍團是羅馬軍的菁英。邊境的軍團中，出身行省的人比例逐漸增加，只有禁衛軍到這時還是以義大利本國出身的人居多。在薪餉方面，禁衛軍比軍團兵多了三成，退伍俸也依照同標準加給。在退伍年限方面，軍團兵要滿二十年退伍，禁衛軍只要服役十六年。又因為他們是軍方最高司令官，亦即皇帝的侍衛，因此軍裝特別華麗。

如果親眼看到禁衛軍勇猛地衝進換成自己會感到猶豫的混戰中，軍團兵也會覺得這些差別待遇可以接受。偏偏在康莫德斯治國的十二年裡，沒有發生大規模的戰爭，尤其是需要御駕親征的大場面更是連一次都沒有。既然皇帝本人一直停留在首都，禁衛軍也只是住在首都近郊的營區裡度日而已。相對地，守衛邊境的軍團兵，卻過了十二年擔憂敵軍何時會從「防線」對面襲擊而來的日子。在邊境軍團中，沒有人能安心度日，相信與異族間的和平條約能夠持久。

康莫德斯遭暗殺後，受推舉繼位的沛提那克斯與軍團兵的出身、教育背景都相同。而且這位新皇帝沒有特別優待禁衛軍團。雖然這是他不到三個月就失去皇位的主要原因，但看在軍團兵眼裡，沛提那克斯是個深深理解邊境國防情勢的皇帝。這讓人能理解聽到朱利亞努斯登基後，軍團兵為何會拒絕向他效忠。

第二個關鍵，在於率領軍團兵的行省總督心中的反感。

這並非意味著荻狄烏斯．朱利亞努斯的經歷讓他們反感。問題在於朱利亞努斯的輩份。

如果我們以馬庫斯．奧理略，以及馬庫斯皇帝的重臣，年齡應該相仿的龐培為第一世代。那麼以不重年齡而重視經歷的角度來看，沛提那克斯則屬於第二世代。這是因為他長年擔任龐培的副手。西元一三〇年代中期出生的朱利亞努斯、雅爾比諾、尼革爾三人則屬於第三世代。比這三個人年輕十歲的謝維勒，如果不管年齡，而從所屬的地位來看，也屬於第三世代。也就是說，第三世代的四名武將，是在第一與第二世代麾下累積經歷。

當沛提那克斯登基稱帝時，這四名武將沒有造反，是因為沛提那克斯是他們的老長官。而且在沛提那克斯背後，還有這四名中堅武將景仰的龐培支持。

如今沛提那克斯遭暗殺，在其後登基的，卻是與自己同輩份的朱利亞努斯。如果要以比較通俗的方法來形容這三個人聽到消息後的心情，就是：憑什麼那小子可以當皇帝，我要在他底下做牛做馬？

實力主義固然有好的地方，但與人類社會的其他事物一樣有缺陷。因為實力主義最後只能仰賴實力解決事情。

第三個關鍵，是軍團兵有沒有資格與權利，以推舉皇帝人選的方式來參與國政。

答案是，有。

請各位讀者不要忘記，羅馬的起源是城邦國家，這也是地中海文明的特色。所謂城邦國家，是種由住在都市的公民構成的居民共同體，因此主權握在公民手上。在王政時期，承擔統治工作的國王也是由公民投票所選出的。不過羅馬又創設了獨特的體系，在委由「國王」治國的同時，又聚集仕紳與學者成立「元老院」，作為向國王提供建議與將政策法制化的機構。到了共和時期後，原本託付給國王的工作，改由執政官擔任，而元老院與公民的地位依舊不變。進入帝政時期，三者並存的思想依舊不變，原本每年選舉更換的執政官，地位由終生任職的皇帝所接收。羅馬社會對於皇位世襲抱持懷疑態度，也是因為上述傳統的影響。

基於上述背景，不論是王政、共和、帝政時期，擁有公民權的人也就是握有國家主權的人。正式而言，皇帝也只是受元老院與公民委託統治而已。

第二任皇帝臺伯留說得好，羅馬皇帝的定義不只一種。由於身兼最高司令官，所以士兵稱呼他「皇帝」。一般民眾稱呼時，多為代表公民領袖的「第一公民」。而歷任皇帝的官方全名中，必定會加上「奧古斯都」、「凱撒」兩個單字。奧古斯都意為尊貴者，用於稱呼未免過於隆重，因此平時多以「凱撒」稱呼。不過，從開國皇帝奧古斯都喜好使用「第一公民」自稱可以得證，羅馬皇帝真正的涵義，也不過是「第一公民」罷了。公民雖然不再投票選舉，但這些主權者還是獲得了表達意見的機會。

第一種表達法，是看皇帝進入圓形競技場或大競技場時，一般民眾會對他拍手喝采，還是噓聲四起。而示威遊行也是表達民意的方法之一。

軍團兵擁有羅馬公民權，因此地位與一般公民無異。他們每年一月一日舉辦對皇帝的宣誓效忠儀式，也是反映意見的機會。元旦的儀式，並非單純要求士兵向皇帝宣示效忠而已。如果只要求宣誓效忠，就不用每年重複一次。這項儀式不但代表皇帝與士兵間的契約，同時也是對皇帝的信任投票。這也是每年各個軍團基地都要舉辦儀式的緣由。

只不過，理論上在這項儀式中是由各個軍團兵的自由意識決定態度，實際上就像方才敘述過的禁衛軍團宣誓一樣，煽動者大有活躍的空間。具體來說，只要有幾個大隊長、百夫長承軍團長的意念行動，要操縱整個軍團的意識也不困難。西元一九三年時，想必各個軍團基地中也發生過這些事態。可是在這情形下做出的決定，於法依舊是軍團的總意見。

當軍團兵接獲朱利亞努斯繼位的消息，被要求向朱利亞努斯宣誓效忠時，他們拒絕進行帶有信任投票意味的效忠宣誓。而且不只拒絕，甚至推舉了自己的司令官替代。也就是說，荻狄烏斯．朱利亞努斯皇帝遭不信任投票通過。即使元老院表示信任，也只代表羅馬兩大主權者「元老院」與「公民」中，只有單方面支持朱利亞努斯。

解決問題的方法，只剩下由軍團正面衝突一條路。我們從西元一九三年春季起始的皇位爭奪戰四個主角的出身地，也可看出時代的演變。

在方才已經敘述過，荻狄烏斯．朱利亞努斯出身於北義大利的米蘭。另外還有一個出身義大利本國的人，就是在敘利亞稱帝的佩謝尼蘇．尼革爾。我們目前不知他出身於義大利的何處。與元老院議員子弟朱利亞努斯不同的是，他屬於騎士階層（經濟界）出身。雖然出身不像解放奴隸第二代的沛提那克斯那麼低，但也屬於軍團中苦熬出頭的人物。不過，之前他從未做過任何名動天下的大事。因此當元老院知道他起兵稱帝時，也是不解多過驚訝。

不列顛行省總督科洛荻士．雅爾比諾出身於北非的哈德滿都。調查歷史文獻可以得知，當數百年前羅馬死命擊倒的迦太基還是個大國時，哈德滿都已經是個港都。這個地方位於目前的突尼西亞境內。

至於旁諾尼亞行省總督賽埔提謬斯．謝維勒，則出身於北非的港都雷布提斯．馬格納。這個地方位於現代的利比亞境內，遠古時屬於迦太基，在羅馬時代則屬於「亞非利加行省」。

四個人中，有兩名出身義大利，兩名出身北非。在羅馬帝國中，行省出身的人擔任要職是稀鬆平常的事情，出身地也包羅不列顛與埃及以外的各個行省。只不過，隨著時代演變，占優勢的行省也會不同。學者表示，在羅馬帝國中，不管出身希臘、中東，或是西方的高盧、西班牙甚至北非，所有人都認為自己是羅馬的一份子。筆者也認為這就好像無論出身何處，國民都會認同自己的國家一樣。只不過，有時也的確會發生同鄉結黨互助的現象。五賢君時代的皇帝中，圖拉真、哈德良、馬庫斯．奧理略是西班牙人，可見當時是西班牙出身的人占優勢的時代。而到了西元二世紀末期，時代逐漸趨向北非出身的人。在馬庫斯．奧理略的時代裡，皇帝的五名駙馬中已有兩人出身北非。就連馬庫斯．奧理略的恩師佛倫多，也出身於亞非利加行省的都市琦爾塔（今日阿爾及利亞的君士坦丁諾）。員額六百人的元老院議員中，光看出身地統計，就有兩成是北非。時代的變遷會顯示在這些事物上。至於能不能趕上時代潮流，則完全看個人的能力了。

到了沒有前任皇帝指名，或是皇親血統來彰顯正統性，亦即靠實力爭取皇位的時代後，在羅馬帝國裡最有發言權的就是兵力了。在此，筆者將四名參加皇位爭奪戰的人兵力比較如下：

朱利亞努斯——唯一確認支持的，只有一萬名禁衛軍團。而且這一萬名士兵只是支持而已，並非他的直屬部下。

尼革爾——在幼發拉底河防線上，卡帕杜西亞行省有兩個軍團、敘利亞有三個軍團、巴勒斯坦駐軍有兩個軍團。而在現代的約旦，古稱「阿拉伯行省」的地方又有一個軍團。總計八個軍團。光是主要兵力軍團兵，就有四萬八千名。

雅爾比諾——直屬的兵力為不列顛的三個軍團。不過稱帝之後萊茵河防線的四個軍團也轉而支持他。合計兵力為七個軍團，共四萬兩千名士兵。

謝維勒——其他三個競爭對手年齡都在六十歲左右，只有這名北非出身的總督現年四十七歲。他受到在帝國軍團中規模最大、訓練最精良的多瑙河防線軍全數支持。以「日耳曼長城」的兩個軍團為首，加上旁諾尼亞的四個軍團、莫埃西亞的四個軍團、達其亞的兩個軍團，總計十二個軍團，光是軍團兵就有七萬兩千人。

當然，這些總督也知道「防線」的意義所在，沒有人認為能將自己旗下的兵力全數投入內戰。然而就算要留下半數兵力來守衛防線，原本持有的兵力多的人還是占優勢。

接獲朱利亞努斯登基的消息後，第一個展開行動的是謝維勒。這是因為他比其他人都早接獲朱利亞努斯登基的消

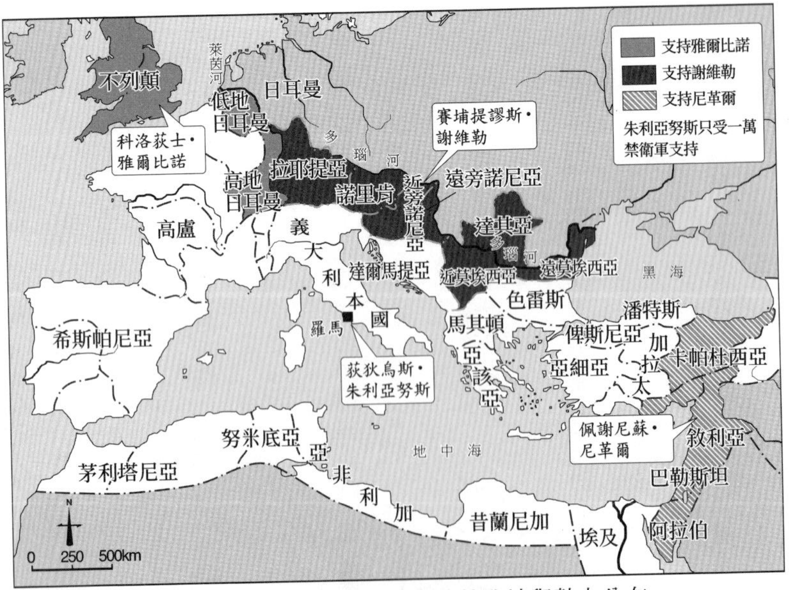

沛提那克斯遭暗殺時四名武將的駐地與勢力分布

息，而且自己手下的兵力又有壓倒性的優勢。

儘管如此，謝維勒並未立即前往首都，而是先拉攏稱帝之後渡過多佛海峽進入高盧，在當地鞏固勢力的雅爾比諾。雅爾比諾與謝維勒同樣出身北非。謝維勒派遣親信前往里昂，向雅爾比諾提出願意提供「凱撒」稱號的建議，希望能與他組成共同戰線。這並非代表讓雅爾比諾成為下任皇帝。在羅馬皇帝官方姓名中，必定會加上「奧古斯都」、「凱撒」兩個單字。這項提議內容是由謝維勒取得「奧古斯都」，而「凱撒」則讓給雅爾比諾。亦即由兩人共同統治。

雅爾比諾也接受了這項提議。想必是考量到兩人的兵力差距吧。如此一來，謝維勒就能無後顧之憂地進軍羅馬了。

謝維勒知道，如果要稱帝，就需要帝國的輿論，亦即定居在羅馬的公民支持，還要獲得元老院承認。以往的羅馬史證明，能取得首都的人也就能控制帝國。

這名四十七歲的武將認為，要從多瑙河防線全域召集部隊太浪費時間。因為這些部隊的支持早已到手。他原本身為「近旁諾尼亞行省」總督，這時決定只帶領直屬部下，亦即駐軍維也納基地的第十捷米那軍團，以及以蘇尼為基地的第十三亞荻托利庫斯軍團。兩個軍團的兵力約萬人左右。他認為，數量上與在羅馬備戰的禁衛軍團相當，但實戰經驗則是自身有利。

進軍羅馬

五月，由謝維勒率領的兩個軍團開始南下。他們由多瑙河中游地區取向西南，直接朝首都前進。至於行軍路線，只要沿著如同魚網一般遍布全國的石板面羅馬大道前進就好。為了提升行軍速度，謝維勒沒有讓羅馬軍團行軍時按例會支援的軍糧牛車同行。羅馬軍習慣上，會讓每個士兵背負十五天份的食糧。謝維勒只允許士兵攜帶這些食物，他計畫萬一軍糧用盡時，就在附近借調。

根據筆者自身的經驗，從帝國邊境多瑙河畔到達義大利東北角所需的時間，和從東北角前往羅馬所需的時間幾乎一樣。當時筆者深深感到多瑙河防線對帝國有多重要。而當謝維勒率領的兩個軍團把軍糧吃光時，隊伍已經進入義大利本國了。

朱利亞努斯皇帝也並未束手就縛。然而朱利亞努斯沒有直屬的軍團，能做的事情也有限。他首先請求元老院通過決議發出謝維勒是「國家公敵」的宣言。在禁衛軍團方面，他透過軍團長官列特，從拿坡里附近的米塞諾軍港將水兵與划槳手調來羅馬，準備迎擊敵軍。

不過，元老院議員已隱藏不住他們的動搖。禁衛軍團內部也並未團結一致準備迎擊。由於謝維勒進軍速度太快，議員與禁衛軍已經不知所措。

謝維勒進入義大利本國後，在義大利境內的軍隊開始有人背棄現任皇帝朱利亞努斯，投向謝維勒這一邊。第一個背叛的，是拉溫納基地的海軍。

在義大利半島上，以面朝第勒尼安海這端的米塞諾為基地的米塞諾海軍，管轄地中海西側，可說是帝國西側海上警戒的總管。相對地，面朝亞德里亞海的拉溫納基地，以及駐軍於此的海軍，可說是地中海東側的總管。光是拉溫納海軍投靠謝維勒，就已經是不得了的大事了。而且對於率領兩個軍團前往羅馬的謝維勒來說，這下子朝向羅馬的道路可說已經門戶洞開。當朱利亞努斯聽到這消息後，真是嚇得臉色蒼白。同時行軍中的謝維勒還派遣密使前往羅馬，打算分化禁衛軍團。

朱利亞努斯在慌亂之下，決定至少要取得民眾的支持。因此將民眾厭惡的禁衛軍團長官列特斬首示眾。然而這項行為，只是使列特旗下的禁衛軍與皇帝疏遠而已。首都的居民深知陷入內戰後要如何自保，他們將貴重物品藏起來，躲到安全的地方靜觀其變。

朱利亞努斯只好使出最後的手段。他派遣數名元老院議員為使者，帶著任命謝維勒為共同皇帝的文件前去拜訪謝維勒。然而謝維勒沒做回應，只是持續進軍，這件提案也就化為泡影。

朱利亞努斯皇帝已經眾叛親離，即使身在皇宮，也沒有人願意接近他。在西元一九三年六月一日，數名後悔自己太過協助朱利亞努斯的禁衛軍殺死了在寢室獨處的朱利亞努斯。他的在位期間共六十四天。

在這時，謝維勒已經走完三分之二條弗拉米尼亞大道了。

元老院收到朱利亞努斯的死訊後，將謝維勒的國家公敵宣言撤回。並決議派遣百名元老院議員，帶著登基即位的委任書前去晉見謝維勒。既然謝維勒沿著弗拉米尼亞大道南下，議員要找到他，只要沿著這條南北幹道北上即可。

雙方人馬是在泰爾尼鎮相遇的。百名元老院議員在晉見謝維勒之前，儘管眾人只有穿著白色托加袍，還是受到士兵嚴密搜身，彷彿怕他們暗藏武器。等到搜身結束後，全副武裝的謝維勒才帶著一隊武裝士兵出現。這個情景，似乎象徵著直到西元二一一年為止的謝維勒皇帝時代。

回想起羅馬史上遭判國家公敵後，又率兵進入首都的人物，馬上會讓人想起科爾涅留斯·蘇拉（詳見第III冊）與朱利斯·凱撒（詳見第IV、V冊）。這兩個人雖然都與同胞羅馬人作戰，但戰勝後的態度卻完全相反。蘇拉毫不留情地將曾經站在敵方的人全部肅清。凱撒則是寬恕曾公然與自己為敵的人，無條件地釋放。謝維勒採取的則是蘇拉路線。不過，執行的方式卻與蘇拉不同。謝維勒認為，視情況說謊，也是一種戰術。而蘇拉的想法則是，他個人絕不說謊，但會設法扭轉情況。

盧西厄·賽埔提謬斯·謝維勒，出生於西元一四六年四月十一日。出身地位於今日的利比亞境內，是濱臨地中海的都市雷布提斯·馬格納。

如果追溯其家世，可發現他們是羅馬剛戰勝迦太基時移居到此地的義大利人。不過羅馬人在這種情形下，多半會與當地人通婚。因此我們說他是一再混血後，出身北非的人還比較恰當。據說他的母親與兩個妹妹，雖然能說當地的腓尼基(Phoenicia)土話，但拉丁文就不大靈光了。

謝維勒的家族，屬於羅馬社會的第二階層騎士階層（經濟界）。地方都市的騎士階層（經濟界）多半是地方行政與經濟業界的人物。因此謝維勒家境似乎不錯，在十八歲那年為了留學，離家前往羅馬。當時正值馬庫斯·奧理略的時代。

在首都接受高等教育五年後，似乎登基稱帝後依舊喜好學問的馬庫斯·奧理略看上了他。儘管這名青年屬於騎士階層（經濟界），皇帝依舊讓他踏上了元老院階層青年走的「榮譽職涯」，亦即菁英路線之上。

二十四歲時，他成為會計監察官。

二十六歲那年，受派遣到西班牙南部的倍帝加行省，應該是以同一官職留任當地一年。

二十七歲時，獲派薩丁尼亞，在此地同樣服勤一年。

第二年，值勤地更換到北非地方，勤務地點應該是亞非利加行省的省都迦太基。

西元一七六年，謝維勒滿三十歲時，獲選為「護民官」。這項官職是為所謂「平民」階層開放的登龍門，可見謝維勒雖然經歷足以與元老院階層相較，但一直被視為騎士階層（經濟界）。不過在羅馬社會，只要擔任完護民官之後，按例就能進入元老院。因此謝維勒在擔任完護民官之後，終於在元老院擁有席次。雖然他只是「新入門」，但至少是元老院階層的人了。

他可能是在進入元老院的第二年獲選為法務官的。因為在這之後，他的頭銜已經成了「前法務官」。以這項頭銜，在三十二歲這年他被送到西班牙就任。與上次就任時不同的是，他這次值勤的地點是西班牙北部的利昂軍團基地。等到謝維勒值勤完之後，他被輪調至帝國東方，駐地為敘利亞行省，於當地擔任第四西提卡軍團的軍團長。這個軍團的基地，位於安提阿東北兩百公里處的巴爾基斯，是面臨幼發拉底河的前線基地。他在這裡度過了兩年隨時繃緊神經盯緊帕提亞王國動態的日子，只怕連馬庫斯．奧理略皇帝駕崩的消息，都是在幼發拉底河畔聽到的。

當皇帝換成了康莫德斯之後，不知為何謝維勒不受這位年輕皇帝喜愛，因此脫離了菁英官僚的路線。有可能是讓馬庫斯看上的這點，使得康莫德斯不高興吧。不過儘管際遇不佳，謝維勒也沒有因此慌亂。回到私人身份之後，儘管謝維勒已經三十出頭，依舊整裝前往希臘的雅典留學。雅典的“Academia”和埃及亞歷山大城的“Musejon”並列為帝國兩大學府。就連喜好哲學的馬庫斯．奧理略，都只能憧憬著留學生活。而賽埔提謬斯．謝維勒卻達成這項目標。歷任的羅馬皇帝沒有一個是大學出身的，因此謝維勒成了第一個掛著「碩士」頭銜的皇帝。

到了康莫德斯時代後期，可能是有人推薦吧。四十一歲的謝維勒再度回到「榮譽職涯」路線上。駐地為高盧．盧古都南西斯行省，職務為當地的行省總督。這個行省的省都是里昂，是

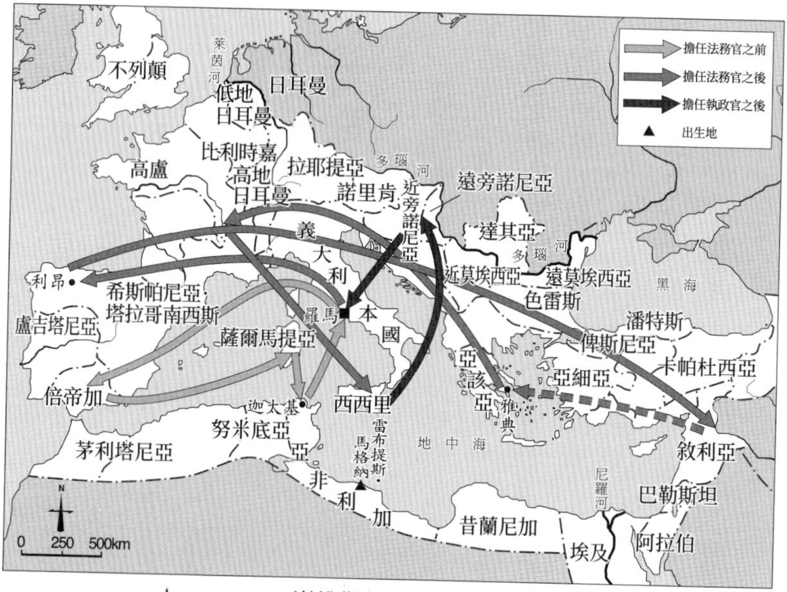

謝維勒的駐地變遷

高盧四個行省中最為重要的一個。他這項職務擔任了兩年。也在這個時期，開始了第二段婚姻生活，結婚對象是敘利亞神官的女兒由利亞．多姆那。兩個人之間生的長子，就是後來繼承父親皇位的卡拉卡拉，也是在里昂出生的。

結束高盧勤務後，他又調職成為行省之一的西西里總督。歷經高盧、西西里兩個沒有軍團的行省總督職位之後，謝維勒於西元一九〇年獲選為「備位執政官」，這時他四十四歲。

第二年，西元一九一年，謝維勒以「前執政官」的頭銜，獲任命為「近旁諾尼亞」行省總督。這個地方是多瑙河前線的關鍵，光是軍團基地，就有維也納、佩特洛那、蘇尼三處。基地之間又有輔助部隊基地、騎兵隊基地、監視碉堡等，總之多瑙河濱兩百公里內幾乎全是防衛設施。謝維勒在四十五歲時獲得的任務，就是率領三個軍團，死守住旁諾尼亞行省的防線。

就在執行任務將滿兩年時，西元一九二年年底發生了暗殺康莫德斯皇帝的事件。當康莫德斯遭暗殺，由沛提那克斯繼任皇帝時，謝維勒沒有任何動作。然而當他知道沛提那克斯又遭暗殺，由朱利亞努斯繼位時，他就開始有所行動了。在這之後他的言行，貫徹了動手不留情的原則。

於首都

賽埔提謬斯．謝維勒進入首都時，是在不動血刃，只有前任皇帝荻狄烏斯．朱利亞努斯送命的情況下達成的。由於謝維勒順利成為戰勝者，禁衛軍團也立即前來投降。這時謝維勒命令禁衛軍不帶武器，穿著禁衛軍禮服，全員走出營舍向謝維勒表示恭順之意。於是，禁衛軍穿著華麗的盔甲，手持代表和平的橄欖枝，前進到謝維勒與其部下之前。

這時，全副武裝的軍團兵包圍住禁衛軍，並要求訝異恐慌的禁衛軍脫下儀禮用的盔甲。等到禁衛軍卸下盔甲之後，謝維勒才開口說：「我命令你們立即離開首都。如果發現你們停留在首都一百羅馬里（一百五十公里）以內，則格殺勿論。」

由開國皇帝奧古斯都創設，兩百二十年以來一直是羅馬軍菁英的禁衛軍團，也就此解散。

謝維勒立即將自己屬下的軍團兵升格為禁衛軍。防衛多瑙河的軍團兵，即使出身義大利本國，退伍後也通常會與當地女子結婚定居，而且擔任輔助兵役結束後獲得的羅馬公民權是世襲權利，兩項因素影響下，羅馬軍團的正規軍裡有不少人混有日耳曼血統。在混血軍團兵日漸增加的羅馬軍中，只有禁衛軍團的士兵還是由義大利出身的人占多數。由這一天起，禁衛軍團的人員組成也與其他軍團無異。這也成為義大利本國空洞化的一個例子。

為了強調政權交接時只有朱利亞努斯一個人犧牲，謝維勒在進入羅馬城內時，儘管身邊帶著軍團兵，但最高司令官一人只身穿托加袍。雖說成年男子人人能穿托加袍，不過為了表示其元老院議員身份，袍子上鑲有一條紅色帶子。在第二天參加元老院議會時，他的服裝依舊不變。亦即謝維勒的服裝和其他元老院議員相同，但在他背後隨時跟著一群全副武裝的禁衛軍。這些士兵等在元老院議場的門口，議員們聆聽謝維勒說話時，附近有一群軍人環繞。

謝維勒的態度，沒有絲毫脅迫的味道。他只是以完全自制的語氣，簡潔地說明自己想表達的事項。

首先他辨明自己的行為，是為了帝國著想而起。其次，也是為前任皇帝沛提那克斯報仇。最後他表示自己的統治，將承襲馬庫斯．奧理略皇帝的路線，同時請求元老院承認他與身在高盧的雅爾比諾共同登基。

元老院全場一致通過這項議決後，謝維勒向元老院道謝。之後立即向元老院提出第二年，西元一九四年的執政官由自己和雅爾比諾共同競選的提案。這點元老院也給了他滿意的答覆。

獲得元老院的承認後，接下來要設法取得公民的承認。謝維勒前往首都中規模最大的圖拉真廣場，在擠滿廣場的群眾前高聲演說。他依舊沒有改變毅然決然的態度。因為他知道，民眾固然會對與自己相似的領導者感到親近，卻會受與自己不同的領導者所吸引。這個傾向尤其在民眾覺得危機到來時會更明顯。

在此將謝維勒於圖拉真廣場的演說大要列舉如下。由於有必要面對大眾進行演說，因此說是政見發表，還不如說是自我宣傳。公民們也知道無論由誰擔任羅馬皇帝，其職責也沒有變化，因此更不用重新聲明政見。簡單來說，要如何完成自己的職責，就看每個皇帝的個性。

當時謝維勒的演說內容，即使以他謹慎的個性來評估，還是顯得太謹慎。亦即在演說中，他只約定一些不具體的事物。因為這時他只擊倒一名競爭對手，帝國內還有一名對手存在，而在他心中，則是有兩名對手。

謝維勒並非出身元老院世家，在首都羅馬並不出名。當這名四十七歲的新任皇帝初次親自面對群眾時，是這樣說的：

他在戰場上嚴格勇敢，但在政治上將採慎重行事的態度。

他將採取大膽且強力的措施對付敵人與叛軍，但希望自己對公民而言是個公正且溫和的統治者。

在私生活方面，將依照自身個性，如同以往一般純樸。而在公共生活方面，則發誓不讓自己自大。

雖然沒有誇示的必要，但希望自身能維持羅馬公民代表應有的毅然態度，具有不嚴苛的莊重、不諂媚的親切、沒有惡意的深謀遠慮、出自真心的公正。

希望自己能藉由上述資格，成為代表諸位公民的「第一公民」。

有幾個在一旁聆聽的元老院議員批評道，都到雅典留學過了，結果還是滿嘴非洲腔調。不過民眾卻為這場演講瘋狂。畢竟羅馬公民已經厭膩了言行曖昧的領導階層。於是，謝維勒成功地獲得了一般公民的支持。

根據一千三百年後馬基維利提出的理論，民眾不了解抽象的議論，但若能向他們提出具體範例，也就容易使民眾接受。謝維勒也知道這項人性特質。民眾所要求的具體事物，也就是安全與食糧。安全方面，又可分為國防上抵禦外敵，以及對內的治安。對於五百年來沒擔憂過外敵侵略的首都居民來說，「安全」也就等於「治安」。謝維勒任命心腹手下荻蘇托洛斯為「首都長官」，把首都的治安工作全交給他負責，並且嚴命就算是小偷也不得放過。

這時據推論首都約有一百二十萬人口。在糧食方面，謝維勒下命確保首都今後七年內的主食小麥供給，以作為保障糧食的具體策略。當時法律規定只要確保兩年的糧食儲量即可。同時他下令重新整頓僅次於埃及的小麥進口區北非、薩丁尼亞、西西里等地的小麥運輸體系。義大利本國的小麥需求，有三分之一仰賴埃及進口。然而埃及的立場卻似傾向於謝維勒目前的敵人敘利亞行省總督尼革爾。這項策略，是為了預防萬一埃及的小麥無法進口，連帶使得小麥價格飛揚，接連引起群眾恐慌。

謝維勒也沒忘記在軍事上提出對策。他命令以努米底亞的蘭貝茨為基地的第三奧古斯塔軍團向東方移動，同時又下令守衛多瑙河下游防線的四個莫埃西亞軍團，從各個軍團中選出分隊派往東方。這項措施很明白地，是謝維勒想從北非與歐洲起步，雙向打擊以豐饒廣大東方為根據地的尼革爾。此外，儘管只是口號，也有宣傳效果存在。他要求元老院議決宣布尼革爾為「國家公敵」，並獲得多數通過。

謝維勒進入首都才十幾天，就完成了上述措施。顯然他知道快攻不只在軍事方面，連其他方面也有效果。之後他帶著一隊新編組的禁衛軍離開首都，往尼革爾所在的東方前進。以往在向東進軍時，羅馬軍通常會採沿著阿庇亞大道南下，在終點布林迪西搭船橫越亞德里亞海，在希臘登陸後一路往東前進的路線。不過，謝維勒並未採取上述行軍路線。他是從羅馬沿著卡西亞大道北上，前往佛羅倫斯，之後越過亞平寧山脈到達繁恩扎。其後沿著艾米里亞大道，途經波羅尼亞，到達摩德那。在此偏離羅馬大道往北前往威羅納、特雷德，越過阿爾卑斯山，朝向多瑙河畔的雷根斯堡基地前進。這條路徑不但險峻而且距離又長。他在走完這些路之後，又沿著多瑙河流域向東前進。採取這條路徑的原因，在於他計畫於巡視多瑙河沿岸各基地時順便挑選精銳部隊。東方的尼革爾有八個軍團可以調度，謝維勒則打算以質來彌補數量上的差距。雖然他有能力編成大軍，但相對地所需的時間也就會拉長。謝維勒覺得機不可失，在離開首都一個月之後，他已經到達歐洲與亞洲的分界點達達尼爾海峽邊。

競爭對手——雅爾比諾

筆者覺得疑惑的是，當謝維勒往東行的時候，雅爾比諾為什麼沒有展開行動。謝維勒既然會下令確保七年的食糧庫存，表示他預期要花上數年時間，才能打倒東方的尼革爾。雖然實際行動只花了三年，但在這段期間內雅爾比諾的行動未受限制。光是確認已經屬於雅爾比諾的，就有不列顛、高盧、萊茵河防線等地。而且這時西班牙也轉向雅爾比諾這一派。更何況在西元一九四年，雅爾比諾又與謝維勒同列為執政官。

如果他打算以這些名份揮軍義大利，入主首都羅馬，現在已有不列顛的三個軍團、萊茵河防線的四個軍團，以及西班牙的一個軍團支持他。有這八個軍團做背景，他大可實行軍事計畫。可是這個人在部下推舉下，起兵稱帝「渡過盧比孔」之後，不但沒有全力衝刺，反而原地踏步了。這是為什麼？

德基穆斯．科洛荻士．雅爾比諾，從姓名上來推斷，像是純種的羅馬人。實際上，他出身自迦太基時代繁榮至今的行省港都哈德滿都。不過由於雅爾比諾一門世代經商，家境富裕，而且又是大族，因此一門的家長從很久以前便擁有羅馬公民權。雖說不是屬於元老院世家，不過他們有可能屬於這種「家門」之下。

他在三十歲左右開始服兵役，算是起步較遲的。有的研究人員認為這是因為他入伍前在繼承家業的關係。可能是入伍前的經歷受到上級矚目吧，幾年後他已經是由行省民編成的輔助部隊指揮官了。

就在這時期，馬庫斯皇帝看上了他。由熱心錄用行省出身人員的皇帝推薦，他也走上了「榮譽職涯」路線。歷經會計監察官、按察官等職位，順利地進入元老院。之後歷經法務官職務，獲得指揮軍團的資格。

年近四十的他獲派的任務，是多瑙河防線上的「近莫埃西亞」行省總督。這項要職隨時要指揮兩個臨戰態勢下的軍團。到了三年後，他獲得的新任務是前往濱臨黑海的俾斯尼亞行省擔任總督。

當雅爾比諾擔任俾斯尼亞行省總督的時期，西元一七五年時發生了亞威荻烏斯．加西阿斯叛亂的事件。對於馬庫斯．奧理略皇帝來說，這是他任內唯一一次麾下武將叛亂的例子。當時俾斯尼亞行省與東側緊鄰的卡帕杜西亞行省步調一致，堅拒加西阿斯的引誘，貫徹對馬庫斯皇帝的忠心。不知是否為了表示獎勵，馬庫斯皇帝後來推薦他參選第二年，西元一七六年的執政官。而且並非「備位」執政官，是任期從一月一日開始的「正規」執政官。

到了康莫德斯登基稱帝之後，雅爾比諾依舊待在前線。歷任達其亞行省以及萊茵河防線的

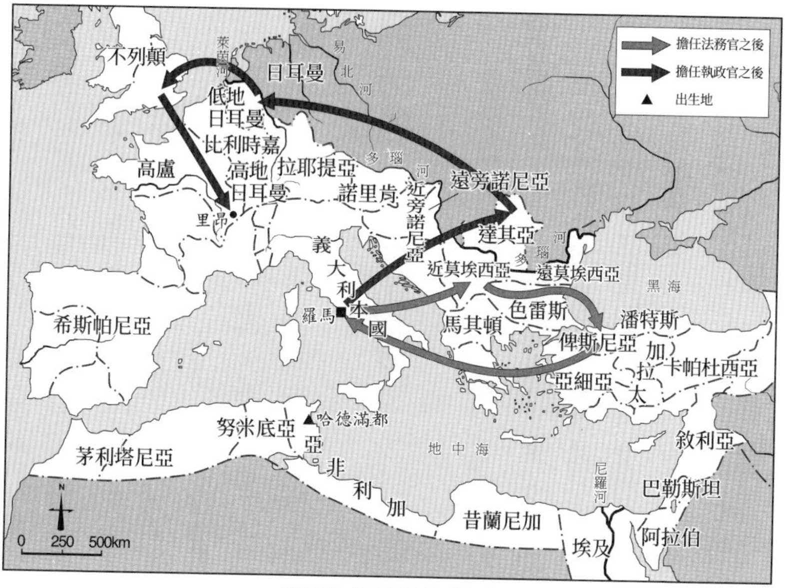

雅爾比諾的駐地變遷

軍團長職務，隨時面臨異族的威脅。在康莫德斯皇帝時代裡，羅馬雖然和平，但只是沒有發生大型戰爭罷了，與異族間的邊境衝突年年不絕。由於雅爾比諾擔任這些勤務有功，當他離開萊茵河防線後，升遷為不列顛行省總督。不列顛地區同樣是必須隨時繃緊神經的邊疆。為了防衛從卡雷德尼亞（今日的蘇格蘭）地方跨越「哈德良長城」入侵的異族，在此派駐了三個軍團。

就在不列顛行省總督任內，發生了康莫德斯皇帝遭暗殺，繼位的沛提那克斯不久後也遭暗殺的事件，羅馬進入了內亂時期。雅爾比諾也成了內亂時期的登臺演員之一。

光是看雅爾比諾的經歷，就可知道他並非無能人物，反而非常優秀。可是在大好機會中，他卻按兵不動。若說能掌握首都的人，就能掌握羅馬帝國，那麼從西元一九四年起的三年裡，雅爾比諾是離終點最近的人物。難道說，對羅馬領導階層而言已經可以告老還鄉的六旬高齡，剝奪他的決斷能力了嗎？

又或者說，他把謝維勒提出的共同統治當真？而且雅爾比諾覺得自己這把年紀，已該滿足於「共同皇帝」的地位，只要找機會讓謝維勒接受自己統理高盧、不列顛與希斯帕尼亞的條件就好？難道真是這種想法令他裹足不前？不管怎麼說，身在里昂按兵不動的三年，最後成了他的致命傷。畢竟人如果要揮軍起兵，就要有戰鬥到最後的打算。

另一名「基層出身」

雅爾比諾的經歷，不是元老院階層常走的菁英路線，但也不是軍團中苦熬出頭的。而現在要與謝維勒正面衝突的尼革爾，則屬於義大利本國出身，但從基層爬起的典型人物。

後人只得知他出身於義大利半島某處，但不知詳細位置。不過既然出身義大利本國，那麼他應該是個羅馬公民權所有人。出身階層推測應該是「騎士階層（經濟界）」。

可能是因為他出身本國又屬於騎士階層（經濟界）吧，尼革爾的軍事經歷是從百夫長起步的。在敘述沛提那克斯生平時曾經提過，百夫長共分成四個階層。尼革爾也歷經過這四個階層，還擔任過兩次最高階層的「首席百夫長」。

之後他晉升為「大隊長」，三次擔任這項職務。這些經歷，後人無法得知到底是在哪些防線上擔任的。總而言之，尼革爾是當時眾多中堅階層的職業軍人之一。不過在這之後，就有許多紀錄供後人追尋他的歷程。因為從這時期起，尼革爾開始出頭了。

過了四十歲以後，尼革爾贏得了轉機。當時他受命為駐埃及羅馬軍團的「長官」，亦即除了軍事指揮以外，所有事務全由他負責。在這段勤務中，馬庫斯皇帝為了亞威荻烏斯·加西阿斯叛亂的事後處理來到埃及。尼革爾也在此獲得皇帝的青睞。

雖說尼革爾是由馬庫斯皇帝推舉進入元老院的，不過真正在背後大力支持的，據推論是馬庫斯的親信龐培。因為從尼革爾進入領導階層之後的經歷來看，要說是培育國政菁英，不如說是在培養承擔邊境勤務的軍團長與總督。而且尼革爾真正受重用時，是在馬庫斯皇帝逝世後不久。由於康莫德斯相當景仰龐培，所以尼革爾受馬庫斯遺臣推薦而受重用的假設可以成立。這項推論的根據是，尼革爾之後的駐地，都是皇帝擁有任命權的地方。

此外，上層還有充分的理由錄用他執行邊境勤務。邊境防衛不能光靠以軍團為代表的軍事力量達成。要前往邊境任職，固然受軍團兵歡迎是必要條件。然而儘管是邊境行省，住在那裡的也不只是軍事相關人員。羅馬人在戰略要地設置的軍團基地與輔助隊基地周邊，會逐漸吸引居民，演變成都市。除此以外，還有原住民的存在。不論這些人與羅馬軍是直接、間接發生關係，甚至不相往來，羅馬方面必須連這些人都掌握住，才能保證防衛體制的完整。也因此，構

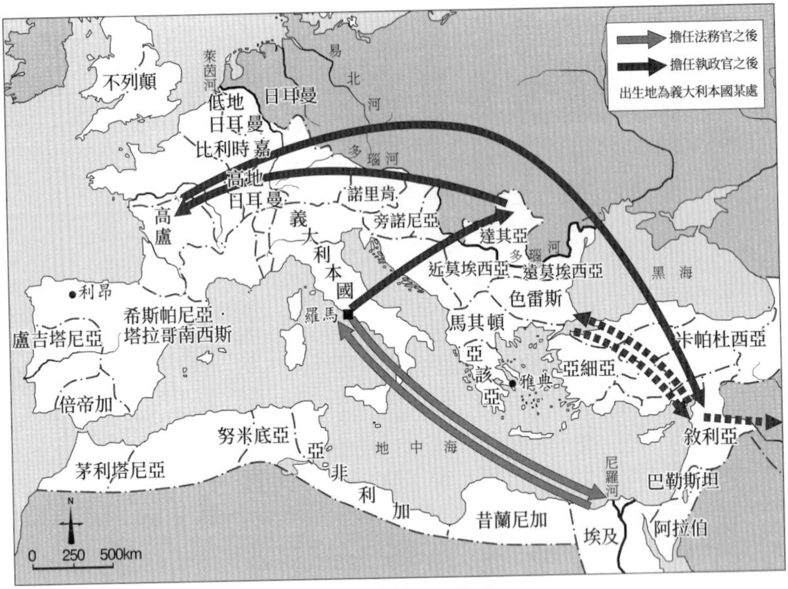

尼革爾的駐地變遷

成帝國「防線」的邊境行省總督，必須要具備執政方面的才能。

尼革爾正是這方面的最佳人選。當馬庫斯皇帝造訪埃及時，尼革爾並非負責埃及防衛的尼克波利斯軍團基地軍團長。他只是地位在軍團長之下的軍團「長官」，但被認為是實力超群的人才。而對於終生奉獻在邊境防衛工作的龐培來說，這正是他最想要的人才。

尼革爾就在上述背景之下進入元老院。由於他年齡已經將近五十，兩年後他就獲選為「備位執政官」。藉此取得軍團指揮資格之後，康莫德斯皇帝任命他為最前線的達其亞行省總督。

對羅馬而言，達其亞就好像突入日耳曼人海中的橋頭堡一樣。這個地方的防衛工作當然不簡單。除了要在軍事方面小心翼翼以外，當隨時準備南下的北方異族提出申請移民羅馬境內時，還要在某個程度上滿足對方。也因此當地的居民以日耳曼裔占絕大多數。尼革爾就在這困難的行省工作上待了將近五年。

到了西元一八八年之後，他又獲得新的任務。當時有羅馬軍逃兵組成了強盜團，開始在高盧地區作亂。尼革爾的新任務，就是恢復沒有常駐軍團的高盧地區治安。雖然花費兩年時間，不過尼革爾總算達成鎮壓強盜的任務。由於這項功績，尼革爾被送往帝國東方防線上的要地敘利亞行省擔任總督。光是敘利亞一省，就有三個軍團供他指揮。

他在這個地方同樣發展得十分成功。如果要說尼革爾總督的作風屬於鷹派或鴿派，那麼很明顯地是鴿派。

羅馬帝國向來以帕提亞王國為假想敵。然而羅馬的外交方針認為，帕提亞王國的存續，對於羅馬反而較為有利。由於帕提亞苦於境內的波斯勢力抬頭，尼革爾採取的帕提亞共存路線，也就等於側面援助帕提亞壓制波斯勢力。甚至因此在帕提亞王室內產生了親尼革爾派。

在帕提亞與羅馬間，還有許多中小王國與氏族做緩衝。尼革爾同樣成功地與他們維持良好關係。

在這種情形下，最能獲得利益的，就是從事東西方貿易的商人了。羅馬東方的經濟業界，是由希臘人與猶太人壟斷。能創造出讓這兩個互相爭鬥不休的民族都滿意的局面，也就連帶地使得帝國東方社會安定。

尼革爾總督由於有上述統治成果，所以得享如此高的人望。另外在軍團兵之間，尼革爾總督同樣受到歡迎。主要的理由有兩項。第一是尼革爾並非光坐在安提阿的行省總督官邸內發號施令，他還不斷地巡迴各個軍團基地與士兵交流。第二項，對於平民一樣地有效。就是尼革爾雖然身為東方最大、最重要的行省總督，然而個人行事卻清廉潔白。

就在敘利亞總督任內，陸續發生了康莫德斯、沛提那克斯暗殺事件，帝國進入了內亂時期。尼革爾也在安提阿受軍團兵推舉起兵稱帝。然而若要說是他個人的意念，不如說是受周圍推舉，才應眾人要求行之。因為觀察他起兵之後的行動，總覺得每樣事情都做得半吊子。

應眾人要求也許不是壞事，然而在亂世中生存率最高的，是個人擁有強烈意念時。因為具有強烈的意念，所以目標也能釐訂得很明確。為了達成目標，選擇必要手段時也會格外認真。相反地，若是應周圍要求，那麼目標也不清晰，選擇手段時也會感到猶豫，所作所為很容易變成半吊子。一旦決心要起兵，辦事不徹底反而是最有害的態度。事實上，自從稱帝之後，尼革爾每樣行動都慢半拍。其次，即使採取行動，態度也往往虎頭蛇尾。尼革爾與雅爾比諾同樣地，這時已經超過六十歲了。

伊索斯平原

在帝國西方，起兵成敗全看能否掌握首都羅馬。而在東方，則看能否掌握東方第一大城安提阿。謝維勒雖然不流血地進入了羅馬城，但通往安提阿的路就沒有這麼順暢了。

尼革爾旗下，有卡帕杜西亞的兩個軍團、敘利亞的三個軍團、約旦與巴勒斯坦合計三個軍團。再加上埃及的一個軍團，合計有九個軍團。而且如果尼革爾有這個打算，隨時可以傾全力運用這些部隊。因為帕提亞王國保證維持善意中立，亦即尼革爾背後沒有威脅。亞美尼亞王國甚至提案要提供兵力。也就是說，在這種情況下，如果尼革爾有這打算，大可把所有兵力用於對付謝維勒。

可是尼革爾立下的戰略，卻不是一次決勝負，而是分成三次作戰。

迎擊的第一階段，是在謝維勒軍到達亞細亞前，於拜占庭（今日的伊斯坦堡）西方一百公里處的培里突斯迎擊。

如果第一階段失敗，第二階段則是拜占庭攻城戰。

假如第二階段也失敗的話，第三階段的計畫，是在敵軍越過小亞細亞東南端的陶盧斯山脈南下後，於對方進入敘利亞行省前迎擊。

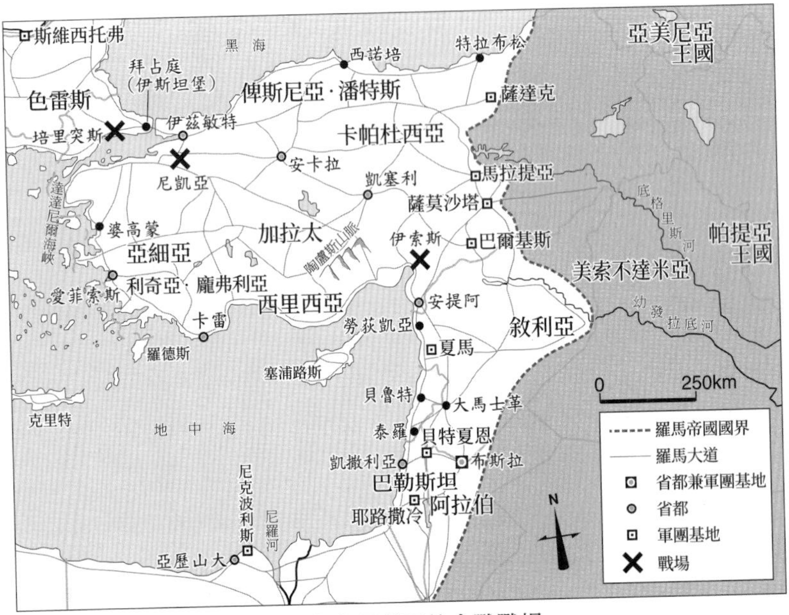

謝維勒與尼革爾的會戰戰場

西元一九三年年底，於培里突斯開打的第一戰，由尼革爾方面獲勝。在獲勝之後，尼革爾致書謝維勒，向他提出共同皇帝的提案。然而謝維勒沒有回應。

第二戰原本預訂在拜占庭展開攻城戰，不過尼革爾知道這項作戰計畫不好。因為如果敵軍忽視城市繞道前進，那麼城內的作戰準備就付諸流水。因此尼革爾把第二戰的場地轉移到小亞細亞的尼凱亞附近的平原上。第二年，西元一九四年一月在此進行的第二戰，由謝維勒方面獲勝。

雖然尼革爾方面並未撤退，只是轉移陣地。但在小亞細亞展開的第二場戰鬥失敗，意義不比一場尋常戰鬥失敗。因為這代表整個小亞細亞從此落入謝維勒手中。這使得原本團結一致的尼革爾派各軍團開始動搖。首先，駐軍於約旦的第三昔蘭尼加軍團，以及駐軍巴勒斯坦的第六緋拉塔軍團脫離了尼革爾派。其次，敘利亞的勞荻凱亞、巴勒斯坦的泰羅兩座城市，也從支持尼革爾轉向支持謝維勒。這兩座城市裡的希臘裔與猶太人原本分區居住，常常反目成仇，這時倒是團結一致在尼革爾派面前關起了城門。原本靠尼革爾個人名望頂起的支持圈子，這時開始四分五裂。

為了改善目前局勢，尼革爾決定於西元一九四年十月，在伊索斯平原迎擊翻過陶盧斯山脈，準備進入敘利亞的謝維勒軍。

不管是陸戰也好，海戰也好，不知為何儘管時代不同，成為戰場的地方卻都一樣。早在五百年前，伊索斯是亞歷山大大帝與波斯王大流士正面衝突的會戰戰場。這一帶是面朝地中海，沒有什麼特色的平原。如果不知這裡是古戰場的話，旅人經過這一帶時不會注意到任何事情。只不過尼革爾與謝維勒在此對決時，雙方都是羅馬人。剛開始是尼革爾占優勢，不過最後勝利的還是謝維勒。

謝維勒出名的地方與凱撒不同，與他敵對的士兵即使在戰後投降也得不到赦免。此外，眾所周知的是，西方軍團的士兵向來輕視東方軍團士兵的軟弱。如此一來，沒有勝算時，只有逃亡一條路可以選。既然士兵心裡這樣想，作戰時當然會留意逃亡的時機。作戰時一旦開始浮現戰敗的氣氛，尼革爾方面的士兵馬上開始逃亡。這就是伊索斯平原決定性會戰裡，尼革爾派戰敗的真正原因。

而且，尼革爾本人也逃亡了。他首先逃往安提阿，將在此定居的妻子與兩名小孩送往埃及。之後率領少數士兵逃往東方。他打算渡過幼發拉底河，請求帕提亞王的庇護。也就是說，戰敗後他打算流亡到帕提亞王國。

謝維勒派來追捕尼革爾的士兵，卻在尼革爾還沒到達幼發拉底河岸前就追上他。尼革爾總督覺得與其讓人抓回去不如一死，因此轉身向追兵進攻送死。他的妻子與小孩也被捕，不過謝維勒只有對他們處以形式上的流放刑。這是因為尼革爾的妻子與小孩同樣以廉潔聞名，這時大眾開始轉而同情他們的遭遇。總之，謝維勒又順利清除一個競爭對手了。

打倒尼革爾之後，謝維勒親自率軍前往東方，跨越幼發拉底河攻進美索不達米亞地區。這場攻擊的目的，是避免對尼革爾友好的帕提亞與亞美尼亞兩國有進一步的動作。謝維勒在帕提亞軍有所反應前就撤回羅馬境內，所以這只是為了加深帕提亞對尼革爾戰敗印象的展示活動罷了。

之後，謝維勒花了一年時間重整帝國東方的防衛體制。到了西元一九六年夏天，謝維勒才離開安提阿。他選擇與揮軍東行時同樣的路徑，沿著多瑙河下游往上游回溯，一邊巡視「防線」上的每個基地一邊西行。

只怕到了這個時候，身在里昂的雅爾比諾才發現自己浪費了幾年時光吧。

事隔三年，謝維勒將東方軍團納入掌中，軍事力量因而倍增。而雅爾比諾麾下的兵力卻減半。當帝國西方收到尼革爾戰敗的消息後，萊茵河防線的四個軍團脫離雅爾比諾派，投向謝維勒派的陣營。在雅爾比諾陣營，只剩下他在總督時期直屬的三個不列顛軍團，外加西班牙的一個軍團。謝維勒絕不會放過這個大好機會。

雖說謝維勒好似順手下刀一樣進軍進攻，不過當西元一九七年二月十九日在里昂附近的平原上發生戰鬥時，雙方自始至終都是全力衝鋒。這是羅馬主要戰力軍團兵正面衝突的作戰。而且其中一方是多瑙河防衛軍，另一方的條件也不差，是前線實戰經驗領先的不列顛軍團兵。儘管指揮官階層會經常調動，不過在羅馬軍團中，百夫長以下的官兵，通常到服滿二十年兵役退伍前幾乎都待在同一個營區。而且羅馬軍並未排斥錄用當地出身的人。多瑙河防衛軍有濃厚的日耳曼血統，不列顛軍團則有不列顛的血統。這些人都是受過以嚴格劇烈聞名的羅馬軍團訓練的戰士。由謝維勒及雅爾比諾兩人親自指揮的決戰，自然從頭到尾都是激烈戰鬥。

儘管如此，最終勝利還是歸屬於謝維勒。當雅爾比諾知道自己即將戰敗後，選擇了自盡。據說戰後謝維勒還策馬踐踏雅爾比諾的屍體。即使雅爾比諾同樣出身北非，謝維勒也不會因此客氣。

重新整編完不列顛的三個軍團後，謝維勒在該年的六月返回首都羅馬。成為唯一的勝利者、唯一的皇帝時，謝維勒已經五十一歲。

不論如何，內戰終究是一場悲劇。對於成為犧牲者的個人來說是悲劇，對於國家而言，同樣也是悲劇。如果沒有發生內戰，就有許多優秀人才能為羅馬帝國共同體付出心力貢獻。然而一旦發生內戰，卻只因為屬於戰敗者而就此消失。這讓人想起馬庫斯・奧理略，當年他確信內戰對一個國家而言是最大的弊害，為了避免內戰，不惜採用羅馬人難以接納的皇位世襲制度。

內戰就好像一個人傷害自己的身體造成流血一樣。即使不因為失血過多喪命，體力還是會因此衰減。當凱撒南渡盧比孔河後，他對敵人的「寬容」(clementia)是連與他敵對的元老院體制派都知道的事實。小加圖與布魯圖斯大為責難他，認為一個羅馬公民對其他多數公民行使「寬容」，正是敵對共和政體的行為，不過是凱撒的自我滿足罷了。這是因為這些人不懂得凱撒的真心。凱撒只是想把因自己南渡盧比孔河引發內戰而喪失的人才，或多或少拯救一部份。也就是說，盡可能地設法讓流的血少一些。這並非感傷，而是冷靜面對現實後，當然會獲得的結論。成為勝利者的謝維勒當然也知道內亂的弊害。不過，能理解是一回事，至於之後如何行事要看個人資質，又是另一回事了。

第四章

皇帝賽埔提謬斯・謝維勒

在位期間：

西元一九三年～二一一年

盧西厄・賽埔提謬斯・謝維勒掌握首都、受元老院承認為皇帝時，是西元一九三年六月朱利亞努斯皇帝遭暗殺後，因此他的在位期間是從西元一九三年起算。不過後來他花了三年多的時間用於清除尼革爾、雅爾比諾兩個競爭對手，因此實際起算應該從西元一九七年六月以後才妥當。這與其說是時間的問題，不如說是政策的問題。直到西元一九七年為止，謝維勒為了顧慮競爭者的存在，沒有辦法照自己的意思施行統治。事實上，當西元一九七年在元老院發表演說時，他的語氣與內容都與西元一九三年時大不相同。到了成為唯一的最高權位者，謝維勒才開始正直地述說自己的想法，並付諸實行。然而這卻足以使得在場的元老院議員嚇得臉色蒼白。

根據當天出席元老院會議的史學家加西阿斯・迪奧記載，謝維勒皇帝的演說論點有下列兩項：

第一，他自任為馬庫斯・奧理略的繼承人，因此在皇帝的官方姓名中，要加上馬庫斯、奧理略兩字，還要加上馬庫斯的家門名安東尼奧。

對於元老院議員來說，這沒什麼問題。就彷彿從來不存在一樣，謝維勒皇帝不但沒提到與他競爭皇位的對手，甚至連沛提那克斯的名字都沒出現。議員們也感受到謝維勒打算將四年的內亂丟到一旁，一切從今開始的決意。馬庫斯・奧理略在位時，皇帝向來與元老院合作營運國政，如果能回到那時代，元老院自然大為歡迎。不過謝維勒接下來說的話，就好像對著議員們澆了一頭冷水。

謝維勒要求元老院撤回在康莫德斯遭暗殺的次日，由元老院對康莫德斯做出的「紀錄抹煞刑」宣告。

這項要求本身，已經傷害到元老院的權威。因為要求的內容是要元老院把議決並實行後的事項恢復原狀。不過，謝維勒以強大的軍事力量排除了所有競爭對手，元老院已經沒有意志與手段可以抵抗他的要求。此外，在康莫德斯遭暗殺後，元老院一再承認新起兵的人物皇位，這項事實就已經讓元老院權威掃地。

謝維勒當然不是承認康莫德斯的統治，也不是同情年紀輕輕就讓親信暗殺的康莫德斯。相反地，十七年前，比謝維勒年輕十五歲的康莫德斯，對謝維勒非常冷淡。謝維勒會要求恢復康莫德斯的名譽，是因為他已經自稱是馬庫斯·奧理略的繼承人。那麼由哲學家皇帝列為繼承人的康莫德斯，就不能一直接受對羅馬菁英來說最為不榮譽的「紀錄抹煞刑」處罰。因為如果維持現狀不管，謝維勒也就成了康莫德斯的同類。

元老院只好撤回四年前的宣告。臨時掩埋的康莫德斯遺體，也重新進行羅馬式火葬。骨灰入葬於現代稱為「聖天使城」的「哈德良靈廟」，與哈德良以後的歷代皇帝葬在一起。不過，謝維勒並未將康莫德斯神格化。一來如果這樣做，元老院的權威就真的完全喪失了。而謝維勒沒有這樣做的真正原因，還是他認為康莫德斯沒有神格化的資格。在這一點上，皇帝與元老院總算勉強維持同步。

元老院直到謝維勒要求承認下列的事項時，才知道謝維勒宣言自己為馬庫斯·奧理略繼承人的真意何在。他要求元老院承認他的長子卡拉卡拉為“Imperator Disignatus”。這句拉丁文如果直譯的話，意為「既定將參與皇帝工作者」，不過這並非「共同皇帝」。畢竟這時的卡拉卡拉才剛滿八歲。不管怎樣提前，到舉行成年禮為止至少還要四、五年，因此無法指名其為皇位繼承人。

在共和時期的羅馬，按例次年的執政官是在當年夏季選出。而當選的人即獲得“Consul Disignatus”的頭銜，度過直到任期開始的半年時間。在這段期間內的元老院會議中，發言權在現任的「執政官」手上。而執政官發言之後，議員會請“Consul Disignatus”表示意見。謝維勒為了明確他將皇位世襲給現年八歲的兒子卡拉卡拉的意願，才挖出共和時期的這個頭銜。既然擁有“Imperator Disignatus”頭銜，即使卡拉卡拉還沒舉行成年禮，也有在元老院會發言的權力了。後來謝維勒命人製作發行許多壁畫、雕像與貨幣，上面刻畫著他與妻子由利亞・多姆那，以及兩個兒子卡拉卡拉與捷塔的全家福像。看著看著，真讓人覺得好像在看英國王室公開的家族照片。

元老院議員當然知道謝維勒真正的意圖在世襲皇位。可是議員們什麼都做不到了。因為當天謝維勒演說的第二項論點，直接衝擊到議員身上。

謝維勒身高中等、體格強健，平日表情嚴肅，讓人不知這個人笑起來是什麼樣子。這天他也以同樣的表情繼續說著：

帝國已經到了須認真重建，否則無可挽回的地步。因此我們必須如同馬留斯、蘇拉，以及奧古斯都當年所做的一樣，將反對者的假面剝下，給這種人嚴厲的處分。

謝維勒說完之後，舉出處分的第一波名單，共有二十六名元老院議員。

當年馬留斯與蘇拉相互對立，只要這兩人中有誰占了上風，反對派的成員就要人頭落地。後代的人也許會感到不解，認為羅馬開國皇帝，與朱利斯．凱撒同樣受人尊稱為「神君」的奧古斯都為何也被列名在裡面。事實上，當奧古斯都還叫做屋大維的時候，他在肅清曾經共同作戰的安東尼以及暗殺凱撒的布魯圖斯一派時，可是連眉毛都不動一下。也是他把反凱撒派的精神支柱哲學家西塞羅，列在肅清名單榜首。從這點來看，奧古斯都當然可以與馬留斯及蘇拉並列。而且屏氣凝神深怕漏聽謝維勒一字一句的元老院議員，當然也知道這其中的背景。

可是被舉為反皇帝，亦即反羅馬帝國罪名的二十六名議員是無辜的。謝維勒指責這些人屬於在里昂戰死的雅爾比諾一派。

這個理由未免過於牽強。因為直到謝維勒揮軍攻打里昂為止，雅爾比諾還是具有「凱撒」稱號的人。換句話說，他與謝維勒一起享有「共同皇帝」的地位。光是與這個人有親密往來，就被打成反皇帝，哪有人受得了。在這二十六人裡面，有不少人出身北非。而雅爾比諾與謝維勒同樣是北非出身。北非出身的元老院議員歡迎兩名同鄉擔任皇帝，並與其中一名聯絡密切，是很正常的事情。問題在於賽埔提謬斯．謝維勒認為，只有利用價值還存在時，同鄉兩字才有意義。當他認為沒有利用價值時，馬上毫不猶豫地揮軍攻打雅爾比諾。謝維勒要的是對自己完全服從的人，而且這種完全服從的態度，不是等到謝維勒有要求時才表露。這件事情使得包括史學家加西阿斯・迪奧在內的元老院議員心情更加低沉。因為謝維勒是個與以往的皇帝都不一樣的人。

朱利斯・凱撒寫給政治立場與自己相反的西塞羅信件中，曾包括這樣一句話：

「因為我對自身的要求，就是人要活得忠於自己的理念。所以我認為別人也應當如此。」

奧古斯都儘管同意肅清西塞羅，但當西塞羅的好友阿提克斯與西塞羅的祕書兩人編撰了西塞羅全集後，奧古斯都卻沒有阻擾出版事宜。在這些書中，記錄了凱撒遭暗殺後，剛出現在政壇的奧古斯都如何以不似年輕人的精妙手法刺激西塞羅的虛榮心。如果奧古斯都把西塞羅全集列入禁書，說不定西塞羅的著作就無法傳世了。附帶一提，日本近期也有了西塞羅全集的日文本，由岩波書店出版。

到了西元二世紀之後，羅馬人的言論自由還是受到相當程度的保障。就連馬庫斯・奧理略也寫道，有不少人批評他，說他偽善，或是喜歡擺出一副教師的樣子。

羅馬帝國是由一名占據最高權位的皇帝治理的國家。儘管如此，社會依舊不封閉。然而現在卻日漸惡化。能夠容許反對者存在，是具有自信心的證明。難道說謝維勒沒有自信嗎？還是他認為，今後他要治理的羅馬帝國，如果繼續讓這種「寬容」存在，將會不可收拾？

不過，他依舊深信自己是忠於羅馬傳統的羅馬人。

為了與民眾共同慶祝卡拉卡拉的地位明確化，他不惜砸重金在圓形競技場與大競技場舉辦鬥劍士比賽與四頭戰車賽。

羅馬人將「公共建設」，稱為「為了讓人的生活過得像人，而必需的大事業」。謝維勒對於公共工程相當熱心。儘管在安東尼奧·派阿斯與馬庫斯·奧理略兩任皇帝的時代，羅馬依舊維修著公共建設，但已經有三十年沒有新建工程發包了。謝維勒展開了由羅馬外港奧斯提亞沿著海岸通往德拉奇納的「謝維勒亞納大道」鋪設工程。

羅馬與德拉奇納之間，已經有阿庇亞大道相通。謝維勒鋪設謝維勒亞納大道的目的，不是為了給在這一帶設置別墅的權貴仕紳提供交通管道，而是因為這一帶有安奇歐、涅特諾等適於朝奧斯提亞航行的船隻利用的避風港。假設滿載小麥朝向奧斯提亞航行的船隻遇上暴風雨，前往上述港口避難，如果這些港口通往奧斯提亞的道路完善，那麼貨物可以

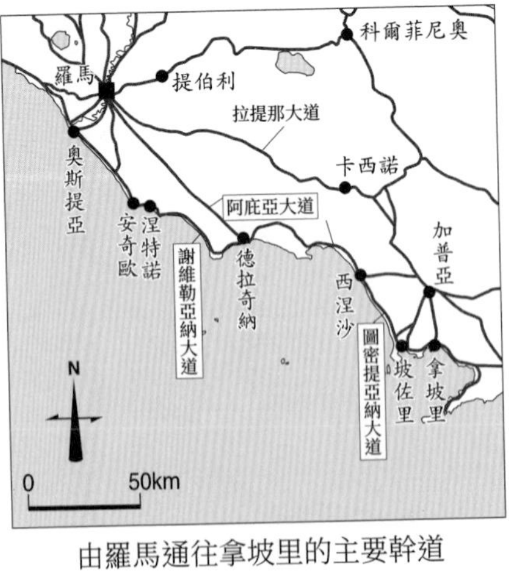

由羅馬通往拿坡里的主要幹道

立刻上岸，直接改由陸路運輸。

如同上述，由羅馬往南的海岸線上，就此布滿了石板鋪面的羅馬式「高速公路」。由奧斯提亞到德拉奇納為「謝維勒亞納大道」；由德拉奇納到西涅沙則是「阿庇亞大道」。由西涅沙到與奧斯提亞齊名的商港坡佐里，再延伸到拿坡里為「圖密提亞納大道」。物資運輸，同時也是人口的往來。這條「謝維勒亞納大道」，就成了羅馬最後一條正式鋪設的道路工程。

卡拉卡拉浴場（復原模型）

而在兩年之後，謝維勒在羅馬廣場中建了一座凱旋門。這也是在市中心的中心地帶羅馬廣場內，最後一座由皇帝興建的建築物。此外，謝維勒開工興建的浴場，由於到了他的兒子繼位後才完工，因此名稱叫做「卡拉卡拉浴場」。住在羅馬市區南部的人，暱稱這座浴場叫做「平民的宮殿」。因為在附近再也沒有這般豪華，甚至備有圖書館的浴場。這也是謝維勒送給平民的禮物。但謝維勒深知羅馬皇帝職責之一在公共建設，因此對他來說，這也不過是身為羅馬皇帝非做不可的事情。至於皇帝的另一項職責，或說最重要的職責，在於維護帝國整體安全。謝維勒當然沒忘記這一點。但由於他以異於其他皇帝的徹底方式實施，使得羅馬帝國的氣息為之變化。

軍人皇帝

各位讀者參照附表後可以得知，謝維勒皇帝並未以增加軍團數量的方式來強化羅馬軍事力量。他是以改善主要戰力軍團兵的個別待遇，首先以提高年薪的方式，來強化軍事力量。儘管說古代照樣有通貨膨脹的現象緩緩地發生，不過到西元二世紀末期為止，還沒有嚴重到要特別考慮對策的地步。因此，謝維勒提高軍團兵年薪的行為，應該與凱撒、奧古斯都和圖密善一樣，是為了提出政策，藉此改善承擔羅馬帝國國防業務的軍團兵待遇。不過，圖密善皇帝時，提高的待遇會寄存在軍團內，等到退伍時才與退休俸一起領用。謝維勒卻廢掉這個做法，直接將加給的部份反映在每個月底的薪資上。由於能實際感受到加薪的感覺，軍團兵當然對此大為滿意。

改善地位與待遇的第二項措施，是賦與全體軍團兵佩戴黃金戒指的權利。以往這項權利，只有百夫長以上的官員與騎兵可以擁有。在羅馬時代，戒指與其說是飾品，不如說是一種印章。因此，一個人能夠佩戴純金戒指，或者金底鑲玉戒指，也就代表他已確立社會地位。

第三點，是讓士兵能隨著能力與業績，升格到百夫長，甚至於騎兵。從當初與謝維勒爭奪皇位的對手經歷就可以看得出來，在羅馬軍團中，平民熬出頭不是什麼稀奇的事情。可是

羅馬帝國軍事力量與配置變遷（單位：軍團）

	行省名稱	奧古斯都時代（BC30～AD14）	臺伯留～尼祿時代（～AD70）	維斯帕先～圖拉真時代（～AD117）	哈德良時代（～AD138）	馬庫斯・奧理略時代（～AD180）	謝維勒時代（～AD211）
	Britannia（不列顛）	0	3	3	3	3	3
萊茵河防線	Germania Inferior（低地日耳曼）	4	4	2	2	2	2
	Germania Superior（高地日耳曼）	4	4	2	2	2	2
	Limes Germanicus（日耳曼長城）	0	0	0	0	2	2
	小結	8	8	4	4	6	6
多瑙河防線	Pannonia Superior（近旁諾尼亞）	3	3	4	3	3	3
	Pannonia Inferior（遠旁諾尼亞）	0	1	2	1	1	1
	Dalmatia（達爾馬提亞）	2	0	0	0	0	0
	Moesia Superior（近莫埃西亞）	0	3	2	2	2	2
	Moesia Inferior（遠莫埃西亞）	0	3	2	3	2	2
	Dacia（達其亞）	2	2	1	1	2	2
	小結	7	12	11	10	10	10
幼發拉底河防線	Cappadocia（卡帕杜西亞）	0	0	2	2	2	2
	Syria（敘利亞）	4	4	3	3	3	3
	Palaestina（猶太、巴勒斯坦）	0	0	1	2	2	2
	Arabia（阿拉伯）	0	0	1	1	1	1
	小結	4	4	7	8	8	8
	Aegyptus（埃及）	1	1	1	1	1	1
	Africa（北非）	1	1	1	1	1	1
	Hispania（希斯帕尼亞）	1	1	1	1	1	1
	合計	22個軍團（加上游擊部隊共25個）	30個軍團	28個軍團	28個軍團	30個軍團	30個軍團

軍團
- Legionaris（軍團兵）——主要戰力　6000人
- Augiliaris（輔助兵）——輔助戰力　大約同數量
- Numerus（季節傭兵）——監視用人員　1000人左右

其他尚有海軍（於地中海、多瑙河、萊茵河、多佛海峽、直布羅陀海峽等地設有基地）

羅馬軍團兵（士兵）的年薪演變

	狄納利斯銀幣	塞斯泰契斯銅幣
共和時期	70	280
朱利斯．凱撒加給之後 (BC45～)	140	560
奧古斯都加給之後 (BC30～)	225	900
圖密善加給之後 (AD82～)	300	1200
賽埔提謬斯．謝維勒加給之後 (AD197～)	375	1500

這只有具備特別能力，或者鴻運當頭的人才能打通門戶，並未形成制度。謝維勒將其化為明確的制度，並且編入羅馬軍的制度裡。

第四，是允許軍團兵能有正式的婚姻。

在西元前二世紀末，馬留斯實施軍制改革之前，羅馬軍採用的是徵兵制。因此已婚，或者有子嗣的士兵也不少。而當時的戰鬥時期，是從春季打到秋季，羅馬的軍團兵在休戰期間可以回家與家人團圓。隨著羅馬的統轄區域擴大，戰場也愈來愈遠，無法如以往在秋季結束時返鄉、等到春天來臨立刻返回軍團。而且當時還要設法補助流入都市的低層民眾（請參照第III冊《勝者的迷思》）。為了一次解決這兩項問題，馬留斯將兵役改成志願制。

軍團改成志願制，也就等於軍事方面的專職人員誕生了。軍團改由年滿十七歲，並通過各項測驗的人員編組而成。直到退伍為止的二十年裡，他們有義務以未婚狀態在國防線上服役。

實際上，這對於軍團兵來說並非太苛刻的條件。假設十七歲入伍的話，退伍時才三十七歲。當時平均壽命短，是因為幼年夭折死亡率高。在羅馬時代，社會認為四十歲左右正是開始人生第二階段的時期。軍團兵可在這年齡退伍，與向來交往親密的女性正式結婚，拿著退休俸展開第二段人生。即使在勤務期間內，羅馬軍也認可女性的存在。她們通常在軍團基地附近，稱為卡那巴耶的區域居住，等著休假時來探望的情人。其中非婚生子的人也不在少數。

謝維勒准許軍團兵正式結婚，並非允許百夫長以下的軍團兵與妻小同住。士兵還是要與以往一樣在基地內與同袍共同生活。而在一天的最後幾小時，或是祭典等假日時，才能回到有妻小等待的家中度過。有變化的，只是法律上的立場而已。儘管如此，他們的待遇已經如同軍官。實際上，待遇甚至比軍官還好。在帝政時期，軍團長與總督大多帶著妻小上任。然而大隊長階層由於轉調頻繁，絕大多數都是單身上任。由於上述的背景使然，謝維勒的改革當然受到軍團兵歡迎。

意外的結局

謝維勒皇帝應該是為了強化羅馬軍的戰力，才推動這些政策吧。他的立意，是為了改善承擔帝國國防安全的士兵在社會、經濟上的待遇。我們可說這是一種人性化的想法。無疑地，這些政策立意良善。然而早在兩百五十年前，朱利斯・凱撒就說了：

「這世上充滿了結果為惡，但當初立意良善的善意。」

謝維勒的改革，使得軍團生活過得太愜意了。糧餉提高了，出頭的機會也有了，又能讓心愛的女子坐上正式婚姻對象的位置。這些事情不用等到服役滿二十年退伍就辦得到，也就不用像以前一樣，每天數著饅頭等退伍的日子。在過去，曾經發生由於預期敵軍襲擊，因此延後退伍日期，接而引發暴動邊緣的示威行動。現在退伍延期，也就代表能拿到這段期間的糧餉，而退休俸也隨著服役期間增加。換句話說，只要體力許可，就算一直住在基地裡邊，也沒什麼不好的了。

這就是羅馬帝國軍事政權化的肇始。既然士兵對於繼續置身軍中沒有任何不滿，走回民間開拓第二人生的意願自然跟著衰退。這也就演變成羅馬社會軍事相關人員與社會脫節的現象。

朱利斯．凱撒成為終身獨裁官之後推動的許多國政改造措施中，有一項關於地方都市議會議員候選人的年齡限制。在此整理如下：

一、未曾服兵役者——三十歲以上

二、曾服役軍團步兵者——二十三歲以上

三、曾擔任騎兵或者百夫長以上者——二十歲以上

這項法律制定的目的，是為了輔助在役期結束前就因傷殘或疾病被迫退伍的人員。不過對於役期結束退伍的人員來說，這也是鼓勵他們走回民間（civilian）的獎勵。因為羅馬軍團亦是架構土木工程及醫療等組織，能處理萬事的集團。天才武將凱撒認為，在軍中取得的技能與經

驗，也該活用在民間，而且這也連帶促使帝國的「核心」地方政體提升功能。

繼承凱撒之後的奧古斯都，更制定了二十年退伍的年限，創設了在古代史無前例的退休俸制度。整頓好了通道，使得軍人能順利地轉移到民間社會中。如果軍人孤立於一般社會之外，不僅對軍人無益，也會讓整體社會為之扭曲。因為孤立感會促使有共同感觸的人團結一致，最終的結果，就是舉止失控、拋卻與社會其他份子的平衡。

自從凱撒改制以來，軍民維持了兩百五十年的平衡。然而謝維勒卻因過度重視其中一方，打破了這項平衡關係。相信謝維勒也是基於貢獻羅馬帝國的精神而推動，不過若從他逝世後的世局來看，政策結果正與謝維勒的意圖相反。

把軍事相關人員從羅馬社會中隔離出來，將造成職業族群孤立。而孤立的結果，當然會引發族群追求本身所屬組織的強化。具體而言，就是會引發擴充軍事費用的聲浪。如此一來結果也很明顯地，最後只好壓迫到帝國的財政。其他組織同樣會發展成這種局面，只不過軍事相關組織由於擁有武力，一旦開始失控就不容易停手。

謝維勒優待軍團兵的政策，想必也是古今中外無數證明人間現實的例子之一。這項例子證明善意未必會產生好的結果。或許我們也可以說，人類歷史一大部份是由如同惡意般的冷靜思維實行的成功例子，以及動機充滿善意、結果卻是失敗的例子所交織而成。善意能有效的事物，通常效果會馬上浮現眼前。比方說慈善事業之類的。筆者總認為，如果不去忽視人性現實的一面，愈是熟知歷史就會愈覺得憂鬱 (melancholy)，而且這也是不得已的。

總而言之，史學家對於賽埔提謬斯・謝維勒皇帝的評價，是「非羅馬風格的專制君主」、使羅馬帝國大幅轉向軍事政權化的統治者。

被判定為昏君的羅馬皇帝不少，不過會被評斷為非羅馬風格的專制君主，謝維勒還是第一個。在羅馬時代，所謂非羅馬風格，也就意指東方風格。元老院的這項批判，想必與謝維勒的妻子，目前已經領有「皇后」稱號的由利亞・多姆那的父親是敘利亞神官一事有關。事實上，這還是第一次由帝國東方出身的人坐上羅馬皇后的位置。

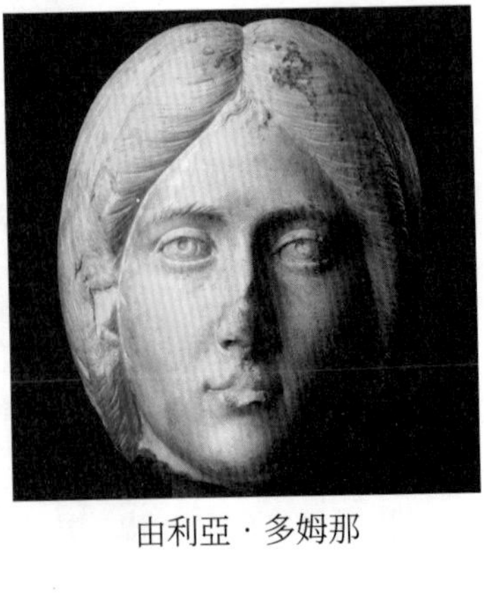

由利亞・多姆那

由利亞・多姆那不僅美貌，同時還是很有涵養的人。她與謝維勒相遇的時機，應該是在謝維勒於敘利亞任職時。很明顯地，這並非是一場政治婚姻。如果兩人結婚時，身為高盧總督的謝維勒已經有稱帝的野心，那麼可能不敢娶會讓元老院與定居首都的羅馬公民懷疑的東方女子為妻。不過當謝維勒登基之後，要賜給由利亞・多姆那「皇后」稱號時可是毫不猶豫。謝維勒無論在這之前與之後，身邊連情婦的影子都沒有。他與馬庫斯・奧理略一樣，守著一夫一婦的生活。真的，比起蘇拉、凱撒與奧古斯都，兩百年後的繼承人要來得品行端正多了。

由利亞・多姆那的父親擔任神官的宗教，是崇敬太陽神的宗教，屬於中東自古相傳的一神教之一。不過他們不排擠其他神明，這點與猶太教及基督教等一神教又不一樣。由利亞・多姆那出生於代代擔任神官的家庭。而且她本人又精通希臘文學和哲學，可能就是這個部份，與首位「大學出身」的羅馬皇帝氣味相投吧。

元老院潛藏著一股反謝維勒的感情，不過就算他們想要責難皇帝受到東方出身的皇后影響，也提不出證據。因為由利亞・多姆那既沒有在帝國首都興建大型的太陽神神殿，也沒有說出半句想要這麼做的話。羅馬人的宗教觀念認為，只要不對羅馬諸神失禮，個人要信仰什麼都是自由的。而在這方面皇后依舊無懈可擊。

此外，由利亞・多姆那成為第一夫人以後，並沒有與喜好謠言及陰謀的上流階層婦人混在一起，反而喜好與法學家和文人相聚。也許她是打算以這個方式，稍微沖淡丈夫身上濃厚的軍事色彩。當我們調查皇宮中沙龍聚會常露面的人，發現都是些盛名在外的大學教授，以及知名度高過銷售量的文學家，完全找不到正打算有所作為的新進人員。我們可說由利亞・多姆那是個最適於要角的賢夫人。

當時人們喜好謠傳她對丈夫謝維勒的影響力。然而謝維勒本身性格強勢，不是那麼容易就被女人左右的。此外，羅馬人口中「對男人的影響」這句話，只有負面的涵義。然而真正這樣做的，是由利亞・多姆那妹妹的女兒，亦即她的外甥女們。會有這種說法，只是因為元老院厭惡這些女人，把敘利亞女子對羅馬上流社會產生影響的開端算到她頭上而已。當丈夫謝維勒在世時，由利亞日子過得還不錯。不過她的人生最後是自殺結束的，所以也是個悲劇人物。這場悲劇的起因，在於她雖是賢妻，在教育兩個兒子時卻犯了錯誤。

至於謝維勒對宗教方面，尤其對基督教的態度，至今不論是站在羅馬方面，或者站在基督教方面的史學家，都無法提出明確的看法。

羅馬派史學家指責說他受崇拜太陽神的妻子影響，打開了通往一神教的道路。基督教則認為，在位期間的前半段，他認可基督教徒成立社區，即使親信中有人信仰基督教，也表示這是宗教自由不予過問。而到了在位期間後半段，態度又與以往的皇帝一樣，恢復成人民可自由信仰猶太教與基督教，但禁止傳教的政策。因此還是康莫德斯時代值得懷念。因為在康莫德斯時代，由於皇帝對於國政沒興趣，因此沒發生告發與審判基督教徒的事件。而當謝維勒的態度起變化後，行省總督的態度也變了。尤其在埃及與北非，更發生了迫害教徒的事件。

不過這只是謝維勒身為羅馬帝國皇帝必定會產生的結果。羅馬對於基督教的官方看法認為，宗教信仰是自由的，但只在不反對羅馬的情形下。政府會禁止傳教，是因為基督教的傳教方式，與羅馬人的思想不合。

猶太教徒與基督教徒在傳教時，不會說「信仰我的神明會讓你的靈魂更安寧，請你改宗吧」，而是要求說「我信仰的神明才是正確的，趕快丟棄你信仰的邪神」。這種想法，與希臘、羅馬認同其他人信仰神明的宗教觀正好相反。而且，羅馬人把統合多民族、多文化、多宗教的羅馬帝國樞紐，寄託在以最高神祇朱比特為首的羅馬諸神身上。猶太教與基督教卻認為，宗教不能是這樣曖昧的東西。謝維勒皇帝在這方面，還是很羅馬風格的。亦即羅馬式的「寬容」。

東征，及其結果

西元一九七年夏季，謝維勒成為唯一的勝利者回到首都。才兩年後，西元一九九年秋季，他又帶著妻子與兩個兒子一同離開首都。目的是在帕提亞王國把動亂帶到羅馬境內前，先封死對方的動作。至少在官方聲明中，他是這樣表示的。

然而，帕提亞並沒有任何侵略羅馬領土的動作。就連幼發拉底河附近是否發生衝突，都沒有明確證據。在羅馬時代，已經有史學家認為，謝維勒在爭奪皇位時固然順利剷除所有對手，但在對外作戰方面卻沒有耀眼的成績。這次的作戰起因於他想要標榜戰功。不管怎麼說，這場戰爭的確不是遭受攻擊後，為了保家衛國挺身而出的作戰，而是一場既然有可能遭受攻擊，那乾脆先滅掉對方的作戰。儘管如此，在提升待遇後心態偏向謝維勒的軍團兵之間，沒有反對這次戰爭的聲音。可能因為這次作戰只是個預防措施吧，本次的帕提亞戰役中，西方的軍團沒有向東支援，只由東方軍團負責遂行任務。

近代、現代的史學家主流意見認為，賽埔提謬斯・謝維勒在爭奪皇位，進行內部抗爭時，能發揮相當的才幹，但登基之後的政策、軍事方面就乏善可陳了。這點筆者也有同感。然而這一點會形成悲劇的原因，在於他自身認為這是為了羅馬帝國的未來發展而實施。不管是皇位世襲、優待軍團兵，以及這次的帕提亞戰役都一樣。

西元一九五年時，在打倒皇位爭奪戰的對手之一，敘利亞行省總督尼革爾後，謝維勒有如誇耀勝利一般，揮軍攻入內心期待尼革爾戰勝的帕提亞境內。當時羅馬軍跨越幼發拉底河，攻到底格里斯河畔，幾乎一口氣進逼帕提亞首都。原因之一是因為戰勝尼革爾之後，部隊的士氣高昂。不過這時的帕提亞已經沒有充分戰力迎擊羅馬軍了。由於波斯勢力高漲，帕提亞政府已經搖搖欲墜。而此時，他們又遭到謝維勒的攻打。

早在羅馬進入帝政時期的百年前，羅馬與帕提亞兩大國間的關係，對於羅馬方面已經是無上重要的外交、軍事問題。而且東方的人又有著只有自己遭武力壓倒時，才願意坐上談判桌的想法。因此在羅馬方面，也歷經蘇拉、盧加拉斯、龐培、凱撒等人的「先軍事後外交」一貫政策。就連作風上偏向外交重於軍事的奧古斯都，也維持著先動兵再談判的做法。然而這項政策能長年維持某個程度的效果，是因為帕提亞王國是個有統一指揮系統的國家。

因為指揮系統明確，所以軍事方面的成果能反映在外交談判上。也就是說，知道拿到哪些籌碼後可以向誰討價還價，也比較容易獲得妥協。相反地，與不成國家體系的未開化民族作戰，儘管戰勝後，也無法立即反映在外交談判上。與細分成多個部族的集團作戰時，吃虧的地方就在於不知要拿哪些優勢去向誰要價。

在這三百年來，帕提亞確實一直是羅馬的頭號假想敵。問題是，三百年來一直是假想敵，代表說對羅馬而言，帕提亞是個好應付的對手。說俗氣一點的話，帕提亞不過是個隨時挑得出弱點的對象。就連沒有與帕提亞開戰的歷任皇帝，例如奧古斯都、臺伯留、尼祿、哈德良、安東尼奧・派阿斯，也都沒有疏忽以軍團強化東方的防衛。這就是因為他們隨時在尋找帕提亞的弱點。尼祿本身雖然在醞釀攻打帕提亞的計畫，但由於科普洛將軍的帕提亞外交對策實在太堅定，所以與其固執己見，不如接受將軍的對策。尼祿的這項判斷也很正確，羅馬與帕提亞後來才得以享受半個世紀的和平。

除此以外，筆者也曾經在書中敘述過多次，羅馬與帕提亞之間，有個與其他防線不同的地方。羅馬帝國東方的各個都市，光主要都市就有安提阿、阿雷波、大馬士革、帕耳美拉等，全依靠與東方的貿易維生。只有商旅能安全自由往來到幼發拉底河為止的敘利亞沙漠，帝國東方的經濟才能成立。因此，與其讓猶如強盜團一般的沙漠遊民橫行，還不如讓帕提亞存在來得好。

根據多年的經驗，羅馬與帕提亞雙方的軍事力量，都只能攻擊對手，無法長期占領。由於上述的各項因素影響，羅馬與帕提亞都成了互相挑對手弱點的老手。

而現在帕提亞正遭受波斯勢力威脅，面臨國家存亡危機。而且新興勢力往往不能適用舊勢力的對應方式。從這點來看，敘利亞行省總督尼革爾的外交政策是正確的。他認為羅馬不該做出任何會讓帕提亞凋零的舉動。偏偏在西元一九五年與一九九年，謝維勒連續兩次做出與尼革爾完全相反的行為。馬庫斯·奧理略在位初期實行的帕提亞戰略，是受到帕提亞方面挑釁，不得不應戰。然而謝維勒遠征東方，卻不是為了應付對方的挑釁。帕提亞王室現在已經沒有向羅馬挑釁的力量了。

在謝維勒逝世十五年後，帕提亞王國安惠王朝由波斯薩珊王朝（Sasanian Dynasty，二二四～六五七年）取代。而當初協助帕提亞內部新興勢力抬頭的，正是謝維勒。

也許我們能說，帕提亞是個絕對專制的國家，國祚當然會比羅馬短。然而，進入西元三世紀後，羅馬也面臨史學家稱為「三世紀危機」的國家存亡關鍵。也在同一個時期，羅馬開始與氣勢如虹的新勢力波斯薩珊王朝為敵。在這方面，羅馬也要負些責任。而且東方自從納入波斯薩珊王朝掌控後，對羅馬帝國來說再也不是假想敵，而是敵對國家了。

在這種情形下，謝維勒皇帝的東方遠征當然是輕鬆結束。他在攻下底格里斯河畔後，把幼發拉底、底格里斯兩條大河間的美索不達米亞地方行省化，之後才收兵西行。對這場戰役的結果，比起謝維勒，同行的卡拉卡拉還比較洋洋得意。

儘管如此，戰勝就是戰勝。謝維勒送給羅馬元老院的報告書中，有提到要求同意興建凱旋門的項目。既然是皇帝的要求，尤其又是謝維勒的要求，元老院也只好同意了。值得記上一筆的是，元老院與一般民眾都為了這項戰勝報告而感到狂喜，高高興興地認可了興建凱旋門的案子。得知戰勝後的喜悅，是每個人都會有的自然反應。然而正因為如此，領導者才應該在發兵之前，想想勝利會帶來什麼後果。自從圖拉真皇帝立下戰勝紀念圓柱以來，羅馬廣場中心地帶已經有一個世紀沒有新建築了。謝維勒還沒回國，流傳到今日的凱旋門已經在羅馬廣場中心，稱為「神聖大道」的長巷尾端開工。這個地方也是駕駛四頭戰車的凱旋將軍要下車爬上卡匹杜里諾丘，通往最高神朱比特神殿的階梯前。

謝維勒的凱旋門

謝維勒帶著妻子與兩個小孩在埃及停留後，於西元二〇二年春季回到首都羅馬，這時他舉行的凱旋儀式兩個兒子也一同參加。據說當時前往卡匹杜里諾丘的遊行隊伍最前列到達丘陵頂端時，最尾端才剛進入羅馬廣場。對於當年五十六歲的謝維勒來說，這無疑是人生最美好的一天。

也在不久之後，剛滿十四歲，舉行過成年禮的卡拉卡拉也舉辦婚禮了。新娘的父親是禁衛軍團長官、皇帝不在時於首都作威作福的普拉荻亞努斯。卡拉卡拉的岳父、禁衛軍團長官，與謝維勒同輩而且是至親好友，連出身地都同樣是北非。謝維勒皇帝讓這個人以及次子捷塔一同擔任第二年，西元二〇三年的執政官。次子捷塔到西元二〇三年時，才剛滿十四歲。總之最高權位者謝維勒身邊，北非勢力更為雄厚了。過去的圖拉真、哈德良以及馬庫斯．奧理略，都是以起用行省出身人員聞名的皇帝。然而這些人才出身的行省，卻沒有偏向皇帝本人的出身地，平均分布在帝國各處。

衣錦還鄉

西元二〇二年到二〇八年的五年裡，謝維勒身在義大利本國。不過，從西元二〇四年起的五年中，則是停留在故鄉雷布提斯．馬格納。要前往這個港口，只要從羅馬的外港奧斯提亞一路向南航行，在航程中首先能在左舷看到西西里島的西側，其次只要望著出現在左舷的馬爾它島航行即可。面朝地中海的港都雷布提斯．馬格納，自古就是個以

雷布提斯．馬格納遺蹟

貿易基地繁榮的地方。尤其在哈德良皇帝視察以後，都市功能更是突飛猛進。然而對謝維勒來說，這樣還不夠。在謝維勒指示下，展開了大型改造工程，使得雷布提斯·馬格納為之一變。即使從流傳到今日的遺蹟來看，也能想像這個都市過去被人稱為地中海的珍珠時的華麗景象。也就是說，謝維勒做了以往的羅馬皇帝不會做的，衣錦還鄉的行為。

這件事情，拿西班牙的義大利加來比較，就能一目了然。義大利加出了圖拉真與哈德良兩位賢能又施行強悍統治的皇帝。然而如果知道這個背景，再去瞭望這個城鎮時，會感到訝異。因為這個地方依舊與羅馬帝國內的其他地方都市沒兩樣。這個地方也留下不少遺蹟，不過多半是在光耀門楣的兩名皇帝逝世後興建的。就算加上這些設施，這裡也比不上同樣是地方小型都市的龐貝。

圖拉真與哈德良在登基之後，再也沒有回到故鄉。這並非他們不愛自己的故鄉，而是他們認為，既然已經身為皇帝，就不能對故鄉另眼看待。

如果是元老院議員，或是事業有成的解放奴隸，大可以捐贈公共建築或是出資維修近郊道路的方式回饋故鄉。如果沒有這種私人捐贈，著名的羅馬公共建設甚至無法成立。這種行為，今日歐洲人稱為貴族義務。羅馬人認為，先天環境優渥的人，應該把獲得的利益回饋給提供他機會的社會。對於這種行為，獲贈者的回禮，就是把致贈者的姓名，加在獲贈的建築物上。比方說「朱利斯公會堂」、「圖拉真大浴場」等等。

如果謝維勒知道整頓雷布提斯·馬格納，使其成為華麗都市的事情遭到批判，想必會立即反駁，表示自己已經鋪設了「謝維勒亞納大道」。而在卡拉卡拉任內完工，因而掛名的卡拉卡拉浴場，也是在他任內開工的。所以皇帝的職責之一，公共建設的部份，自己已經充分達成。

話的確如此。然而，奧古斯都從未改造過自己的故鄉威雷托利。威雷托利儘管是開國皇帝的出身故鄉，卻始終只是阿庇亞大道旁的一個小鎮。維斯帕先與提圖斯雖然喜好回到出生故鄉列提，但這個地方卻與其他地方都市沒有兩樣。即使元老院議員、富商等有權有勢、功成名就的人可以，身為皇帝的，還是有不能做的事情。

看樣子，羅馬已經日漸喪失對矜持的感覺。歷史學家加西阿斯·迪奧是出身小亞細亞的希臘人，但深信自己是羅馬人的一份子。他不但當了元老院議員，還擔任過前線的行省總督。他對於謝維勒的觀感，從登基當天為頂點，日益下滑。最後達成的結論是非羅馬風格的皇帝。想必這是因為他在近距離內，一路看著謝維勒的行為舉止的關係。權勢者其實比我們想像中不自由，但就是要有甘願受這種不自由的精神，沒有權勢的人才會願意把權力交給他們。

謝維勒皇帝的權力基礎，實在平穩得無可挑剔。帕提亞已經只是苟延殘喘，多瑙河防線也維持僵持狀態。元老院除了贊同皇帝的意圖以外，就是保持沉默。首都羅馬的平民，也滿足於有工作有食物又有娛樂的現狀。雖然由於優待軍團的措施，以及對帕提亞沒必要的作戰，使得國家財政決定性的惡化，銀幣中使用銀成份的含量愈來愈少。但是在物資充沛、熱鬧非凡的市場上，沒有多少人發覺。然而，謝維勒所謳歌的權力，就從他身邊開始崩潰。

首先，西元二〇五年時，皇位首席繼承人卡拉卡拉與禁衛軍團長官普拉荻亞努斯的不和開始浮出表面。這個長官由於自己與謝維勒皇帝是好友兼同鄉，因此作風跋扈蠻橫。這個靠著手握一萬禁衛軍團的實權而橫行霸道的態度，使得年紀輕輕十七歲，但生來烈性子的卡拉卡拉產生反感。卡拉卡拉對妻子普拉荻拉培養不出愛情，也促使他更加討厭岳父。對於謝維勒皇帝來說，這是兒子與首席親信間的衝突。而不但謝維勒無計可施，連皇后由利亞·多姆那也沒有辦法。因為這個衝突，又牽涉到另一個人物。

這個人就是比卡拉卡拉小一歲的弟弟捷塔。這兩兄弟如果只是對於該支持四頭馬車賽的哪個隊伍意見不和，那事情還簡單。到了登基稱帝之後，事情就不是普通的兄弟吵架可以收拾得了。雙親伴隨著年幼兩兄弟的「全家福肖像」，似乎只是雙親的夢想而已。

儘管如此，從西元二〇五年一月一日起，十七歲的卡拉卡拉與十六歲的捷塔，在父親的意圖下共同擔

卡拉卡拉

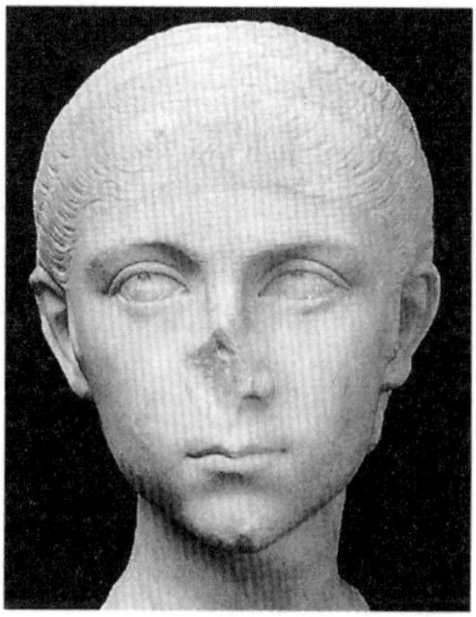

普拉荻拉

任了執政官。然而，兄弟間的關係只能維持到這裡而已。

一月二十二日，不知普拉荻亞努斯說了哪些話惹火了卡拉卡拉。十七歲的次任皇帝，就在父親面前拔出腰上的劍殺死普拉荻亞努斯。在第二天的元老院會議上，卡拉卡拉利用執政官的權利搶先發言，高聲批判禁衛軍團長官想要殺害皇帝全家，由自己頂替其地位，因此罪該萬死。與他共同列席執政官的捷塔始終保持沉默，元老院議員也保持默認。所以元老院只好承認卡拉卡拉的主張，將長官的女兒普拉荻拉及其弟處以流放刑。卡拉卡拉決定將妻子和小舅子流放到西西里附近的厘巴里島。本來皇室一族的流放地點，或說隔離地點都是蓬佐島或威特提內島。這兩座島離拿坡里不遠，島上又備有羅馬式的蓄水設施與魚池。然而火山島厘巴里只是個小漁村而已。流放到這裡的兩個人，在六年後卡拉卡拉登基那年，被皇帝派出的士兵殺死。

兄弟兩人的關係一直無法改善，就這樣過了兩年。在這段期間內，謝維勒雖然並非無所事事，但這段期間內施行的措施，都是剛登基時決定的政策延長而已。儘管謝維勒向來以身體健壯自豪，但畢竟已經過了六十歲。就像其他壯年期以身體健康自豪的人一樣，他也開始受到痛風的影響。羅馬人常用的食品，包括魚類、五穀、蔬菜與起司。他可能是肉類蛋白質攝取過量，痛風病症一年比一年嚴重，不過他還沒失去以往的傲氣。謝維勒好似決心要重新鍛鍊病體一樣地，決定要執行不列顛遠征。

不列顛

羅馬時期的不列顛行省，包括後代的英格蘭與威爾斯地方。其北方則是羅馬人口中的卡雷德尼亞，後世的蘇格蘭地方。可是這個地方一直在羅馬霸權的版圖外。羅馬在兩地邊界構築了「哈德良長城」，放棄征服整個不列顛的原因，在於確保不列顛的目的，只為了防衛與這座島隔著一道海峽的高盧地區。由於只要達到目的就好，所以羅馬人也沒打算為了取得寒冷多雨、產物貧乏的卡雷德尼亞花苦心。只要曾在冬季造訪過「哈德良長城」遺蹟的人，想必都會同意這個論點。一站到城牆上往北看，只見又厚又暗的雲層下，綿延一片淒冷的荒野。地中海岸邊的人當然會認為，何必連這種荒地都拿到手。然而在古代，這片荒地的對面，卻住著好戰的卡雷德尼亞民族。

羅馬人並沒有把這些人與萊茵河及多瑙河對岸的日耳曼裔外族同等看待。尤其卡雷德尼亞的某個部族，更是讓羅馬人命名為「布利岡特斯」，大為厭惡。拉丁文中所謂的布利岡特斯，意指山賊、強盜。好玩的是，英語沿用了這個拉丁字源作為盜賊"brigand"的稱呼，也不在乎這個字曾經是指一部份的自己人。總之，這表示說，有一部份卡雷德尼亞人住在羅馬領地附近。對他們而言，從荒野貧困生活中解脫的辦法之一，就是去當盜賊。畢竟在「哈德良長城」的南方，有遍地豐饒的耕地、村落與城鎮。

謝維勒皇帝會決定遠征不列顛，是因為有一件事情激怒了他。當時的不列顛行省總督，為了從「布利岡特斯」手中贖回遭奪走的物資，以及一隊負責運輸警戒的軍團兵，花費了大筆的金錢。羅馬的行省總督竟然順從強盜的勒索，這種事情當然不能擺著不管。

謝維勒認為，要解決這個情勢，就要像史學家塔西圖斯的岳父、圖密善時代的武將阿古力克拉嘗試過的，把整個卡雷德尼亞拿下來。他認為只要蘇格蘭繼續留在羅馬版圖以外，盜賊橫行的現象及卡雷德尼亞人南遷的現象都無法停止。因此，不列顛遠征計畫就此成立。

第二年，西元二〇九年，謝維勒等春天到臨後，帶著皇后與兩個兒子離開首都。正式作戰應該會在西元二一〇年春季時開始。既然是要取得整個蘇格蘭，羅馬軍也就打一開始便全力出擊。他們越過「哈德良長城」，攻入蘇格蘭深處，前衛部隊甚至進入了後世稱為蘇格蘭高地(the Highlands)的山岳地帶。

然而在這場戰役中，站在前線指揮軍團作戰的，卻是年輕的卡拉卡拉。由於兄弟之間關係已經惡化到無可忽視，謝維勒讓弟弟捷塔擔任不列顛行省總督。因此總督留在倫迪尼姆（今日的倫敦）沒有到前線作戰。而謝維勒本人，與他個人意志相反地，已經無法現身在戰場上了。

他的身體已經不聽話了。不但無法乘馬，甚至連由馬車運載都感到苦痛不堪。戰役的第一年，他還躺在轎子裡，前往戰場附近。到了第二年，西元二一〇年時，已經連乘轎子觀戰都辦不到了。謝維勒只能停留在不列顛三個軍團基地中，離戰場最近的雅布拉克姆（今日的約克郡），無法離開。

停留在約克郡的皇帝，心情一直無法放晴，這不只是因為病痛折磨。如果要征服整個卡雷德尼亞地區，需要一個綿密又出人意表的勇猛戰略。對於二十二歲的卡拉卡拉來說，這項負擔太沉重了。要說是因為他太年輕，不如說是軍事才能的問題。謝維勒可不會看不出這項問題。對於六十四歲的皇帝來說，真正痛苦的，與其說是病痛，不如說是這項事實。雖然皇后由利亞．多姆那一直陪在皇帝身邊，但即使皇后再有教養，也無法幫助丈夫解決苦惱。

駕崩

到了隔年，西元二一一年二月四日，賽埔提謬斯．謝維勒皇帝在約克郡嚥下最後一口氣。謝維勒逝世時，身邊有從戰場趕回的卡拉卡拉、稍早前收到病況惡化消息，從倫敦趕來的捷塔、不論謝維勒身在何處都夫唱婦隨的由利亞．多姆那，以及正在不列顛遂行戰役的重要武將。好像死亡可以解脫大多數的煩惱一樣，他逝世時走得十分安詳。他距離六十五歲還有兩個月，在位期間十八年。根據史學家加西阿斯．迪奧的敘述，謝維勒在臨終前曾對著卡拉卡拉與捷塔兩兄弟留下這段話：

「要互相替對方著想，兄弟兩人友愛地統治。要優待士兵，不要忘了這是比什麼都優先的事情。」

據說謝維勒說完這段話以後，好像自言自語地又說了這段話：

「我什麼都做過了。我是元老院議員，也當過律師。當過執政官。當過大隊長。也當過將軍。還有，我當過皇帝。亦即國家所有要職都經歷過，也有自信都很稱職。然而事到如今，好像一切都白幹了。」

羅馬時代的史學家知道後來卡拉卡拉與捷塔間的關係發展。所以他們認為謝維勒皇帝最後的這段話，是預知自己創設的皇統結束得如此倉促，因而留下感嘆。後代的史學家則知道羅馬帝國到滅亡為止的歷史，而他們認為謝維勒這時發現到羅馬帝國已經無法停止衰敗了。也許這兩個說法都正確吧。不過筆者在另外一件事情上，同情這個皇帝。

如果有一個人，知道隆冬的北英格蘭是什麼樣子，同時又知道這個季節的雷布提斯．馬格納是什麼模樣，大概也會同意筆者的說法。

隆冬的北英格蘭，沉重的天空，只有雨水飄啊飄地。沒有必要的話，人人都會選擇躲在家裡不外出。在這裡只有樹木與野草有精神。相對地，謝維勒生長的雷布提斯．馬格納，即使在冬天依舊陽光燦爛。在陽光下，明暗對比明確，放眼遠處，可以看到如畫一般的地中海直達天邊。

在圓柱迴廊或會堂裡，男子穿著露出單肩的托加袍，忙著商務與政論。就在附近的廣場上，來購物的女性穿著各色長衣，有如花壇景色。而穿著短衣忙著與她們應對的，是在每個時代都存在的精幹商人。在商店裡外跑來跑去幫忙打雜的，是穿著與平民階級同樣短衣，但胸前以皮繩吊著銅牌的奴隸。而且奴隸的人種、膚色變化較多。在廣場一角的私塾裡，有著與奴隸服裝相同、同樣吵鬧的兒童在上課。兒童與奴隸還有一樣相同的特徵，就是臉和手腳都曬得黑黑地。

謝維勒是在回憶著故鄉景色時，死於陰暗寒冷、細雨紛飛的北英格蘭。筆者認為，就算不擔憂國家的未來，不為兩個兒子的感情苦惱，光是身處的地方就夠讓他憂鬱的了。馬庫斯·奧理略在冬季的維也納，也留下最後一段文字寫著：綠蔭濃郁我的柴利歐丘，我所愛的羅馬。現在已經進入了連羅馬皇帝都會在前線嚥氣的時代。在這以後雖然不稀奇了，不過謝維勒是繼馬庫斯·奧理略之後，第二個在戰役遂行期間於前線逝世的皇帝。

這兩個皇帝逝世後的局勢發展也很類似。在父親謝維勒逝世後，新任皇帝，二十三歲的卡拉卡拉，迅速地與卡雷德尼亞人和談。並以要將先帝骨灰入葬首都羅馬為理由，離開不列顛回到羅馬去。全面征服蘇格蘭的計畫，也就此成為過去。

在謝維勒逝世一年後，西元二一二年二月十二日，在羅馬帕拉提諾丘上的皇宮中，發生了早已預期的慘劇。在母親面前，卡拉卡拉親手砍殺了弟弟捷塔。二十二歲的捷塔，就渾身是血地在母親懷裡過世。卡拉卡拉並下令，把羅馬所有的「全家福」中捷塔的臉部削去。後來這項命令被嚴格地執行。

馬庫斯·奧理略的子嗣間，是姊弟之間出了問題。而至於謝維勒的子嗣，狀況就只有性別不同而已。儘管馬庫斯·奧理略與賽埔提謬斯·謝維勒致力於構築甜蜜家庭，結果卻都一樣。在《沉思錄》的最後，以及謝維勒臨終的話，都充滿了哀愁。可見哲學家皇帝與軍人皇帝真是沒有差別啊。馬庫斯·奧理略生前也曾寫下：人若一死，皇帝與奴隸也無異。

那種羅馬領導人帶著「人死後固然一樣，生前可大不同」的矜持，扛起羅馬帝國責任的時代結束了。

謝維勒全家福肖像（右下捷塔的臉是由卡拉卡拉下令削去）

在這之後，以這種矜持為生涯支柱的個別人物還會出現在歷史上。但由他們掌握主導權的時代，確實已經結束了。

又在這之後，羅馬帝國進入了史學家所說的「三世紀危機」。有一句諺語說，魚是從頭開始腐爛的。羅馬帝國也的確是從「頭」開始腐敗的。

大事年表

年代	羅馬帝國 本國	羅馬帝國 西方行省	羅馬帝國 東方行省	其他世界
一二一	四月二十六日馬庫斯・安尼斯・威勒斯（日後的馬庫斯・奧理略）生於柴利歐丘	哈德良皇帝前往不列顛，下令修建「哈德良長城」（一二二）		（日本）彌生時代
一二六	沛提那克斯於北義大利熱內亞生於解放奴隸之家			
一二七	馬庫斯列名騎士階層（經濟界）			
一二八	馬庫斯成為 Salius Palatinus（軍神馬爾斯的祭司會）成員			
一三〇	十二月，盧西厄・威魯斯出生		耶路撒冷爆發猶太教徒叛亂事件（一三一～一三四）	（中國）東漢的張衡製作混天儀與候風地動儀
一三三	荻狄烏斯・朱利亞努斯生於米蘭仕紳家中			
一三六	哈德良皇帝任命盧西厄的父親凱歐尼斯・康莫德斯為繼承人。凱歐尼斯改名為阿耶利斯・凱撒 馬庫斯與凱歐尼斯的女兒凱歐尼娜訂婚 馬庫斯受命為拉丁祭典期間的羅馬行政長官			

一三八	元旦，阿耶利斯·凱撒歿 二月二十五日，哈德良指名安東尼奧為繼承人。應哈德良的要求，安東尼奧收馬庫斯與盧西厄為養子 哈德良聘佛倫多為馬庫斯的教師 七月十日，哈德良皇帝逝世，享年六十二歲 安東尼奧登基繼位 安東尼奧將女兒法烏斯提娜許配給馬庫斯 為哈德良神格化問題，安東尼奧與元老院對立。為哈德良辯護的安東尼奧，日後獲得「慈悲為懷」的稱呼			
一三九	馬庫斯獲選為會計監察官 馬庫斯獲頒「凱撒」稱號，移居帕拉提諾丘上的皇宮 「哈德良靈廟」竣工	不列顛原住民引發叛亂事件		
一四〇	馬庫斯初次就任執政官			
一四二		不列顛叛亂鎮壓完畢。安東尼奧·派阿斯於哈德良長城北方建設安東尼奧長城		
一四三	安東尼奧·派阿斯聘佛倫多為盧西厄的教師			（印度）約於此時，克山納王朝的卡尼西亞一世即位
一四五	馬庫斯二度就任執政官。與法烏斯提娜成婚			

一四六		四月十一日，賽埔提謬斯·謝維勒誕生於北非雷布提斯·馬格納	
一四七	十一月三十日，馬庫斯的長女朵米提亞出生 十二月一日，安東尼奧·派阿斯將護民官特權旁分與馬庫斯，並贈法烏斯提娜「奧古斯塔」的稱號		
一五三	盧西厄擔任會計監察官		
一五四	盧西厄擔任執政官		
一六一	馬庫斯與盧西厄擔任執政官 三月六日，安東尼奧·派阿斯於羅馬近郊羅利烏姆別墅逝世，享年七十四歲 馬庫斯·奧理略與盧西厄·威魯斯即位為共同皇帝 八月三十一日，馬庫斯之子康莫德斯出生 氣候失調造成羅馬饑荒。臺伯河氾濫成災		帕提亞軍入侵亞美尼亞，廢除親羅馬派的國王，將親帕提亞的帕科魯斯送上王位。 馬庫斯命卡帕杜西亞行省總督塞達提蘇·塞威力亞努斯鎮壓（帕提亞戰役開始） 卡帕杜西亞一個軍團潰敗，塞威力亞努斯自裁 馬庫斯命不列顛總督史塔提烏斯·普里斯克斯為卡帕杜西亞行省總督
	馬庫斯決定派遣盧西厄至敘利亞		

一六二	夏，盧西厄前往東方。中途因病倒、長期滯留希臘等緣故，冬季方到達安提阿		
一六三	馬庫斯將女兒蘆琪拉許配給盧西厄		春，普里斯克斯率羅馬軍於亞美尼亞戰線獲勝 普里斯克斯攻陷亞美尼亞首都阿爾他喀什塔。驅逐帕科魯斯，扶植親羅馬的梭法耶姆上臺
一六四			盧西厄與蘆琪拉於愛菲索斯完婚。蘆琪拉獲頒「奧古斯塔」稱號 羅馬軍越過幼發拉底河追擊帕提亞軍
一六五			敘利亞駐軍亞威荻烏斯·加西阿斯指揮羅馬軍徹底擊敗帕提亞
一六六	十月，馬庫斯與盧西厄於羅馬舉辦凱旋儀式 帕提亞戰役後帶回的瘟疫蔓延		帕提亞戰役以羅馬獲勝收場
一六七			日耳曼部族開始侵略多瑙河防線
一六八	馬庫斯與盧西厄離開羅馬至多瑙河前線視察，後回到亞奎雷亞冬季營地		
一六九	盧西厄於離開亞奎雷亞返回羅馬途中，病逝於亞爾提諾。享年三十九歲 馬庫斯帶盧西厄骨灰返回羅馬為其舉辦國葬 馬庫斯將盧西厄遺孀蘆琪拉改嫁遠旁諾尼亞行省總督龐培		

一七〇	秋，馬庫斯再度前往多瑙河 賽埔提謬斯·謝維勒就任會計監察官 馬庫斯小女兒薩庇娜出生		馬庫斯於遠旁諾尼亞行省西爾謬姆（今南斯拉夫之米特羅維察）過冬 近莫埃西亞、達其亞兩行省總督克勞狄斯·佛倫多指揮羅馬軍越過多瑙河進軍達其亞。於山岳戰落敗。佛倫多陣亡，兩萬人遇俘。期間，瑪爾科曼尼、科斯特波其兩日耳曼部族越過多瑙河入侵羅馬領地。二百七十年來防線首度失守。瑪爾科曼尼族襲擊亞奎雷亞。科斯特波其族入侵希臘中央地帶 龐培率羅馬軍殲滅兩部族 "Praetentura Italiae et Alpium"（義大利與阿爾卑斯防衛部隊）設立	

			於羅爾希、雷根斯堡設兩軍團 羅馬軍調整多瑙河畔配置。遠莫埃西亞之諾瓦艾（今斯維西托弗）第一義大利加軍團遷往上游百公里之奧艾司庫斯。特羅埃斯密斯第五馬其多尼迦軍團移往達其亞之波太沙（今羅馬尼亞之托爾達） 馬庫斯駐軍卡爾倫托姆	
一七一		茅利塔尼亞人之一部越過直布羅陀海峽入侵伊比利半島。占據倍帝加行省一帶。羅馬派遣奧非荻蘇·威克托力努斯驅除	與日耳曼人夸荻族和談	
一七二			第一次日耳曼戰役開始。羅馬由維也納與貝爾格萊德渡過多瑙河進軍。與瑪爾科曼尼族初期作戰失利，禁衛軍團長官威狄庫斯陣亡。與羅馬言和之夸荻族再度回到日耳曼陣營 苦戰後擊倒夸荻族。 年底羅馬擊破瑪爾科曼尼	（印度）約於此時，克山納王朝的福威修卡一世即位
	馬庫斯與康莫德斯獲得「日耳曼尼可斯」稱號			

一七三			埃及發生暴動。命敘利亞行省總督亞威荻烏斯．加西阿斯為東方全區總司令率兩軍團鎮壓 亞美尼亞發生政變，卡帕杜西亞總督馬爾提蘇．安尼斯循外交途徑解決 續行日耳曼戰役。羅馬軍策略由總攻擊改為各個擊破並成功 騎兵團長瓦雷流斯．馬庫西米亞努斯與那利斯帖族族長決鬥獲勝	
一七四	沛提那克斯就任備位執政官		與瑪爾科曼尼、夸荻、亞茲蓋斯等部族和談 冬，由法烏斯提娜、蘆琪拉陪伴，馬庫斯前往多瑙河畔西爾謬姆基地	
一七五			受薩爾馬提亞族壓力，亞茲蓋斯族再度南下與羅馬衝突（薩爾馬提亞戰役）。羅馬於優勢下與亞茲蓋斯和談 佩謝尼蘇．尼革爾獲任命為埃及軍團長官	

元老院發出加西阿斯為「國家公敵」宣言

西方行省各軍團一致支持馬庫斯

四月，敘利亞總督亞威荻烏斯·加西阿斯誤信馬庫斯駕崩消息起兵稱帝。卡帕杜西亞總督馬爾提蘇·安尼斯拒絕加西阿斯邀請，派遣傳令前往多瑙河前線通知馬庫斯

馬庫斯與交戰中的薩爾馬提亞族和談

馬庫斯將康莫德斯調回多瑙河前線

七月七日，康莫德斯舉行成年禮，獲「皇太子」位

加西阿斯遭部下百夫長殺害，安尼斯迅速進入敘利亞掌握支持加西阿斯的軍團

馬庫斯將前線交給龐培處理，率康莫德斯、法烏斯提娜前往東方

冬，越過安卡拉到荷拉拉時，法烏斯提娜病逝（享年四十五歲）。荷拉拉易名法烏斯提娜堡，建紀念神殿

一七六	雅爾比諾獲選執政官 謝維勒獲選護民官 十一月二十七日，馬庫斯於羅馬舉辦凱旋儀式		馬庫斯經埃及進入安提阿，寬容處置叛亂人員。任命馬爾提蘇·安尼斯為敘利亞總督。經由小亞細亞、希臘後返回羅馬 沛提那克斯獲派近莫埃西亞行省總督	
一七七	康莫德斯出任執政官 馬庫斯將康莫德斯列為共同皇帝	高盧部族長會議判決於里昂公開處死基督教徒		
一七八	康莫德斯與克莉絲庇娜成婚 馬庫斯與康莫德斯再度前往多瑙河前線		羅馬企劃於多瑙河北岸建立新行省，但與諸部族作戰不順 第二次日耳曼戰役起始 約此時，沛提那克斯獲派敘利亞總督	
一七九			羅馬軍擊潰瑪爾科曼尼、夸荻、亞茲蓋斯各部族。騎兵團長馬庫西米亞努斯進軍多瑙河北方一百二十公里處 執政官朱利斯·威勒斯陣亡	
一八〇	佩雷寧斯獲派禁衛軍團長官 謝維勒受命為敘利亞行省軍團長 十月，康莫德斯回到首都		馬庫斯於維也納冬季營區逝世，享年五十八歲 康莫德斯成為唯一皇帝	

一八二	康莫德斯之姊蘆琪拉暗殺康莫德斯未遂，遭流放卡布里島，不久遇害 禁衛軍團長官帕提魯諾以暗殺康莫德斯嫌疑遭解任，不久遇害。至翌年為止另有八名元老院議員遭肅清 佩雷寧斯掌握帝國統治實權		康莫德斯決定結束戰役，與日耳曼諸部族和談	
一八三		於北非茅利塔尼亞地方加強防線（一八五年又一次）		
一八四		不列顛某軍團迎擊由北入侵之卡雷德尼亞人失敗，軍團長陣亡。佩雷寧斯由萊茵河防線急調烏爾派阿斯・馬爾凱爾斯前往雪恥成功		（中國）黃巾之亂
一八五	佩雷寧斯遭康莫德斯侍從克雷安卓斯謀害。克雷安卓斯成為禁衛軍團長官掌握實權	元旦，駐不列顛行省卡雷翁基地軍團拒絕向康莫德斯效忠，推軍團長為皇帝。佩雷寧斯派遣沛提那克斯成功說服士兵		
一八七	康莫德斯以暗殺皇帝罪嫌處死姻親馬昧提努斯、布魯士 沛提那克斯受命為首都長官	謝維勒受命為高盧・盧古都南西斯行省總督 約此時，謝維勒與敘利亞神官之女由利亞・多姆那成婚		

一八八		四月四日，卡拉卡拉出生於里昂		
一八九	克雷安卓斯遭抗議配給小麥不足之群眾殺死 其後，由康莫德斯情婦馬爾琦亞、其夫艾克尼庫圖斯、禁衛軍團長官艾密尼斯．列特掌權	三月七日，捷塔出生於米蘭		
一九〇	謝維勒就任備位執政官		尼革爾受命為敘利亞總督	
一九一		雅爾比諾獲派不列顛總督	謝維勒獲派近旁諾尼亞總督	
一九二	沛提那克斯與康莫德斯共同就任執政官 康莫德斯於競技場斬殺鴕鳥 十二月三十一日，康莫德斯被馬爾琦亞、皇帝侍從艾克尼庫圖斯、摔角教師納爾奇索斯三人暗殺，享年三十一歲			（中國）曹操起兵
一九三	元旦，沛提那克斯獲元老院承認登基。元老院決定將康莫德斯處以「紀錄抹煞刑」 三月二十八日，沛提那克斯遭列特率領的禁衛軍暗殺，享年六十六歲。前亞非利加行省總督荻狄烏斯．朱利亞努斯獲元老院承認登基 朱利亞努斯要求元老院對謝維勒進行「國家公敵」宣言獲准 六月一日，荻狄烏斯．朱利亞努斯遭禁衛軍團兵殺害，享年六十歲。元老院取消謝維勒「國家公敵」宣言，並請求其登基 謝維勒進入羅馬，命禁衛軍團解散 元老院承認謝維勒與雅爾比諾登基為共同皇帝 謝維勒為征討尼革爾向東行軍	四月中旬，不列顛行省總督科洛荻士．雅爾比諾受麾下軍團兵推舉稱帝，前往里昂。謝維勒向雅爾比諾提出「凱撒」稱號及共同皇帝案，獲同意 雅爾比諾停留里昂	四月九日，近旁諾尼亞行省總督賽埔提謬斯．謝維勒受軍團兵推舉起兵稱帝 敘利亞行省總督佩謝尼蘇．尼革爾受軍團兵推舉起兵稱帝 五月，謝維勒率軍團南下，前往首都 尼革爾於培里突斯迎擊謝維勒獲勝	

一九四			一月，尼革爾於小亞細亞尼凱亞迎擊謝維勒敗退。東方行省各軍團多數投向謝維勒陣營 十月，謝維勒於伊索斯平原戰勝尼革爾。尼革爾逃亡時遭追擊死去	
一九五			謝維勒攻擊支持尼革爾的帕提亞王國 謝維勒重整東方防衛體制	
一九六			夏，謝維勒離開安提阿前往多瑙河防線，並往西行	（中國）曹操擁帝遷都許縣
一九七	六月，謝維勒回首都。元老院應其要求撤銷康莫德斯之「紀錄抹煞刑」 謝維勒以雅爾比諾派名義肅清二十六名元老院議員	二月十九日，謝維勒於里昂近郊殲滅雅爾比諾軍，雅爾比諾自裁。謝維勒成為唯一皇帝		
一九九	秋，謝維勒率妻子與卡拉卡拉、捷塔離開首都 謝維勒凱旋門於羅馬廣場開工		謝維勒遠征帕提亞，將美索不達米亞地方行省化	
二〇一	謝維勒開始鋪設由奧斯提亞通往德拉奇納的謝維勒亞納大道			
二〇二	卡拉卡拉就任執政官 春，謝維勒一家回到首都，舉辦凱旋儀式 卡拉卡拉與禁衛軍團長官普拉荻亞努斯之女普拉荻拉成婚			

二〇四	捷塔就任執政官		謝維勒前往故鄉雷布提斯·馬格納（～二〇五），進行改造工程	
二〇五	卡拉卡拉與捷塔共同擔任執政官 卡拉卡拉、捷塔、普拉荻亞努斯三人衝突表面化 一月二十二日，普拉荻亞努斯遭卡拉卡拉殺害。卡拉卡拉之妻普拉荻拉流放西西里附近之厘巴里島			（中國）諸葛亮仕劉備（二〇七） 劉備、孫權擊破曹操軍（赤壁之戰，二〇八）
二〇九	謝維勒率妻子與兩個兒子前往不列顛	春，羅馬軍於不列顛越哈德良長城向北進攻		
二一〇		不列顛遠征第二年，謝維勒因病停留約克郡		
二一一		二月四日，賽埔提謬斯·謝維勒於約克郡逝世，享年六十四歲 卡拉卡拉與捷塔登基即位 卡拉卡拉與卡雷德尼亞人和談後回到羅馬		
二一二	普拉荻拉於厘巴里島上遭卡拉卡拉派遣士兵殺害 二月十二日，卡拉卡拉於帕拉提諾丘皇宮中殺害捷塔			

參考文獻

原始資料

Cassius Dio, "Historiae Romanae"

Cornelius Fronto, "Epistulae"

Fasti Ostienses (Inscriptiones Italiae)

後世撰寫的史書及研究書籍

AFRICA, T. W., "The opium addiction of Marcus Aurelius," *Journal of the History of Ideas* (*JHI*), 22, 1961.

ALFÖLDY, G., *Fasti Hispanienses. Senatorische Reichesbeamte und Offiziere in den spanischen Provinzen des römischen Reiches von AUGUSTUS BIS Diockletian*, Wiesbaden, 1969; "Der Friedenschluss des Kaisers Commodus mit den Germanen," *Historia*, 20, 1971; "Herodian über den Tod Mark Aurel's", *Latomus*, 32, 1973; "P. Helvius Pertinax und M. Valerius Maximianus," Situla, 14/15, Ljubljana, 1974; *Konsulat und Senatorenstand unter den Antoninen. Prosopographische Untersuchungen zur senatorischen Führungsschicht*, Bonn, 1977; "Bellum

Mauricum," *Chiron*, 15, 1985.

ALFÖLDY, G. & HALFMANN, H., "Iunius Maximus und die Victoria Parthica," *Zeitschrift für Papyrologie und Epigraphik* (*ZPE*), 35, 1979.

AMELING, W., *Herodes Atticus. I. Biographie. II. Inschriftenkatalog*, Subsidia Epigraphica 11, Hildesheim, 1983.

ANDREOTTI, R., *Commodo*, Roma, 1942.

ASTARITA, M. L., *Avidio Cassio*, Roma, 1983.

AURIGEMMA, S., *Villa Adriana*, Roma, 1961.

BANNERT, H., "Der Tod des Kaisers Marcus, Latinität und alte Kirche. Festschrift R. Hanslik," *Wiener Studien* (*WS*), Beih. 8, Vienna, 1977.

BARNES, T. D., "Hadrian and Lucius Verus," *Journal of Roman Studies* (*JRS*), 57, 1967; "A note on Polycarp," *Journal of Theological Studies* (*JTS*), 18, 1967; "Legislation against the Christians," *JRS*, 58, 1968; "Pre-Decian Acta Martyrum," *JTS*, 19, 1968; "The chronology of Montanism," *JTS*, 21, 1970; "The embassy of Athenagoras," *JTS*, 26, 1975; *The Sources of the Historia Augusta*, Colection Latomus 155, Brussels, 1978; *Eusebius and the date of the martyrdoms*, Les martyrs de Lyon, 1978; *Constantine and Eusebius*, Cambridge (Mass.) & London, 1981.

BARTA, G., "Lucius Verus and the Marcomannic Wars," *Acta Classica Universitatis Scientiarum*

Debreceniensis (*ACD*), 7, 1971.

BÉRANGER, J., "L'hérédité du Principat," *Revue des Études Latines* (*REL*), 17, 1939.

BIRLEY, A. R., "Two names in the Historia Augusta," *Historia*, 15, 1966; *The invasion of Italy in the reign of Marcus Aurelius*, Provincialia. Festschrift R. Laur-Belart, Basel, 1968; "Some teachers of Marcus Aurelius," *Historia-Augusta-Colloquium* (*HAC*), 1966/67, 1968; *Septimius Severus the African Emperor*, London, 1971; "Roman frontier policy under Marcus Aurelius," *Roman Frontier Studies*, 1967, Tel Aviv, 1971; "Roman frontiers and Roman frontier policy: some reflections on Roman imperialism," *Transaction of the Architectural & Archaeological Society of Durham & Northumberland*, 3, 1974; *Die Aussen-und Grenzpolitik unter der Regierung Marc Aurels, Marc Aurel* (ed. by R. Klein), 1979; *The Fasti of Roman Britain*, Oxford, 1981.

BIRLEY, E., *The Brigantian Problem, and the First Roman Contact with Scotland*, London, 1952; "A note on Cornelius Repentinus," *HAC*, 1982/83, 1985.

BLOCH, R., *The Origins of Rome*, 1960.

BÖHME, H. W., "Archäologische Zeugnisse zur Geschichte der Markomannenkriege," *Jahrbuch des Römisch-Germanischen Zentralmuseums Mainz*, 22, 1975.

BOL, R., *Das Statuenprogramm des Herodes-Atticus-Nymphäums*, Olympische Forschungen 15, Berlin, 1984.

BOWERSOCK, G. W., *Greek Sophists in the Roman Empire*, Oxford, 1969.

BOWMAN, A. K., "A letter of Avidius Cassius?" *JRS*, 60, 1970.

BRUNT, P. A., "Marcus Aurelius in his Meditations," *JRS*, 64, 1974; *Marcus Aurelius and the Christians*, Studies in Latin Literature and Roman History I, Collection Latomus 164 (ed. by C. Deroux), Brussels, 1979.

CALDERINI, A., *Settimio Severo*, Roma, 1942; *La donne dei Severi*, Roma, 1945.

CANTARELLI, L., *La famiglia e il Cursus honorum dell'imperatore Didio Giuliano*, Roma, 1884.

CAPRINO, C., *La colonna di Marco Aurelio*, Roma, 1955.

CARCOPINO, J., "L'hérédité dynastique chez les Antonins," *Revue des Études Anciennes* (*REA*), 51, 1949; "Encore la succession d'Hadrien," *REA*, 67, 1965.

CARRATA THOMES, F., *Il regno di Marco Aurelio*, Torino, 1953.

CHADWICK, H., *Origenes Contra Celsum*, Cambridge, 1953.

CHAMPLIN, E., "The Chronology of Fronto," *JRS*, 64, 1974; "Hadrian's heir," *ZPE*, 21, 1976; *Fronto and Antonine Rome*, Cambridge (Mass.) & London, 1980; "The glass ball game," *ZPE*, 60, 1985.

CHATELAIN, L., *Le Maroc des Romains*, Paris, 1944.

DAILLY, R. & VAN EFFENTERRE, M. H., "Le cas Marc-Aurèle: essai de psychosomatique historique," *REA*, 56, 1954.

DALFEN, J., *Formgeschichtliche Untersuchungen zu den Selbstbetrachtungen Marc Aurels*, Monaco, 1967.

De FRANCISCI, P., *La politica imperiale di Settimio Severo*, Roma, 1937.

DEGRASSI, A., *Il confine nord-orientale dell'Italia romana*, Bern, 1954.

De REGIBUS, L., *Antonio Pio*, Roma, 1946.

DOBIÁŠ, J., *Rom und die Völker jenseits der mittleren Donau*, Corolla Memoriae E. Swoboda Dedicata, Graz & Colonia, 1966.

ECK, W., *Die Staatliche Organisation Italiens in der hohen Kaiserzeit*, Monaco, 1979; *Die Statthalter der germanischen Provinzen vom* 1–3 *Jahrhundert*, Epigraphische Studien 14, Cologne & Bonn, 1985.

FARQUHARSON, A. S. L., *The Meditations of Marcus Antoninus I–II*, Oxford, 1944; *Marcus Aurelius, His Life and His World*, Oxford, 1951.

FITTSCHEN, K., *Die Bildnistypen der Faustina minor und die Fecunditas Augustae*, Göttingen, 1982.

FITZ, J., "Der markomannische-quadische Angriff gegen Aquileia und Opitergium," *Historia*, 15, 1966; "Claudius Pompeianus, gener Marci," *Alba Regia*, 19, 1981; *Ti. Claudius Pompeianus und die geplante Provinz Sarmatia*, Lebendige Altertumswissenschaft. Festgabe H. Vetters, Vienna, 1985.

FREND, W. H. C., *Martyrdom and Persecution in the Early Church*, 1965.

FUNAIOLI, G., *La conquista dell'individuo nel mondo antico*, Milano, 1951.

GABBA, E., *Esercito e società nella tarda repubblica romana*, Firenze, 1973.

GIBBON, E., *The History of the Decline and Fall of the Roman Empire*, 1776 (*Declino e caduta dell'impero romano*, Mondadori, Milano, 1986).

GILLIAM, J. F., "The plague under Marcus Aurelius," *American Journal of Philology* (*AJP*), 82, 1961.

GNECCHI, F., *I Medaglioni Romani descritti e illustrati I–III*, Milano, 1912.

GOERLITZ, W., *Marc Aurel, Kaiser und Philosoph*, Stuttgart, 1954.

GRENADE, P., "Le réglement successoral d'Hadrien," *REA*, 52, 1950.

GROSSO, F., "La lotta politica al tempo di Commodo," *Mem. Accademia Scienze Torino*, Torino, 1964.

GUEY, J., "La date de la 'pluie miraculeuse' (172 après J–C) et la Colonne Aureliènne," *MEFR*, 60, 1948; 61, 1949; "Encore la 'pluie miraculeuse': mage et dieu," *Revue de Philologie*, 22, 1948.

HAINES, C. R., "The composition of the Thoughts of Marcus Aurelius," *Journal of Philology*, 33, 1914; *The Communings with Himself of Marcus Aurelius Antoninus Emperor of Rome* (Loeb ed.), London & New York, 1916; *The Correspondence of Marcus Cornelius Fronto I–II* (Loeb

ed.), London & New York, 1919–20.
HALFMANN, H., *Die Senatoren aus dem östlichen Teil des Imperium Romanum bis zum Ende des 2. Jh. n. Chr.*, Hypomnemata 58, Göttingen, 1979.
HAMBERG, P. G., *Studies in Roman Imperial Art, with special reference to the State Reliefs of the Second Century*, Copenhagen & Uppsala, 1945.
HAMMOND, M., *Imperial Elements in the Formula of the Roman Emperors during the First Two and a Half Centuries of the Empire*, Roma, 1957; *The Antonine Monarchy*, Roma, 1959.
HAMPL, F., *Kaiser Marc Aurel und die Völker jenseits der Donaugrenze. Fine quellenkritische Studie*, Festschrift R. Heuberger, Innsbruck, 1960.
HASEBROECK, J., *Untersuchungen zur Geschichte des Kaisers Septimius Severus*, Heiderberg, 1921.
HOUT, M. P. J. van den, *M. Comelii Frontonis Epistulae. I, Prolegomena, text, index*, Leida, 1954.
HOWE, L. L., *The Pretorian Prefect from Commodus to Diocletian*, Chicago, 1942.
HÜTTL, W., *Antoninus Pius. I. Historisch-politische Darstellung*, Prague, 1936; *II Pomisch Reichsheamte und Offiziere unter Antoninus Pius. Antoninus Pius in den Inschriften seiner Zeit*, Prague, 1933.
JOBST, W., *11, Juni 172 n. Chr. Der Tag des Blitz-und Regenwunders im Quadenlande*, Sb.

Akademie Wien 335, Vienna, 1978.

JONES, C. P., "A new letter of Marcus Aurelius to the Athenians," *ZPE*, 8, 1971; "Aelius Aristides, EIS, BASILEA," *JRS*, 62, 1972; "The EIS BASILEA again," *Classical Quarterly*, 31, 1981.

KERLER, G., *Die Aussenpolitik in der Historia Augusta*, Habelts Dissertationsdrucke, Reihe Alte Geschichte 10, Bonn, 1970.

KLEIN, R. (ed.), *Marc Aurel*, Wege der Forschung 550, Darmstadt, 1979.

KORNEMANN, E., *Die unsichtbare Grenzen des römischen Kaiserreiches*, Gestaltenund Reiche, 1943.

LAMBRECHTS, P., "L'Empereur Lucius Verus: essai de réhabilitation," *L'Antiquité Classique* (*AC*), 3, 1934.

LANGMANN, G., *Die markomannenkriege 166/167 bis 180*, Militärhistorische Schriftenreihe 43, Vienna, 1981.

LAZZATI, G., *Gli sviluppi della letteratura sui martiri*, 1956.

LEVI, A., *Storia della filosofia romana*, Firenze, 1949.

LITTMANN, R. J. & M. L., "Galen and the Antonine plague," *AJP*, 94, 1973.

LUGLI, G., *Roma. I Monumenti Antichi III*, 1938.

MACCHIORO, V., *L'impero romano all'etá dei Severi*, Roma, 1905.

MAGIE, D., *Roman Rule in Asia Minor I–II*, Princeton, 1950.

MANN, J. C., "The raising of new legions under the principate," *Hermes*, 91, 1963.

MANNI, E., *La lotta di Settimio Severo per la conquista del potere*, Roma, 1947.

MARQUARDT, J., *Das Privatleben der Römer*, 1886 & 1964.

MARTINAZZOLI, F., *La successo di Marco Aurelio*, Bari, 1951.

"Martyrs de Lyon, Les," *Colloques Internationaux du Centre National de la Recherche Scientifique*, 575, Paris, 1978.

MATTINGLY, H., *Coins of the Roman Emperor in the British Museum*, London, 1940.

MAZZARINO, S., *La fine del mondo antico*, Milano, 1988.

McDOWELL, R. H., *Coins from Seleucia on the Tigris*, 1935.

MILLAR, F., *A Study of Cassius Dio*, Oxford, 1964; *The Emperor in the Roman World 31 BC–AD 337*, London, 1977.

MÓCSY, A., "Das Gerücht von neuen Donauprovinzen unter Marcus Aurelius," *ACD*, 7, 1971; *Pannonia and Upper Moesia*, London, 1974.

MORRIS, J., "The dating of the Column of Marcus Aurelius," *J. Warburg and Courtald Institutes*, 15, 1952.

MUSURILLO, H., *The Acts of the Christian Martyrs*, Oxford, 1972.

NESSELHAUF, H., "Hadrians Reskript and Minicius Fundanus," *Hermes*, 104, 1976.

NOYEN, P., "Divus Marcus princeps prudentissimus et iuris religiosissimus," *Revue Internationale des Droits de L'Antiquité*, 1, 1954; "Marcus Aurelius the greatest practician of Stoicism," *AC*, 24, 1955.

NUTTON, V., *Galen on Prognosis. Edition, Translation, and Commentary*, Corpus Medicorum Graecorum, 5.8.1, Berlin, 1979.

OLIVA, P., *Pannonia and the Onset of Crisis in the Roman Empire*, Prague, 1962.

OLIVER, J. H., "The Ruling Power. A study of the Roman empire in the second century after Christ through the Roman Oration of Aelius Aristides," *Transactions of the American Philosophical Association*, 43, 1953; "Marcus Aurelius: Aspects of Civic and Cultural Policy," *Hesperia*, supp. 13, Princeton, 1970; "A New letter of Antonius Pius," *AJP*, 79, 1958.

OLIVER, J. H. & PALMER, R. E. A., "Minutes of an Act of the Roman Senate," *Hesperia*, 24, 1955.

OMODEO, A., *Saggi sul Cristianesimo antico*, Napoli, 1958.

PETZL, G., "T. Statilius Maximus Prokonsul von Asia," *Chiron*, 13, 1983.

PFLAUM, H. G., *Les Procurateurs équestres sous le Haut-Empire romain*, Paris, 1950; *Les carrières procuratoriennes équestres sous le Haut-Empire romain I–III*, Paris, 1960-61; "Les gendres de Marc-Aurèle," *JS*, 1961; "Le réglement successoral d'Hadrien," *HAC*, 1963, 1964; "Les sodales

Antoniniani de l'époque de Marc-Aurèle," *Memoires prés. par divers savants à l'Acad. Des Inscr.*, 15, Paris, 1966; "La valeur de la source inspiratrice de la Vita Hadriani et de la Vita Marci Antonini à la lumière des personnalités contemporaines nommément citées," *HAC*, 1968/69, 1970.

PRICE, S. R. F., *Rituals and Power. The Romain imperial cult in Asia Minor*, Cambridge, 1984.

RIST, J. M., *Stoic Philosophy*, Cambridge, 1969; "*Are you a Stoic? The case of Marcus Aurelius*," *Jewish and Christian Self-Definition III: Self-Definition in the Graeco-Roman World* (ed. by B. F. Meyer & E. P. Sanders), London, 1982.

ROBERTSON, S., *The Antonine Wall*, The Congress of Roman Frontier Studies, 1949.

ROMANELLI, P., *Leptis Magna*, Roma, 1925; *La colonna Antonina, Rilievi fotografici eseguiti in occasione dei lavori di protezione antiaerea*, Roma, 1942.

ROMANELLI, P. & others, *La colonna di Marco Aurelio*, Roma, 1955.

ROSSI, L., "Sull'iconografia e storiografia celebrativa di Marco Aurelio dall'epigrafe di M. Valerio Massimiano," *Quaderni ticinesi di numismatica e antichità classica*, 6, 1977.

ŠAŠEL, J., "Über Umfang und Dauer der Militärzone Praetentura Italiae et Alpium zur Zeit Marc Aurels," *Museum Helveticum*, 31, 1974.

SCHENKL, H., "Zum ersten Buche der Selbstbetrachtungen des Kaisers Marcus Antoninus," *WS*, 34, 1912.

SCHMID, W., *Ein Inversionsphänomen und seine Bedeutung im Text der Apologie des Justin*, Forma Futuri. Studi in onore di Card. M. Pellegrino, Torino, 1975.

SCHUMACHER, L., *Prosopographische Untersuchungen zur Besetzung der vier hohen römischen Priesterkollegien im Zeitalter der Antoninen und Severer (96–235n. Chr.)*, Mainz, 1973.

SCHWENDEMANN, J., *Der historische Wert der Vita Marci bei den Scriptores Historiae Augustae*, Heidelberg, 1923.

SORDI, M., "I 'nuovi decreti' di Marco Aurelio contro i Cristiani," *Studi Romani*, 9, 1961.

STANTON, G. R., "Marcus Aurelius, emperor and philosopher," *Historia*, 18, 1969; "Marcus Aurelius, Lucius Verus, and Commodus: 1962–1972," *Aufstieg und Niedergang der römischen Welt*, 2.2, 1975.

SWOBODA, E., *Carnuntum. Seine Geschichte und seine Denkmäler* (4th ed.), Graz & Colonia, 1964.

SYME, R., "Antonine relatives: Ceionii and Vettuleni," *Athenaeum*, 35, 1957; *Tacitus I–II*, Oxford, 1958; "Pliny's less successful friends," *Historia*, 9, 1960; "Hadrian the intellectual, Les Empereurs romains d'Espagne," *Colloques du CNRS*, Paris, 1965; "The Ummidii," *Historia*, 17, 1968; *Roman Papers I–II*, Oxford, 1979; "Ummidius Quadratus, capax imperii," *Harvard Studies in Classical Philology*, 83, 1979; "The proconsuls of Asia under Antoninus Pius," *ZPE*, 51, 1983; *Roman Papers III*, Oxford, 1984; "P. Calvisius Ruso, one person or two?" *ZPE*, 56,

1984; "The Testamentum Dasumii: some novelties," *Chiron*, 15, 1985; "Avidius Cassius, His rank, age and quality," *HAC*, 1984; *Roman Papers IV–V*, Oxford.

THOMAS, J. D., "An imperial constitution on papyrus," *Bulletin of the Institute of Classical Studies of the University of London*, 19, 1982.

TRAUPMAN, J. Ch., *The Life and Reign of Commodus*, Princeton, 1956.

VIDMAN, L., *Fasti Ostienses* (2nd ed.), Prague, 1982.

WALKER, D. R., *The Metrology of the Roman Silver Coinage III*, 1978.

WILLIAMS, W., "Formal and historical aspects of two new documents of Marcus Aurelius," *ZPE*, 17, 1975; "Individuality in the imperial constitutions. Hadrian and the Antonines," *JRS*, 66, 1976.

WITKE, E. C., "Marcus Aurelius and mandragora," *Classical Philology*, 60, 1965.

ZWIKKER, W., *Studien zur Markussäule I*, Amsterdam, 1941.

圖片出處

- 馬庫斯・奧理略　卡匹杜里諾美術館　©Araldo de Luca/Corbis
- 朱利斯・凱撒　羅馬市政府議事堂　攝影：桜井紳二
- 奧古斯都　羅馬國立博物館（羅馬／義大利）　©Archivi Alinari, Firenze
- 朱提亞・蘆琪拉　歐爾歐爾美術館（阿爾及利亞）　©Roger Wood/Corbis
- 少年時期的馬庫斯・奧理略　烏斐茲美術館（佛羅倫斯／義大利）　©Archivi Alinari, Firenze
- 奧古斯都　羅馬國立博物館　©Erich Lessing
- 阿耶利斯・凱撒　大英博物館（倫敦／英國）　©The Trustees of The British Museum
- 哈德良　烏斐茲美術館　攝影：桜井紳二
- 安東尼奧・派阿斯　烏斐茲美術館　攝影：桜井紳二
- 萬神殿的內部　攝影：桜井紳二
- 朱利斯・凱撒　大英博物館（倫敦／英國）　©The Trustees of The British Museum
- 臺伯留　拿坡里國立博物館（拿坡里／義大利）　©Scala, Florence
- 圖密善　烏斐茲美術館（梵諦岡）　©Archivi Alinari, Firenze
- 奧古斯都　羅馬國立博物館　©Erich Lessing

- 克勞狄斯　梵諦岡美術館（梵諦岡）　©Scala, Florence
- 圖拉真　烏斐茲美術館　攝影：桜井紳二
- 法馬斯提娜　烏斐茲美術館　©Archivi Alinari, Firenze
- 盧西厄·威魯斯　卡匹杜里諾美術館　©Archivi Alinari, Firenze
- 馬庫斯·奧理略　卡匹杜里諾美術館　©Araldo de Luca/Corbis
- 凱旋歸來的馬庫斯·奧理略浮雕　卡匹杜里諾美術館　©Scala, Florence
- 在朱比特神殿前舉辦祭典的馬庫斯皇帝　卡匹杜里諾美術館　©Scala, Florence
- 利用河川的防線　製圖：峰村勝子
- 馬庫斯·奧理略圓柱（部分）　琦吉宮殿前廣場（羅馬／義大利）　©Scala, Florence
- 龜殼隊形　羅馬文明博物館　攝影：桜井紳二
- 刻有「以征服日耳曼」的銅幣　大英博物館　©The Trustees of The British Museum
- 帝政時期的科隆　羅馬日耳曼博物館（科隆／德國）　©Römisch-Germanisches Museum, Köln
- 馬庫斯·奧理略　卡匹杜里歐廣場（羅馬／義大利，現已移至卡匹杜里諾美術館內）　©Archivi Alinari, Firenze
- 康莫德斯　卡匹杜里諾美術館　©Araldo de Luca/Corbis
- 描繪鬥劍士比賽的鑲嵌畫　三件皆為波爾革塞美術館（羅馬／義大利）　©Archivi Alinari, Firenze

・蘆琪拉　羅馬國立博物館
・康莫德斯　羅馬國立博物館
・克莉絲庇娜　羅馬國立博物館　©Ministero per i Beni e le Attivita Culturali, Soprinntendenza Archeologica di Roma, Museo Nazionale Romano in Palazzo Massimo
・沙漠地區的防線　製圖：峰村勝子
・宣傳軍團融合的硬幣　大英博物館　©The Trustees of The British Museum
・扮演海克力士的康莫德斯　卡匹杜里諾美術館　©Archivi Alinari, Firenze
・沛提那克斯　梵諦岡美術館　©Archivi Alinari, Firenze
・荻狄烏斯・朱利亞努斯　烏斐茲美術館　©Archivi Alinari, Firenze
・科洛荻士・雅爾比諾　梵諦岡美術館　©Archivi Alinari, Firenze
・佩謝尼蘇・尼革爾　卡匹杜里諾美術館　©Archivi Alinari, Firenze
・賽埔提謬斯・謝維勒　卡匹杜里諾美術館　©Araldo de Luca/Corbis
・鑄有「公民的自由」字樣的貨幣　法國國立圖書館（巴黎／法國）　©Bibliothèque nationale de France
・賽埔提謬斯・謝維勒　卡匹杜里諾美術館　©Archivi Alinari, Firenze
・卡拉卡拉洛場（原模型）　羅馬文明博物館　攝影：桜井紳二

・由利亞・多姆那　辛辛那提美術館（辛辛那提／美國）　©Cincinnati Art Museum, John J. Emery Fund, Photo: T. Walsh

・謝維勒的凱旋門　羅馬廣場（羅馬／義大利）攝影：新潮社寫真部

・雷布提斯・馬格納遺蹟　雷布提斯・馬格納（利比亞）　©Roger Wood/Corbis

・卡拉卡拉　羅浮宮（巴黎／法國）　©Photo RMN "Hervé Lewandowski"

・普拉荻拉　羅馬國立博物館　©Ministero per i Beni e le Attivita Culturali, Soprinntendenza Archeologica di Roma, Museo Nazionale Romano in Palazzo Massimo

・謝維勒全家福肖像　柏林國立博物館（柏林／德國）　©Staatliche Museen zu Berlin Preussischer Kulturbesitz. Antikensammlung. Photo: Johannes Laurentius

地圖製作　綜合精圖研究所

【塩野七生代表作——羅馬人的故事】

從崛起、壯大到轉折、衰敗，看羅馬千年的輝煌與落寞

羅馬人的故事系列 Vol.1

戰火打造的輝煌

羅馬人的故事系列 Vol.2

帝國的榮光與暗影

羅馬人的故事系列 Vol.3

偉大羅馬之死

羅馬人的故事XI——結局的開始
羅馬人的故事XII——迷途帝國
羅馬人的故事XIII——最後一搏
羅馬人的故事XIV——基督的勝利
羅馬人的故事XV——羅馬世界的終曲

羅馬人的故事I——羅馬不是一天造成的

羅馬的起源可以追溯到扎馬戰役前五百年，羅馬人歷經整整五百多年漫長的蟄伏歲月，因此才會有句話說：「羅馬不是一天造成的」。這五百年間羅馬遭遇哪些挑戰？羅馬人又是如何逐步累積實力，將國家帶往璀璨光明的未來？

羅馬人的故事II——漢尼拔戰記

西元前二一八年，漢尼拔從西班牙率領群眾翻越阿爾卑斯山，進攻義大利本土，直到羅馬名將西比奧打敗漢尼拔才落幕，這場戰爭歷時十六年之久。為什麼知識優越的希臘人、軍事力量強大的迦太基人最後會敗給羅馬人？什麼才是決定戰爭勝、敗的因素？

羅馬人的故事III——勝者的迷思

經過六天六夜激戰，迦太基城淪陷了！這個曾經風光一時的城市被消毀殆盡，羅馬名將小西比奧一想到敵人的命運不覺潸然淚下。勝者如何在勝利的欣喜中，思慮更遠大的未來？大國如何崛起？改變的是制度、心態，還有什麼呢？

羅馬人的故事IV——凱撒時代（盧比孔之前）

西元前一〇〇年七月十二日，「羅馬唯一的創造天才」——朱利斯・凱撒誕生！少年凱撒歷經鬥爭、殺戮、混亂與腐敗，因此致力於樹立羅馬的「新秩序」，他如何巧妙地逆轉國家、政局與社會重重的危機，將個人推向顛峰，創造羅馬歷史的光輝？

羅馬人的故事V——凱撒時代（盧比孔之後）

西元前四十五年，大權在握的凱撒開始進行羅馬帝政化改革，卻在隔年遭醉心共和體制派刺殺，羅馬頓時又陷入混亂狀態！年僅十八歲的屋大維成為凱撒指定的第一繼承人，他能否穩住凱撒留下的偉業？凱撒雖死，但他的精神又為後世留下哪些影響？

羅馬人的故事VI——羅馬和平

西元前二十九年，羅馬終於脫離戰亂狀態，屋大維運用卓越的政治手腕，於西元前二十七年宣佈回歸共和政體，並受贈「奧古斯都」尊稱，締造「羅馬和平」的時代。屋大維這位「非天才人物」，是如何完成連天才凱撒都無法達到的目標？

羅馬人的故事VII——惡名昭彰的皇帝

隨著西元十四年臺伯留繼任，奧古斯都締造的「羅馬和平」畫下句點，羅馬帝國在短短五十四年間，皇帝幾番更迭。是英雄創造的時代已遠？或是暴君當道的世紀來臨？這幾位皇帝究竟是帝國覆亡的推手？抑或是帝國變貌的一頁？

羅馬人的故事VIII——危機與克服

西元六十九年，羅馬接連由軍人掌權，內部動盪不安。所幸此時出現新的轉機：維斯帕先、提圖斯父子花費十多年，一步步將帝國導回正軌。後繼的圖密善勵精圖治，卻集權一身，威脅元老院的共和傳統，此舉是確立帝政的權威，還是另一場危機的引爆？

羅馬人的故事IX——賢君的世紀

走過動盪紛亂的「繼承者危機」，西元二世紀時總算迎來了當時代羅馬人口中的「黃金時代」。雖然圖拉真、哈德良和安東尼奧·派阿斯彼此個性差異頗大，卻能展現各自優秀的領導者特質。且看他們身為當仁不讓的「第一公民」，如何發揮己長、各擅勝場，聯手打造出「罕見的幸福年代」！

羅馬人的故事X——條條大道通羅馬

羅馬種種質、量兼具的建設，被史家讚為羅馬文明偉大的紀念碑。羅馬人為何如此致力於公共建設？為什麼已有踩踏形成的道路，還要鋪設大道？為什麼立國於臺伯河旁、不必擔憂用水問題，還要建設水道？眾多建設的目的，竟只是「為了讓人的生活過得像人」？

羅馬人的故事XI——結局的開始

告別賢君的世紀，羅馬帝國的光環褪色了嗎？「哲學家皇帝」馬庫斯·奧理略，實現了柏拉圖的理想。然而高尚的品德和絕佳的能力卻無法力挽狂瀾，夕陽的餘暉漸籠罩帝國。奧理略過世後，羅馬面臨重大轉捩點，等在道路盡頭的是更寬廣的前程，還是帝國的終點？

羅馬人的故事XII——迷途帝國

從西元二一一年到二八四年，被稱為「三世紀危機」。這時只要有軍隊，人人都可能成為羅馬的主人。在社會動亂、人心惶惶的氣氛之下，基督教成為一盞明燈，提供人們心靈的撫慰。面對逐漸衰頹的羅馬帝國，基督教是否能成為一劑強心針？或是加速羅馬的瓦解？

羅馬人的故事XIII——最後一搏

在羅馬帝國之中，凡事都大規模且多元化，就連走上了衰退的時代，這項特質也依舊沒變。進入帝政時代後期的羅馬帝國，已漸漸轉移為絕對君主政體。羅馬人為什麼要做出這樣的轉變？這個改變又引來什麼樣的結果？

羅馬人的故事XIV——基督的勝利

君士坦丁大帝逝後，東方波斯的威脅與蠻族的不時南侵已成為常態。然而，羅馬更厲害的對手來自內部：急速壯大的基督教。君士坦提烏斯追尋父親的腳步，一面提振基督教會的地位，一面排擠羅馬傳統宗教。羅馬的結局，竟是基督的勝利？

羅馬人的故事XV——羅馬世界的終曲

羅馬帝國的尾聲，從帝國真正的分裂開始。然而，東西羅馬仍竭力維持最後的尊嚴，在邊界疲於奔命。戰爭、停戰、休兵，不斷循環，扼殺了帝國僅存的氣息。登堂入室的外患，成為壓死駱駝的最後一根稻草，經濟被破壞、社會不安，早就宣告了羅馬的不治之症。羅馬帝國何時覆滅？沒有人說的清楚，它轟轟烈烈的出現，卻平平淡淡的結束，沒有該有的送別。

海都物語——威尼斯共和國的一千年（上）（下）

一個建立在水中央的國度，如何憑藉高超的航海與造船技術，成為地中海世界的海上霸主？又如何在大西洋航線開闢、國際局勢變化後喪失優勢？威尼斯如何透過轉型發展、彈性外交政策奮力一搏？塩野七生用其細膩、生動，富有文學性的筆調，讓您彷若搭乘威尼斯的「貢多拉」，徜徉於威尼斯共和國一千年的歷史長河。

國家圖書館出版品預行編目資料

羅馬人的故事XI：結局的開始／塩野七生著;鄭維欣譯.——修訂二版一刷.——臺北市：三民，2023
面；　公分.——(羅馬人的故事系列)

ISBN 978-957-14-7542-4（平裝）
1. 歷史 2. 羅馬帝國

740.222　　111015656

羅馬人的故事

羅馬人的故事 XI——結局的開始

著作人｜塩野七生
譯　者｜鄭維欣

發行人｜劉振強
出版者｜三民書局股份有限公司
地　址｜臺北市復興北路 386 號 (復北門市)
臺北市重慶南路一段 61 號 (重南門市)
電　話｜(02)25006600
網　址｜三民網路書店 https://www.sanmin.com.tw

出版日期｜初版一刷 2005 年 2 月
初版四刷 2017 年 3 月
修訂二版一刷 2023 年 12 月
書籍編號｜S740450
ISBN｜978-957-14-7542-4